全国商業高等学校協会主催

情報処理検定試験

PASSPORT

パスポート

Excel 2016 2019 対応

1級

ビジネス情報編

もくじ

第1章　表計算ソフトウェアの活用

第2章　表計算ソフトウェアに関する知識

第3章　コンピュータの関連知識

第4章　ビジネス情報の関連知識

第5章　データベースソフトウェアの活用

Excelの完成例データ・速習版データ，Excel2013利用者のための補足などをご用意しています。
とうほうのホームページよりダウンロードしてご活用ください。

第 1 章

表計算ソフトウェアの活用

データベースの活用と集計

1. データベースの作成

| 例題 1-1 | 次のようなデータベース表を作成しよう。

	A	B	C	D	E	F	G	H
1								
2			野球選手名簿					
3								
4	背番号	氏名	守備	生まれ年	身長	体重	投	打
5	0	木村　拓弥	外野手	1972	173	75	右	両
6	1	福留　孝祐	外野手	1977	182	85	右	左
7	2	小笠原　道広	内野手	1973	178	84	右	左
8	7	二岡　智弘	内野手	1976	180	81	右	右
9	8	相川　亮治	捕手	1976	182	82	右	右
10	10	阿部　慎之介	捕手	1979	179	91	右	左
11	11	川上　憲信	投手	1975	179	90	右	右
12	15	黒田　博紀	投手	1975	184	85	右	右
13	16	石井　一寿	投手	1973	183	85	左	左
14	18	三浦　大介	投手	1973	183	88	右	右
15	19	上原　浩二	投手	1975	186	85	右	右
16	21	高橋　尚紀	投手	1975	177	78	左	左
17	23	青木　宣近	外野手	1982	175	77	右	右
18	24	高橋　由信	外野手	1975	180	87	右	右
19	25	新井　貴広	内野手	1977	189	95	右	右
20	26	内海　哲哉	投手	1982	186	84	左	左
21	28	金刃　憲仁	投手	1984	176	80	左	左
22	31	森野　政彦	内野手	1978	180	85	右	左
23	41	木佐貫　浩	投手	1980	186	84	右	右
24	53	赤星　憲洋	外野手	1976	170	67	右	左

（1）データベース

　　データベースは，データの集合を表の形式であらわしたものである。先頭行には列見出しがあり，列には列見出しに該当する種類のデータが格納されている。条件に合うデータを検索・抽出したり，集計したりすることができるもので，Excelでは**リスト**という。

1．各部の名称

　　行（1件分のデータ）を**レコード**，列を**フィールド**，列の先頭の項目名を**フィールド名**（列見出し）という。

フィールド（列）

	背番号	氏名	守備	生まれ年	身長	体重	投	打
フィールド名（列見出し）	0	木村　拓弥	外野手	1972	173	75	右	両
	1	福留　孝祐	外野手	1977	182	85	右	左
レコード（行）	2	小笠原　道広	内野手	1973	178	84	右	左
	7	二岡　智弘	内野手	1976	180	81	右	右
	8	相川　亮治	捕手	1976	182	82	右	右
	10	阿部　慎之介	捕手	1979	179	91	右	左

リスト

2．データベース作成上の注意

① 1つのワークシートに作成するリストは，1つのみにする。

② 1つの列に，異なる種類のデータを入力しない。

③ データベースの先頭行は，列見出しにする。

④ データベースと他のデータの間には，空白行や空白列を1つ以上入れる。

⑤ データベース内には，空白行や空白列は入れない。

⑥ データの前後に余分なスペースは入れない。

⑦ 英数字は半角・全角のいずれかに統一する。

（2）オートコンプリート機能

同じ列に入力されている文字列と同じ読みの文字を入力するとオートコンプリート機能が働き，自動的に文字列が候補として表示される。利用する場合は Enter キーを押し，利用しない場合は無視して次の文字を入力する。

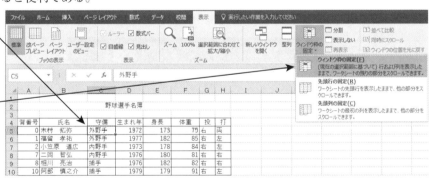

（3）ウィンドウ枠の固定

大きな表を利用する場合，右や下にスクロールすると，行や列の見出しが表示されなくなり，わかりにくくなる。このような場合には，ウィンドウ枠を固定すると便利である。

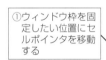

① ウィンドウ枠を固定したい位置にセルポインタを移動する

② リボンの[表示]→[ウィンドウ枠の固定]→[ウィンドウ枠の固定]をクリックする

A～B列と，1～4行が固定される。

	A	B	E	F	G	H	I	J
1								
2								
3								
4	背番号	氏名	身長	体重	投	打		
20	26	内海　哲哉	186	84	左	左		
21	28	金刃　憲仁	176	80	左	左		
22	31	森野　政彦	180	85	右	左		
23	41	木佐貫　浩	186	84	右	右		
24	53	赤星　憲洋	170	67	右	左		
25								

2. フォームによる検索

例題 1-2　例題1-1で作成したデータベースから，「守備」が投手のレコードを検索しよう。

(1) フォームによる検索

指定した条件にあてはまるレコードを探し出すことを**検索**という。検索の機能を利用するために，クイックアクセスツールバーに フォーム ボタンを追加しておく。

① ［クイックアクセスツールバーのユーザー設定］→［その他のコマンド］をクリック。

② ［コマンドの選択］で［リボンにないコマンド］を選択→［フォーム］をクリック→ 追加 ボタンをクリック→ OK ボタンをクリック。

③データベース内にセルポインタを移動する

④クイックアクセスツールバーに追加した フォーム ボタンをクリックする

⑤ 検索条件 ボタンをクリックする

⑥ ［守備］に「投手」と入力し， 次を検索 ボタンをクリックする

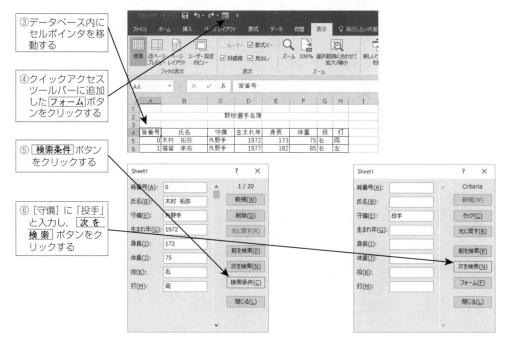

3. フィルターによる抽出

例題　1-3

例題1-1で作成したデータベースから，次のようにデータを抽出しよう。

1．守備が外野手のレコードを抽出する。

	A	B	C	D	E	F	G	H
1								
2			野球選手名簿					
3								
4	背番▼	氏名　▼	守備▼	生まれ▼	身長▼	体重▼	投▼	打▼
5	0	木村　拓弥	外野手	1972	173	75	右	両
6	1	福留　孝祐	外野手	1977	182	85	右	左
17	23	青木　宣近	外野手	1982	175	77	右	左
18	24	高橋　由信	外野手	1975	180	87	右	左
24	53	赤星　憲洋	外野手	1976	170	67	右	左

2．身長が185以上で体重が85以下のレコードを抽出する。

	A	B	C	D	E	F	G	H
1								
2			野球選手名簿					
3								
4	背番▼	氏名　▼	守備▼	生まれ▼	身長▼	体重▼	投▼	打▼
15	19	上原　浩二	投手	1975	186	85	右	右
20	26	内海　哲哉	投手	1982	186	84	左	左
23	41	木佐貫　浩	投手	1980	186	84	右	右

（1）フィルターによるレコード抽出

指定した条件にあてはまるレコードを抜き出すことを**抽出**という。

①データベース内に
セルポインタを移
動する

②リボンの[データ]
→[フィルター]を
クリックする

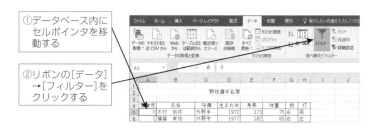

フィルターを設定すると，列見出しに▼ボタンが表示される。「守備」の▼ボ
タンをクリックし，［(すべて選択)］を解除してから［外野手］を選択すると，
守備が外野手のレコードが抽出される。

③ ［(すべて選択)］
をクリックして
チェックをはずす

④[外野手]をクリッ
クしてチェックを
つけ，OKボタン
をクリック

（2）オプションを利用した抽出

「身長」が185以上のレコードを抽出する。

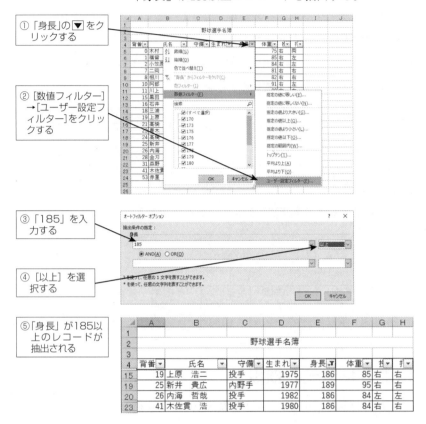

① 「身長」の ▼ をクリックする

② [数値フィルター]→[ユーザー設定フィルター]をクリックする

③ 「185」を入力する

④ [以上]を選択する

⑤ 「身長」が185以上のレコードが抽出される

	A	B	C	D	E	F	G	H
1				野球選手名簿				
2								
3								
4	背番	氏名	守備	生まれ	身長	体重	投	打
15	19	上原　浩二	投手	1975	186	85	右	右
19	25	新井　貴広	内野手	1977	189	95	右	右
20	26	内海　哲哉	投手	1982	186	84	左	左
23	41	木佐貫　浩	投手	1980	186	84	右	右

⑥ 抽出条件を追加し、「身長」が185以上かつ「体重」が85以下のレコードを抽出することもできる

	A	B	C	D	E	F	G	H
1				野球選手名簿				
2								
3								
4	背番	氏名	守備	生まれ	身長	体重	投	打
15	19	上原　浩二	投手	1975	186	85	右	右
20	26	内海　哲哉	投手	1982	186	84	左	左
23	41	木佐貫　浩	投手	1980	186	84	右	右

（3）抽出の解除

リボンの［データ］→ クリア をクリックすると，元の状態に戻る。

① ［データ］→［クリア］をクリックする

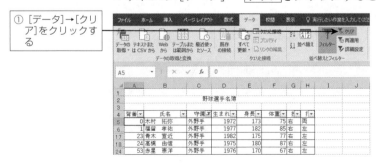

4. データベース関数

例題 1-4

例題1-1で作成した表から，守備別身長集計表を作成しよう。

野球選手名簿

背番号	氏名	守備	生まれ年	身長	体重	投	打
0	木村 拓弥	外野手	1972	173	75	右	両
1	福留 孝祐	外野手	1977	182	85	右	左
2	小笠原 道広	内野手	1973	178	84	右	右
7	二岡 智弘	内野手	1976	180	81	右	右
8	相川 亮治	捕手	1976	182	82	右	右
10	阿部 慎之介	捕手	1979	179	91	右	左
11	川上 憲信	投手	1975	179	90	右	右
15	黒田 博紀	投手	1975	184	85	右	右
16	石井 一寿	投手	1973	183	85	左	右
18	三浦 大介	投手	1973	183	88	右	右
19	上原 浩二	投手	1975	186	85	右	右
21	高橋 尚紀	投手	1975	177	78	左	左
23	青木 宣近	外野手	1982	175	77	右	左
24	高橋 由信	外野手	1975	180	87	右	左
25	新井 貴広	外野手	1977	189	95	右	右
26	内海 哲哉	投手	1982	186	84	左	左
28	金刃 憲仁	投手	1984	176	80	左	左
31	森野 政彦	内野手	1978	180	85	右	右
41	木佐貫 洋	投手	1980	186	84	右	右
53	赤星 憲洋	外野手	1976	170	67	右	右

守備別身長集計表

	守備 投手	守備 捕手	守備 内野手	守備 外野手
平均	182.2	180.5	181.8	176.0
最大	186	182	189	182
最小	176	179	178	170
人数	9	2	4	5

▼処理条件

1. 網掛け部分以外のデータは，入力する。

2. 守備別身長集計表は，野球選手名簿の守備ごとに，E列の「身長」の平均・最大・最小およびC列の「守備」をもとに人数を求める。

（1） DAVERAGE関数

K7にDAVERAGE関数を入力し，投手の身長の平均を求める。

① ［データベース］は，野球選手名簿の「$A$4:$H$24」を指定する。必ず4行目の見出しを含め，コピーするので絶対参照にする。

② ［フィールド］は，［データベース］で指定した範囲の中で，平均する列を左から数えた列数「5」を指定する。

> ［フィールド］は「$E$4」と設定してもよい

③ ［条件］は，見出しを含めて「K$5:K$6」を指定する。［データベース］の見出しと［条件］の見出しが一致していなければならない。

=DAVERAGE(データベース,フィールド,条件)

データベース：平均する対象となるデータベースの範囲を指定する。

フィールド：平均する列の番号をデータベースの左端から数え，指定する。フィールド名（列の先頭行）を指定してもよい。

条 件：平均するデータの条件を記入した範囲を指定する。

関数式の例：=DAVERAGE($A$4:$H$24,5,K5:K6)

A4～H24から，K5～K6の条件に一致するデータの平均を求める。

（2） DMAX関数

K8にDMAX関数を入力し，投手の身長の最大値を求める。

=DMAX(データベース,フィールド,条件)

関数式の例：=DMAX($A$4:$H$24,5,K$5:K$6)

A4～H24から，K5～K6の条件に一致するデータの5列目の最大値を求める。

（3） DMIN関数

K9にDMIN関数を入力し，投手の身長の最小値を求める。

=DMIN(データベース,フィールド,条件)

関数式の例：=DMIN($A$4:$H$24,5,K$5:K$6)

A4～H24から，K5～K6の条件に一致するデータの5列目の最小値を求める。

（4） DCOUNTA関数

K10にDCOUNTA関数を入力し，投手の人数を求める。

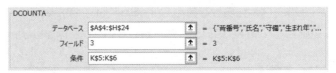

=DCOUNTA(データベース,フィールド,条件)

関数式の例：=DCOUNTA($A$4:$H$24,3,K$5:K$6)

A4～H24から，K5～K6の条件に一致するデータの3列目の個数（空白でないセルの個数）を求める。

ここまでできたら，K7～K10をL7～N10にコピーし，ファイル名を例題1－4として保存する。

背番号	氏名	守備	生まれ年	身長	体重	投	打
0	木村 拓弥	外野手	1972	173	75	右	両
1	福留 孝祐	外野手	1977	182	85	右	左
2	小笠原 道広	内野手	1973	178	84	右	左
7	二岡 智弘	内野手	1976	180	81	右	右
8	相川 亮治	捕手	1976	182	82	右	右
10	阿部 慎之介	捕手	1979	179	91	右	左
11	川上 憲信	投手	1975	179	90	右	右
15	黒田 博紀	投手	1975	184	85	右	右
16	石井 一寿	投手	1973	183	85	左	左
18	三浦 大介	投手	1973	183	88	右	右
19	上原 浩二	投手	1975	186	85	右	右
21	髙橋 尚紀	投手	1975	177	78	左	左
23	青木 宣近	外野手	1982	175	77	右	右
24	髙橋 由信	外野手	1975	180	87	右	左
25	新井 貴広	内野手	1977	189	95	右	右
26	内海 哲哉	投手	1982	186	84	左	左
28	金刃 憲仁	投手	1984	176	80	左	左
31	森野 政彦	内野手	1978	180	85	右	左
41	木佐貫 浩	投手	1980	186	84	右	右
53	赤星 憲洋	外野手	1976	170	67	右	左

守備別身長集計表

	守備 投手	守備 捕手	守備 内野手	守備 外野手
平均	182.2	180.5	181.8	176.0
最大	186	182	189	182
最小	176	179	178	170
人数	9	2	4	5

第1章

（5） DCOUNT関数

DCOUNTA関数は空白でないセルの個数を求め，DCOUNT関数は数値が入力されているセルの個数を求める

投手の人数は，DCOUNT関数でも求めることができる。ただし，DCOUNT関数は数値が入力されているセルをカウントするので，フィールドは身長の列の5を指定する。

=DCOUNT(データベース,フィールド,条件)

関数式の例：=DCOUNT($A$4:$H$24,5,K$5:K$6)

A4〜H24から，K5〜K6の条件に一致するデータの5列目の個数（数値セルの個数）を求める。

（6） DSUM関数

投手の身長の合計を求める場合には，DSUM関数で求める。

=DSUM(データベース,フィールド,条件)

関数式の例：=DSUM($A$4:$H$24,5,K$5:K$6)

A4〜H24から，K5〜K6の条件に一致するデータの5列目の合計を求める。

練習問題

解答 ➡ P.2

練習問題 1-1

[ファイル名：練習1-1]

次のような表を作成し，保存しなさい。

	A	B	C	D	E	F	G	H	I	J	K
1											
2			野球勝敗表					地区別集計表			
3									地区	地区	地区
4	チーム名	地区	勝ち数	負け数	勝率	順位			East	Central	West
5	アスレチックス	West	103	59	※	※					
6	ガーディアンズ	Central	74	88	※	※		勝ち数合計	※	※	※
7	エンゼルス	West	99	63	※	※		負け数合計	※	※	※
8	オリオールズ	East	67	95	※	※		勝率平均	※	※	※
9	タイガース	Central	55	106	※	※		最大勝率	※	※	※
10	ツインズ	Central	94	67	※	※		最小勝率	※	※	※
11	ブルージェイズ	East	78	84	※	※		チーム数	※	※	※
12	ホワイトソックス	Central	81	81	※	※					
13	マリナーズ	West	93	69	※	※					
14	ヤンキース	East	103	58	※	※					
15	レイズ	East	55	106	※	※					
16	レッドソックス	East	93	69	※	※					
17	レンジャーズ	West	72	90	※	※					
18	ロイヤルズ	Central	62	100	※	※					

▼処理条件

1．E列の「勝率」は，「**勝ち数 ÷（勝ち数 ＋ 負け数）**」の式で求め，小数第3位まで表示する。

2．F列の「順位」は，E列の「勝率」を基準として，降順に順位を付ける。

3．野球勝敗表は，E列の「勝率」を基準として，降順に並べ替える。

4．地区別集計表の「勝ち数合計」は，地区ごとの「勝ち数」の合計を求める。

5．地区別集計表の「負け数合計」は，地区ごとの「負け数」の合計を求める。

6．地区別集計表の「勝率平均」は，地区ごとの「勝率」の平均を求める。

7．地区別集計表の「最大勝率」は，地区ごとの「勝率」の最大値を求める。

8．地区別集計表の「最小勝率」は，地区ごとの「勝率」の最小値を求める。

9．地区別集計表の「チーム数」は，地区ごとのチーム数を求める。

例題　1-5　　例題1-1で作成した表から，「守備」が投手で，「身長」が180cm以上に該当する選手の人数を求める表を作成しよう。

	A	B	C	D	E	F	G	H	I	J	K	L	M	N	O
1															
2				野球選手名簿											
3															
4	背番号	氏名	守備	生まれ年	身長	体重	投	打		条件入力表					
5	0	木村　拓弥	外野手	1972	173	75	右	両		守備	生まれ年	身長	体重	投	打
6	1	福留　孝祐	外野手	1977	182	85	右	左		投手		>=180			
7	2	小笠原　道広	内野手	1973	178	84	右	左							
8	7	二岡　智弘	内野手	1976	180	81	右	右							
9	8	相川　亮治	捕手	1976	182	82	右	右							
10	10	阿部　慎之介	捕手	1979	179	91	右	左		集計結果					
11	11	川上　憲信	投手	1975	179	90	右	右		人数	6				
12	15	黒田　博紀	投手	1975	184	85	右	右							
13	16	石井　一寿	投手	1973	183	85	左	左							
14	18	三浦　大介	投手	1973	183	88	右	右							
15	19	上原　浩二	投手	1975	186	85	右	右							
16	21	髙橋　尚紀	投手	1975	177	78	左	左							
17	23	青木　宣近	外野手	1982	175	77	右	左							
18	24	髙橋　由信	外野手	1975	180	87	右	右							
19	25	新井　貴広	内野手	1977	189	95	右	右							
20	26	内海　哲哉	投手	1982	186	84	左	左							
21	28	金刃　憲仁	投手	1984	176	80	左	左							
22	31	森野　政彦	内野手	1978	180	85	右	右							
23	41	木佐貫　洋	投手	1980	186	84	右	右							
24	53	赤星　憲洋	外野手	1976	170	67	右	左							

▼処理条件

1．網掛け部分以外のデータは，入力する。

2．条件入力表に条件を入力する。

3．条件入力表に設定した条件に該当する人数を集計結果に求める。

（7）データベース関数のAND条件による条件設定

J6～O6に条件を入力し，集計結果に該当する人数を求める。

①条件入力表のJ5～O5は，C4～H4をコピーする。

②J6の「守備」は 投手 ，L6の「身長」は >=180 を入力する。

③K11は，「=DCOUNTA($A$4:$H$24,2,J5:O6)」を入力する。

DCOUNTA
データベース　$A$4:$H$24　= {"背番号","氏名","守備","生まれ年",...
フィールド　2　= 2
条件　J5:O6　= J5:O6

データベース関数の条件に，複数列（J列～O列）を設定し，同一行（J6～O6）に入力した条件はAND条件になる。

	I	J	K	L	M	N	O
3							
4		条件入力表					
5		守備	生まれ年	身長	体重	投	打
6		投手		>=180			
7							
8							
9							
10		集計結果					
11		人数	6				

なお，条件にはワイルドカードを使用することができる。

	I	J	K	L	M	N	O
3							
4		条件入力表					
5		守備	生まれ年	身長	体重	投	打
6		?手		>=180			
7							
8							
9							
10		集計結果					
11		人数	7				

> ワイルドカードの「?」は任意の1文字を意味するので，「?手」は「投手」と「捕手」が該当する

第1章

例題 1-6 例題1-1で作成した表から，「守備」が内野手か，外野手に該当する選手の人数を求める表を作成しよう。

	A	B	C	D	E	F	G	H	I	J	K	L	M	N	O
1				野球選手名簿											
2															
3										条件入力表					
4	背番号	氏名	守備	生まれ年	身長	体重	投	打		守備	生まれ年	身長	体重	投	打
5	0	木村 拓弥	外野手	1972	173	75	右	両		内野手					
6	1	福留 孝祐	外野手	1977	182	85	右	左		外野手					
7	2	小笠原 道広	内野手	1973	178	84	右	右							
8	7	二岡 智弘	内野手	1976	180	81	右	右							
9	8	相川 亮治	捕手	1976	182	82	右	左		集計結果					
10	10	阿部 慎之介	捕手	1979	179	91	右	左		人数	9				
11	11	川上 憲信	投手	1975	179	90	右	右							
12	15	黒田 博紀	投手	1975	184	85	右	右							
13	16	石井 一寿	投手	1973	183	85	左	左							
14	18	三浦 大介	投手	1973	183	88	右	右							
15	19	上原 浩二	投手	1975	186	85	右	右							
16	21	高橋 尚紀	投手	1975	177	78	左	左							
17	23	青木 宣近	外野手	1982	175	77	右	右							
18	24	高橋 由信	外野手	1975	180	87	右	右							
19	25	新井 貴広	内野手	1977	189	95	右	右							
20	26	内海 哲哉	投手	1982	186	84	左	左							
21	28	金刃 憲仁	投手	1984	176	80	左	左							
22	31	森野 政彦	内野手	1978	180	85	右	左							
23	41	木佐貫 洋	投手	1980	186	84	右	右							
24	53	赤星 憲洋	外野手	1976	170	67	右	左							

▼ **処理条件**

1. 網掛け部分以外のデータは，入力する。

2. 条件入力表に条件を入力する。

3. 条件入力表に設定した条件に該当する人数を集計結果に求める。

（8）データベース関数のOR条件による条件設定

J6〜O7に条件を入力し，集計結果に該当する人数を求める。

①条件入力表のJ5〜O5は，C4〜H4をコピーする。

②J6の「守備」は 内野手，J7の「守備」は 外野手 を入力する。

③K11は，「=DCOUNTA($A$4:$H$24,2,J5:O7)」を入力する。

DCOUNTA
データベース	$A$4:$H$24	↑	= {"背番号","氏名","守備","生まれ年",…
フィールド	2	↑	= 2
条件	J5:O7	↑	= J5:O7

データベース関数の条件に複数行を設定し，異なる行（6行目と7行目）に入力した条件はOR条件になる。

	I	J	K	L	M	N	O
3							
4		条件入力表					
5		守備	生まれ年	身長	体重	投	打
6		内野手					
7		外野手					
8							
9							
10		集計結果					
11		人数	9				

データの代表値と散らばり

1. データの代表値

正規分布は p.21参照

　データの分布傾向や特徴を数値で表す場合の代表的な値（**代表値**）には，平均値・中央値・最頻値などがある。これらの数値は，データの分布が正規分布になっているときはほぼ同じ値をとるが，そうでないときは大きく異なる値になることがある。

例題　2-1　10本のピンに向かってボールを転がし，倒したピンの数を競うピン倒しゲームの結果表からデータの代表値を求める表を作成しよう。

	A	B	C	D	E	F	G	H	I	J	K	L	M	N
1														
2		ピン倒しゲームの結果表												
3														
4	回数	1	2	3	4	5	6	7	8	9	10	平均値	中央値	最頻値
5	Aの点数	4	6	10	7	7	3	2	7	5	9	6.0	6.5	7

▼処理条件

1．網掛けの部分は，式を設定して求める。

2．10回分の結果から平均値・中央値・最頻値を求める。

（1）平均値（AVERAGE関数）

　対象となるすべてのデータの和を求めて，データの個数で割ったものを**平均値**という。データの分布に極端な偏りがないときに適している。

　平均値＝（4+6+10+7+7+3+2+7+5+9）／10=6.0

　L5は，AVERAGE関数を入力し，平均値を求める。

＜式の設定＞　L5：=AVERAGE(B5:K5)

（2）中央値（MEDIAN関数）

　対象となるすべてのデータを昇順（または降順）に並べて，ちょうど真ん中に位置するデータを**中央値（メジアン）**という。なお，データの総数が偶数の場合は，ちょうど真ん中がないので真ん中の2つのデータの平均を中央値とする。極端にかけ離れたデータがあり，平均値に影響があるときに適している。

　中央値は真ん中の6と7の平均をとるので，6.5となる。

2	3	4	5	6	7	7	7	9	10

　M5は，MEDIAN関数を入力し，中央値を求める。

MEDIAN

| 数値1 | B5:K5 | ↑ | = {4,6,10,7,7,3,2,7,5,9} |
| 数値2 | | ↑ | = 数値 |

＝MEDIAN（数値1,[数値2],…）
「数値1」に含まれるデータの中央値（メジアン）を求める。
関数式の例：＝MEDIAN(B5:K5)

（3）最頻値（MODE関数）

対象となるすべてのデータを分類し，最も頻繁にあらわれた値を**最頻値（モード）**という。データの分布に極端な偏りがあり，特定のデータに集中しているときに適している。

最頻値は3回あらわれる7となる。

| 2 | 3 | 4 | 5 | 6 | 7 | 7 | 7 | 9 | 10 |

N5は，MODE関数を入力し，最頻値を求める。

MODE

| 数値1 | B5:K5 | ↑ | = {4,6,10,7,7,3,2,7,5,9} |
| 数値2 | | ↑ | = 配列 |

＝MODE（数値1,[数値2],…）
「数値1」に含まれるデータの最頻値（モード）を求める。
関数式の例：＝MODE(B5:K5)

練習問題
解答 ⇒ P.2

練習問題 2-1
［ファイル名：練習2-1］

次のようなプロ野球選手の年齢表から統計表を作成し，保存しなさい。

	A	B	C	D	E	F	G	H	I	J	K	L	M	N
1														
2		プロ野球選手の年齢表												
3													統計表	
4		19	33	21	28	21	29	22	23	26	31		平均値	※
5		30	29	19	23	24	20	27	28	21	19		中央値	※
6		24	19	34	22	24	33	25	29	26	30		最頻値	※
7		25	22	20	25	22	22	22	27	28	28			
8		34	37	19	27	25	28	18	29	28	20			
9		33	25	24	21	21	26	34	30	25				
10		33	24	31	23	38	31	31	28	29	32			
11		24	28	27	30	25	31	27	26	23	36			
12		28	25	39	23	22	20	28	27					

▼処理条件

1．統計表は，プロ野球選手の年齢表から平均値・中央値・最頻値を求める。

2. データの散らばり

　　データの特徴を示す平均値・中央値・最頻値が同じ場合でも，データの分布の傾向が異なる場合がある。

　　データの**散らばり**（ばらつき）を表す代表的な値には，範囲・分散・標準偏差などがある。個々のデータと平均値との差が小さいことを**散らばりが小さいといい**，平均値との差が大きいことを**散らばりが大きいという。**

第1章

例題　2-2　AとBのピン倒しゲームの結果表からデータの散らばりを求める表を作成しよう。

	A	B	C	D	E	F	G	H	I	J	K	L	M	N	O	P	Q
1																	
2		ピン倒しゲームの結果表															
3																	
4	回数	1	2	3	4	5	6	7	8	9	10	平均値	中央値	最頻値	範囲	分散	標準偏差
5	Aの点数	4	6	10	7	7	3	2	7	5	9	6.0	6.5	7	8	5.80	2.41
6	Bの点数	5	6	7	6	7	4	7	8	3	7	6.0	6.5	7	5	2.20	1.48

▼処理条件

1．網掛けの部分は，式を設定して求める。
2．10回分の結果から範囲・分散・標準偏差を求める。

（1）範囲

　　対象となるすべてのデータの最大値と最小値の差を**範囲**という。

　　O5は，最大値と最小値の差を求める。

　　＜式の設定＞　O5：＝MAX(B5:K5)−MIN(B5:K5)

〈発展〉 分散と標準偏差 （VARP関数とSTDEVP関数）

　　個々のデータと平均値の差を**偏差**といい，偏差を二乗して平均したものを**分散**という。分散の平方根を**標準偏差**という。

　　偏差を図で表すと，Aの点数の方がBの点数よりも散らばりが大きいことがわかる。

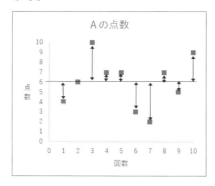

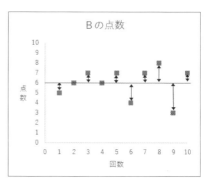

まず，分散や標準偏差を求める関数を使わずに求める方法を学ぶ。

①B7は，1回目のAの点数とAの平均値の差を求め，K8までコピーする。

　　＜式の設定＞　B7：=B5-$L5

	A	B	C	D	E	F	G	H	I	J	K	L	M
1													
2			ピン倒しゲームの結果表										
3													
4	回数	1	2	3	4	5	6	7	8	9	10	平均値	中央値
5	Aの点数	4	6	10	7	7	3	2	7	5	9	6.0	6.5
6	Bの点数	5	6	7	6	7	4	7	8	3	7	6.0	6.5
7	Aの偏差	-2	0	4	1	1	-3	-4	1	-1	3		
8	Bの偏差	-1	0	1	0	1	-2	1	2	-3	1		

②Aの偏差を合計しても0になってしまうので，二乗したものをB9に求め，K10までコピーする。

　　＜式の設定＞　B9：=B7^2

	A	B	C	D	E	F	G	H	I	J	K	L	M
1													
2			ピン倒しゲームの結果表										
3													
4	回数	1	2	3	4	5	6	7	8	9	10	平均値	中央値
5	Aの点数	4	6	10	7	7	3	2	7	5	9	6.0	6.5
6	Bの点数	5	6	7	6	7	4	7	8	3	7	6.0	6.5
7	Aの偏差	-2	0	4	1	1	-3	-4	1	-1	3		
8	Bの偏差	-1	0	1	0	1	-2	1	2	-3	1		
9	Aの偏差^2	4	0	16	1	1	9	16	1	1	9		
10	Bの偏差^2	1	0	1	0	1	4	1	4	9	1		

③Aの偏差^{2}を平均したもの（分散）をL9に求め，L10までコピーする。

　　　＜式の設定＞　L9：=AVERAGE(B9:K9)

④分散の平方根（標準偏差）をM9に求め，M10までコピーする。

　　　＜式の設定＞　M9：=SQRT(L9)

> SQRT（スクエアルート）関数は平方根を求める関数である

	A	B	C	D	E	F	G	H	I	J	K	L	M
1													
2			ピン倒しゲームの結果表										
3													
4	回数	1	2	3	4	5	6	7	8	9	10	平均値	中央値
5	Aの点数	4	6	10	7	7	3	2	7	5	9	6.0	6.5
6	Bの点数	5	6	7	6	7	4	7	8	3	7	6.0	6.5
7	Aの偏差	-2	0	4	1	1	-3	-4	1	-1	3		
8	Bの偏差	-1	0	1	0	1	-2	1	2	-3	1	分散	標準偏差
9	Aの偏差^2	4	0	16	1	1	9	16	1	1	9	5.80	2.41
10	Bの偏差^2	1	0	1	0	1	4	1	4	9	1	2.20	1.48

　Aの点数の分散は5.80，標準偏差は2.41となり，Bの点数の分散は2.20，標準偏差は1.48となることから，Aの点数の方がBの点数よりも散らばりが大きいといえる。

　このことから，将来的な予測を立てることもできる。Bの方が安定して6点前後を獲得できる見込みがあるが，高得点を獲得する可能性は低いといえる。一方で，Aの成績は不安定だが，高得点を獲得する可能性を秘めている。

次に，分散はVARP関数，標準偏差はSTDEVP関数を使って求める。

P5は，VARP関数を入力し，分散を求め，P6までコピーする。

VARP（バリアンス・ピー）関数は分散を求める関数である

VARP

| 数値1 | B5:K5 | ↑ | = {4,6,10,7,7,3,2,7,5,9} |
| 数値2 | | ↑ | = 数値 |

＝VARP（数値1,[数値2],…）

「数値1」に含まれるデータの分散を求める。

関数式の例：＝VARP(B5:K5)

Q5は，STDEVP関数を入力し，標準偏差を求め，Q6までコピーする。

STDEVP（スタンダード・ディビエーション・ピー）関数は標準偏差を求める関数である

STDEVP

| 数値1 | B5:K5 | ↑ | = {4,6,10,7,7,3,2,7,5,9} |
| 数値2 | | ↑ | = 数値 |

＝STDEVP（数値1,[数値2],…）

「数値1」に含まれるデータの標準偏差を求める。

関数式の例：＝STDEVP(B5:K5)

	A	B	C	D	E	F	G	H	I	J	K	L	M	N	O	P	Q
1																	
2		ピン倒しゲームの結果表															
3																	
4	回数	1	2	3	4	5	6	7	8	9	10	平均値	中央値	最頻値	範囲	分散	標準偏差
5	Aの点数	4	6	10	7	7	3	2	7	5	9	6.0	6.5	7	8	5.80	2.41
6	Bの点数	5	6	7	6	7	4	7	8	3	7	6.0	6.5	7	5	2.20	1.48

標準偏差と偏差値

　左右対称の釣り鐘型の分布（**正規分布**）であれば，平均値と標準偏差によりデータの分布状況は，次のような関係が経験的に成り立っている。

①平均値から左右に標準偏差の幅（σ）をとると，その範囲に約68.3%が含まれる。

②平均値から左右に標準偏差の2倍の幅（2σ）をとると，その範囲に約95.5%が含まれる。

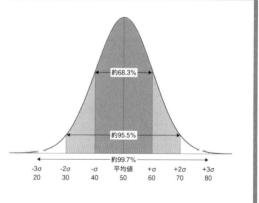

③平均値から左右に標準偏差の3倍の幅（3σ）をとると，その範囲に約99.7%が含まれる。

　また，「データから平均値を引いたものを標準偏差で割り，10をかけ，50を足したもの」「（データ－平均値）÷標準偏差×10＋50」を**偏差値**という。偏差値はデータの位置が推測できるので，進学用模擬テストなどで自分の位置を知るために利用されている。偏差値50は平均値なので真ん中を意味し，偏差値60は平均値に標準偏差を足した位置なので上位約15.9%に位置していることを意味する。

3. データの予測

相関はp.46参照

第1章

「冬の寒い日にはおでんがよく売れる」というように，気温と売上高，商品価格と売上高，広告費と来客数といった過去のデータの傾向や特徴に相関関係があれば，将来の売上高などを予測することができる。適切な予測ができれば，業務の改善や準備ができるので，無駄がなくなり，効率的な業務を行うことができる。

例題 2-3

最高気温とホットコーヒーの販売数表をもとに，予想最高気温に対する販売数を予測しよう。

	A	B	C	D	E	F	G	H	I	J	K
1											
2		最高気温とホットコーヒーの販売数表									
3											
4	月日	2月1日	2月2日	2月3日	2月4日	2月5日	2月6日	2月7日	2月8日	2月9日	2月10日
5	最高気温	12.4	6.0	6.7	10.8	9.0	5.9	10.0	9.9	8.1	9.4
6	販売数	149	231	219	160	192	241	161	202	226	213
7											
8		予想最高気温		9.0							
9		販売数予測		197							

▼処理条件

1．網掛けの部分は，式を設定して求める。

2．予想最高気温に対する販売数を予測して求める。

（1）FORECAST関数
フォーキャスト

① ［x］は，これから予測するyに対応するxにあたるD8を指定する

② ［既知の y］は，予測の元になる既知のデータ範囲のB6～K6を指定する

③ ［既知の x］は，予測の元になる既知のデータ範囲のB5～K5を指定する

D9にFORECAST関数を入力し，既知のデータから，将来の値を予測する。

FORECAST
	x	D8	↑	= 9
	既知のy	B6:K6	↑	= {149,231,219,160,192,241,161...
	既知のx	B5:K5	↑	= {12.4,6,6.7,10.8,9,5.9,10,9.9,8...

=FORECAST（x,既知のy,既知のx）

「既知のx」と「既知のy」とのデータの相関関係から，「x」に対する値を予測して求める。

関数式の例：=FORECAST(D8,B6:K6,B5:K5)

練習問題

解答 ➡ P.3

練習問題 2-2

［ファイル名：練習2-2］

次のようなプロ野球選手の年齢表から統計表を作成し，保存しなさい。

▲	A	B	C	D	E	F	G	H	I	J	K	L	M	N
1														
2		プロ野球選手の年齢表												
3													統計表	
4		19	33	21	28	21	29	22	23	26	31		平均値	※
5		30	29	19	23	24	20	27	28	21	19		中央値	※
6		24	19	34	22	24	33	25	29	26	30		最頻値	※
7		25	22	20	25	22	22	22	27	28	28		最大値	※
8		34	37	19	27	25	28	18	29	28	20		最小値	※
9		33	25	21	24	21	21	26	34	30	25		範囲	※
10		33	24	31	23	38	31	31	28	29	32		分散	※
11		24	28	27	30	25	31	27	26	23	36		標準偏差	※
12		28	25	39	23	22	20	28	27					

▼ 処理条件

統計表は，プロ野球選手の年齢表から平均値・中央値・最頻値・最大値・最小値・範囲・分散・標準偏差を求める。

練習問題 2-3

［ファイル名：練習2-3］

次のような中学生の身長表から，中学1年に対する値を予測しなさい。

▲	A	B	C	D	E	F	G	H	I	J	K	L	M
1													
2		中学生の身長表											
3													予測
4	中学1年	146.8	155.3	157.3	154.9	152.7	150.4	151.1	157.9	152.1	154.9		151.7
5	中学2年	157.6	165.9	160.7	161.3	163.7	162.4	153.7	168.8	154.1	160.1		※
6	中学3年	163.8	168.9	169.9	172.0	165.9	165.8	156.8	174.2	157.0	168.2		※

▼ 処理条件

1．M5の「中学2年」は，M4の「中学1年」に対する値を予測して求める。

2．M6の「中学3年」は，M4の「中学1年」に対する値を予測して求める。

3 関数の活用

1. 基準値の倍数

例題 3-1　駐車場の使用時間を求める表を作成しよう。

	A	B	C	D	E
1					
2	駐車場使用時間計算表				
3	入場時刻	使用開始時刻	退場時刻	使用終了時刻	使用時間
4	10:01	10:10	10:49	10:40	0:30
5	10:02	10:10	12:41	12:40	2:30
6	10:10	10:10	13:34	13:30	3:20
7	10:17	10:20	11:12	11:10	0:50
8	10:24	10:30	12:06	12:00	1:30

▼処理条件

1. 網掛けの部分は，式を設定して求める。

2. B列の「使用開始時刻」は，A列の「入場時刻」を10分単位で切り上げて求める。

3. D列の「使用終了時刻」は，C列の「退場時刻」を10分単位で切り捨てて求める。

4. E列の「使用時間」は，**「使用終了時刻 － 使用開始時刻」**の式で求める。

（1）基準値による切り上げ（CEILING関数）

B4にCEILING関数を入力し，10分単位で切り上げた数値を求める。

① ［数値］は，対象の数値のA4を指定する

② ［基準値］は，倍数の基準となる数値を入力する

＝CEILING（数値,基準値）
「基準値」の倍数に最も近い値に「数値」を切り上げる。
関数式の例：=CEILING(A4,TIME(0,10,0))

（2）基準値による切り捨て（FLOOR関数）

D4にFLOOR関数を入力し，10分単位で切り捨てた数値を求める。

① ［数値］は，対象の数値のC4を指定する

② ［基準値］は，倍数の基準となる数値を入力する

＝FLOOR（数値,基準値）
「基準値」の倍数に最も近い値に「数値」を切り捨てる。
関数式の例：=FLOOR(C4,TIME(0,10,0))

2. 指定した文字の変換

| 例題　3-2 | 団体名を置き換える表を作成しよう。 |

▲	A	B
1		
2	団体名置換表	
3	団体名	新団体名
4	中野老人会	中野シニア会
5	新町子ども会	新町子ども会
6	上野青年会	上野青年会
7	荒川老人クラブ	荒川シニアクラブ
8	東区婦人会	東区婦人会

▼処理条件

1. 網掛けの部分は，式を設定して求める。

2. B列の「新団体名」は，A列の「団体名」の中から 老人 という文字を検索
 し，シニア に置き換える。

サブスティテュート
（1）SUBSTITUTE関数

B4にSUBSTITUTE関数を入力し，老人 を シニア に置き換える。

① [文字列] は，置き換える対象の文字のA4を指定する

② [検索文字列] は，検索する文字の「老人」を入力する

③ [置換文字列] は，置き換える文字の「シニア」を入力する

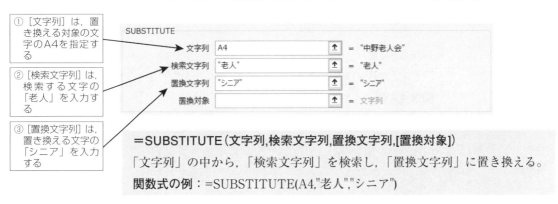

SUBSTITUTE

文字列	A4	↑	= "中野老人会"
検索文字列	"老人"	↑	= "老人"
置換文字列	"シニア"	↑	= "シニア"
置換対象		↑	= 文字列

=SUBSTITUTE(文字列,検索文字列,置換文字列,[置換対象])

「文字列」の中から，「検索文字列」を検索し，「置換文字列」に置き換える。

関数式の例：=SUBSTITUTE(A4,"老人","シニア")

第1章

3. 絶対値

例題 3-3 北高校と南高校の各試合の得点差を求める表を作成しよう。

⧄	A	B	C	D
1				
2	練習試合結果表			
3	試合	北高校	南高校	得点差
4	1	52	43	9
5	2	28	81	53
6	3	28	51	23
7	4	61	61	0
8	5	93	31	62

▼**処理条件**

1．網掛けの部分は，式を設定して求める。

2．D列の「得点差」は，北高校と南高校の各試合の得点差を求める。

（1）ABS関数

D4は，ABS関数を入力し，数値から符号を除いた数（**絶対値**）を求める。

① ［数値］は，絶対値を求める「B4－C4」を指定する

ABS

数値 | B4-C4 | ⬆ | = 9

＝ABS（数値）

「数値」の絶対値を求める。

関数式の例：＝ABS(B4−C4)

練習問題

解答 ➡ P.4

練習問題 3-1

[ファイル名：練習3-1]

次のような商品の販売価格を求める表を作成し，保存しなさい。

	A	B	C
1			
2	販売価格計算表		
3	仕入原価	一般価格	会員価格
4	98	※	※
5	154	※	※
6	82	※	※
7	100	※	※
8	127	※	※

▼処理条件

1．B列の「一般価格」は，A列の「仕入原価」を20%増しにして5円単位で切り上げて求める。

2．C列の「会員価格」は，A列の「仕入原価」を20%増しにして5円単位で切り捨てて求める。

練習問題 3-2

[ファイル名：練習3-2]

次のようなツアー名を変更する表を作成し，保存しなさい。

	A	B
1		
2	ツアー名変更表	
3	ツアー名	新ツアー名
4	ソウルスタンダードツアー	※
5	ソウルデラックスツアー	※
6	北京スタンダードツアー	※
7	北京デラックスツアー	※

▼処理条件

1．B列の「新ツアー名」は，A列の「ツアー名」の中から スタンダード という文字を検索し，激安 に置き換える。

練習問題 3-3

[ファイル名：練習3-3]

次のようなジャンボかぼちゃ重量当てクイズの結果を求める表を作成し，保存しなさい。

	A	B	C	D	E	F
1						
2			ジャンボかぼちゃ重量当てクイズ結果表			
3				単位：kg		
4	正解		応募者	回答	差	賞
5	98.4		秋田　加奈	98.7	※	※
6			岡山　達也	101.2	※	※
7			千葉　有香	97.4	※	※
8			宮崎　美男	98.4	※	※
9			香川　輝也	97.0	※	※

▼処理条件

1．E列の「差」は，A5の「正解」とD列の「回答」の差を求める。

2．F列の「賞」は，「差」が0の場合は ピッタリ賞 ，1以下の場合は ニアピン賞 を表示し，それ以外の場合は何も表示しない。

4. 乱数

第1章

| 例題 3-4 | 乱数を用いて，サイコロとおみくじを作成しよう。 |

	A	B	C	D
1				
2		サイコロ		おみくじ
3		1		吉

▼処理条件

1. 網掛けの部分は，式を設定して求める。

2. B3の「サイコロ」は，1から6の数字を同じ確率で表示する。

3. D3の「おみくじ」は，7割の確率で 吉，3割の確率で 凶 を表示する。

（1）RANDBETWEEN関数

> 0 以上 1 未満の実数の乱数を発生させる関数(RAND)もある

規則性がなく，でたらめな数を**乱数**という。関数を利用すると，ワークシートが再計算されるたびに新しい乱数を返すことができる。

B3はサイコロの目を表示するので，1から6までの整数を発生させる。

RANDBETWEEN			
最小値	1	↑	= 1
最大値	6	↑	= 6

＝RANDBETWEEN（最小値，最大値）
「最小値」以上，「最大値」以下の整数の乱数を発生する。
関数式の例：=RANDBETWEEN(1,6)

D3は，0から9までの10種類の乱数を発生させる。7割となる0から6までの7種類が表示された場合は 吉，3割となる7から9までの3種類が表示された場合は 凶 と表示するようにする。

5. 行番号と列番号

例題 3-5	各セルの行番号や列番号を表示しよう。

⬚	A	B	C	D	E	F	G
1							
2		行番号		列番号	5	6	7
3		3					
4		4					
5		5					

▼ 処理条件

1. 網掛けの部分は，式を設定して求める。

2. B列の「行番号」は，各セルの行番号を表示する。

3. 2行目の「列番号」は，各セルの列番号を数値で表示する。

（1）ROW関数

B3はROW関数を入力し，セルの行番号を表示する。その後，B5までコピーする。

＝ROW（[範囲]）

[範囲]のセルの行番号を返す。[範囲]が省略されているときは，ROW関数が入力されているセルの行番号を返す。

関数式の例：=ROW()

（2）COLUMN関数

E2はCOLUMN関数を入力し，セルの列番号を表示する。その後，G2までコピーする。

＝COLUMN（[範囲]）

[範囲]のセルの列番号を返す。[範囲]が省略されているときは，COLUMN関数が入力されているセルの列番号を返す。

関数式の例：=COLUMN()

セル番地は，通常使っているA1形式と，行番号と列番号で示すR1C1形式がある。A1形式でのセルE2は，R1C1形式では2行・5列なので，セルR2C5になる。「=COLUMN(E2)」は，E列は5番目の列なので，5が返る。

第1章

練習問題

解答 ➡ P.5

練習問題 3-4

[ファイル名：練習3-4]

次のようなおみくじを作成し，保存しなさい。

▲	A	B	C	D	E	F	G	H	I	J	K
1											
2		おみくじ									
3		※		判定表							
4				乱数	1	2	3	4	5	6	7
5				判定	大吉	中吉	小吉	吉	末吉	凶	大凶

▼ 処理条件

1．B3の「おみくじ」は，1から7までの乱数（整数）をもとに，判定表を参照して表示する。

練習問題 3-5

[ファイル名：練習3-5]

次のような乱数で発表順と選手宣誓を決める表を作成し，保存しなさい。

▲	A	B	C	D	E	F
1						
2		発表順決定表				
3						
4	番号	学校名	乱数	発表順		選手宣誓
5	1	中川高校	※	※		※
6	2	森高校	※	※		
7	3	さくら高校	※	※		
8	4	西高校	※	※		
9	5	中央高校	※	※		

▲	A	B	C	D	E	F
1						
2		発表順決定表				
3						
4	番号	学校名	乱数	発表順		選手宣誓
5	1	中川高校	34502	3		中川高校
6	2	森高校	33884	4		
7	3	さくら高校	32588	5		
8	4	西高校	91157	1		
9	5	中央高校	72189	2		

（表示例）

▼ 処理条件

1．C列の「乱数」は，10000から99999までの乱数（整数）を表示する。

2．D列の「発表順」は，「乱数」の降順に順位をつける。

3．F5の「選手宣誓」は，1から5までの乱数（整数）を発生させ，その番号をもとに発表順決定表を参照して，「学校名」を表示する。

練習問題 3-6

[ファイル名：練習3-6]

次のような乱数で今日の運勢を決める表を作成し，保存しなさい。

▲	A	B	C	D	E	F	G	H
1								
2		今日の運勢						
3								
4		金運	※	※	※	※	※	※
5		恋愛運	※	※	※	※	※	※
6		仕事運	※	※	※	※	※	※
7		健康運	※	※	※	※	※	※
8		総合運	※	※	※	※	※	※

▲	A	B	C	D	E	F	G	H
1								
2		今日の運勢						
3								
4		金運	2	★	★			
5		恋愛運	3	★	★	★		
6		仕事運	2	★	★			
7		健康運	4	★	★	★	★	
8		総合運	3	★	★	★		

（表示例）

▼ 処理条件

1．C列は，1から5までの乱数（整数）を表示する。ただし，C8は，C4～C7の平均を整数に切り上げて求める。

2．D～H列は，C列の数値と同じ数の ★ を表示する。

6. エラー値の置換

| 例題 3-6 | エラー値を置き換える表を作成しよう。 |

▲	A	B	C	D
1				
2	売上高分析表			
3	店名	前年度	今年度	前年度比
4	札幌店	525,000	491,000	93.5%
5	東京店	908,000	987,000	108.7%
6	名古屋店	788,000	未報告	算出不能
7	大阪店		916,000	算出不能
8	福岡店	636,000	650,000	102.2%

▼処理条件

1．網掛けの部分は，式を設定して求める。

2．D列の「前年度比」は，「**今年度　÷　前年度**」の式で求める。ただし，エラーの場合は，算出不能と表示する。

（1）IFERROR関数

> イ フ ェ ラ ー

D4にIFERROR関数を入力し，前年度比の計算結果がエラーになる場合は 算出不能 と表示し，そうでない場合は前年度比を求める。その後，D4の式をD8までコピーする。

①［値］は，前年度比を求める式「C4／B4」を指定する	IFERROR	
	値　C4/B4　⬆	= 0.935238095
②［エラーの場合の値］は，［値］がエラーの場合に返す「算出不能」を入力する	エラーの場合の値　"算出不能"　⬆	= "算出不能"

=IFERROR（値,エラーの場合の値）

「値」がエラーの場合は，「エラーの場合の値」を表示し，エラーでない場合は，「値」の結果を表示する。

関数式の例：=IFERROR(C4/B4,"算出不能")

7. セル番地の参照

例題 3-7　セルを参照しよう。

	A	B	C	D	E	F	G	H	I	J
1										
2	九九の一覧表									
3		1	2	3	4	5	6	7	8	9
4	1	1	2	3	4	5	6	7	8	9
5	2	2	4	6	8	10	12	14	16	18
6	3	3	6	9	12	15	18	21	24	27
7	4	4	8	12	16	20	24	28	32	36
8	5	5	10	15	20	25	30	35	40	45
9	6	6	12	18	24	30	36	42	48	54
10	7	7	14	21	28	35	42	49	56	63
11	8	8	16	24	32	40	48	56	64	72
12	9	9	18	27	36	45	54	63	72	81
13										
14		5	×	3	=	15	です			

▼処理条件

1．網掛けの部分は，式を設定して求める。

2．F14は，B14とD14の値をもとに九九の一覧表を参照して表示する。

（1）OFFSET関数

F14にOFFSET関数を入力し，B14とD14の値をもとに九九の一覧表から適切なセルを参照する。

> OFFSET
>
> | 参照 | A3 | ⬆ | = 0 |
> | 行数 | B14 | ⬆ | = 5 |
> | 列数 | D14 | ⬆ | = 3 |
> | 高さ | | ⬆ | = 数値 |
> | 幅 | | ⬆ | = 数値 |

=OFFSET（参照,行数,列数,[高さ],[幅]）

指定した「参照」のセルを基準に，「行数」行下，「列数」列右のセルを参照する。[高さ]と[幅]を指定すると，セル範囲を参照できる。

関数式の例：=OFFSET(A3,B14,D14)

例題 3-8　セル範囲を参照しよう。

▲	A	B	C	D	E	F	G	H	I	J
1										
2	九九の一覧表									
3		1	2	3	4	5	6	7	8	9
4	1	1	2	3	4	5	6	7	8	9
5	2	2	4	6	8	10	12	14	16	18
6	3	3	6	9	12	15	18	21	24	27
7	4	4	8	12	16	20	24	28	32	36
8	5	5	10	15	20	25	30	35	40	45
9	6	6	12	18	24	30	36	42	48	54
10	7	7	14	21	28	35	42	49	56	63
11	8	8	16	24	32	40	48	56	64	72
12	9	9	18	27	36	45	54	63	72	81
13										
14		5	の段の積の和は				225	です		

▼処理条件

1. 網掛けの部分は，式を設定して求める。

2. G14は，B14の値をもとに九九の一覧表を参照して表示する。

　G14にOFFSET関数を入力し，B14をもとに九九の一覧表から適切なセル範囲を参照する。

OFFSET
参照	A3	↑	= 0
行数	B14	↑	= 5
列数	1	↑	= 1
高さ	1	↑	= 1
幅	9	↑	= 9

　OFFSET関数によってB8:J8のセル範囲を参照できたので，SUM関数によって合計を求める。

SUM
| 数値1 | OFFSET(A3,B14,1,1,9) | ↑ | = 可変 |
| 数値2 | | ↑ | = 数値 |

練習問題 解答 ➡ P.5

解答 ➡ P.5

練習問題 3-7

[ファイル名：練習3-7]

次のような仕入単価計算表を作成し，保存しなさい。

	A	B	C	D	E
1					
2		仕入単価計算表			
3					
4	NO	商品名・型番	仕入個数	金額	仕入単価
5	1	シャープペンシル・ＳＰ２	120	16,800	※
6	2	消しゴム・ＫＳＧ４	240	9,600	※
7	3	筆箱・ＦＤＢⅢ	調査中	16,800	※
8	4	ノート・ＮＴ－Ｂ５	240	調査中	※
9	5	Ａ４ファイル・ＦＬＡ４	80	6,000	※
10	6				※
11	7				※
12	8				※

▼処理条件

1．E列の「仕入単価」は，「**金額 ÷ 仕入個数**」の式で求める。ただし，エラーの場合は，何も表示しない。

練習問題 3-8

[ファイル名：練習3-8]

次のような身体測定の結果を作成し，保存しなさい。

	A	B	C	D
1				
2		身体測定の結果		
3				
4	氏名	身長(cm)	体重(kg)	ＢＭＩ
5	浅原　健太	167.0	53.7	※
6	糸川　力也	173.6	98.2	※
7	井上　奈美	159.2	未測定	※
8	上田　一成	178.8	72.2	※
9	加藤　風花	未測定	43.3	※
10	木口　順平	175.4	68	※
11	熊野　まなみ	再計測	54.6	※
12	小西　翼	未測定	未測定	※

▼処理条件

1．D列の「BMI」は，「**体重 ÷ （身長 ÷ 100)^2**」の式で求める。ただし，エラーの場合は，何も表示しない。

※ BMIは，肥満度を表す指数で，「体重÷（身長)^2」で表される。ただし，身長はメートル（m）単位で指定する。成人の場合，22を標準，25以上を肥満，18.5未満を低体重としている。

グラフの作成と分析

1. Zグラフと傾向分析

例題 4-1　次のような月別売上表と折れ線グラフを作成し，売上の傾向分析をしよう。

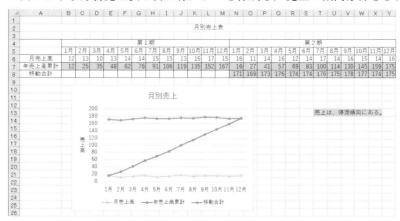

▼処理条件

1．表の網掛けの部分は，式や関数などを利用して求める。

2．「年売上高累計」は，同期の1月からの累計を求める。

3．「移動合計」は，過去12か月分の合計を求める。

4．第2期のデータで折れ線グラフを作成する。

5．折れ線グラフの分析結果を入力する。

（1）月別売上表とZグラフの作成

次のように月別売上表を作成する。

	A	B	C	D	E	F	G	H	I	J	K	L	M	N	O	P	Q	R	S	T	U	V	W	X	Y
1												月別売上表													
2																									
3																									
4						第1期											第2期								
5		1月	2月	3月	4月	5月	6月	7月	8月	9月	10月	11月	12月	1月	2月	3月	4月	5月	6月	7月	8月	9月	10月	11月	12月
6	月売上高	12	13	10	13	14	14	15	15	13	16	17	15	16	11	14	16	12	14	17	14	16	15	14	16
7	年売上高累計																								
8	移動合計																								

「年売上高累計」は，期ごとの1月からの累計である。B7は1月の売上高と同じなので，「=B6」と設定する。C7は前月の年売上高累計と2月の売上高の和なので，「=B7+C6」と設定し，D7～M7にコピーする。

第2期に設定する式は第1期と同じなので，B7～M7をN7～Y7にコピーする。

「移動合計」は，過去12か月分の合計である。N8は前年2月から1月までの合計になるので，「=SUM(C6:N6)」と設定し，O8～Y8にコピーする。

グラフは，第2期のデータで作成するので，A5～A8とN5～Y8を範囲指定（離れた範囲は Ctrl キーを押しながらドラッグ）する。

	A	B	C	D	E	F	G	H	I	J	K	L	M	N	O	P	Q	R	S	T	U	V	W	X	Y
1																									
2								月別売上表																	
3																									
4						第1期												第2期							
5		1月	2月	3月	4月	5月	6月	7月	8月	9月	10月	11月	12月	1月	2月	3月	4月	5月	6月	7月	8月	9月	10月	11月	12月
6	月売上高	12	13	10	13	14	14	15	15	13	16	17	15	16	11	14	16	12	14	17	14	16	15	14	16
7	年売上高累計	12	25	35	48	62	76	91	106	119	135	152	167	16	27	41	57	69	83	100	114	130	145	159	175
8	移動合計													171	169	173	176	174	174	176	175	178	177	174	175

次のような折れ線グラフを作成する。

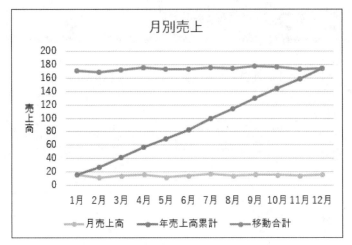

月別売上

このように作成した折れ線グラフは，アルファベットのZの形に似ているので，**Zグラフ（Zチャート）**と呼ばれる。12月の移動合計と年売上高累計は同額，1月の月売上高と年売上高累計は同額なので，グラフの交点は必ずくっつき，Zの形になる。

（2）Zグラフと傾向分析

Zグラフの移動合計の線を読み取ることにより，傾向の分析ができる。

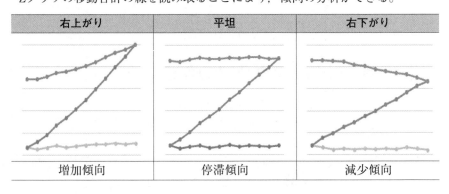

右上がり	平坦	右下がり
増加傾向	停滞傾向	減少傾向

例題4-1で作成したZグラフは，移動合計の線が横ばいなので，売上は停滞傾向にあると分析できる。

練習問題

解答 ➡ P.6

第1章

練習問題 4-1

［ファイル名：練習4-1］

　次のような月別売上金額集計表とZグラフを処理条件にしたがって作成し，売上金額の傾向分析をしなさい。

	A	B	C	D	E	F	G	H	I	J	K	L	M	N	O
1															
2						月別売上金額集計表									
3															
4			＜分析結果＞	第2期の売上は前期に比べて、				※※	傾向にある。						
5				第3期の売上は前期に比べて、				※※	傾向にある。						
6														(単位：億円)	
7			1月	2月	3月	4月	5月	6月	7月	8月	9月	10月	11月	12月	合計
8	第1期売上	16	18	16	17	19	18	20	15	16	19	17	14	※	
9	年間累計	※	※	※	※	※	※	※	※	※	※	※	※		
10	第2期売上	19	15	14	17	20	19	16	18	20	20	15	14	※	
11	年間累計	※	※	※	※	※	※	※	※	※	※	※	※		
12	前年比	※	※	※	※	※	※	※	※	※	※	※	※		
13	移動合計	※	※	※	※	※	※	※	※	※	※	※	※		
14	第3期売上	18	20	21	22	21	24	27	23	22	25	22	23	※	
15	年間累計	※	※	※	※	※	※	※	※	※	※	※	※		
16	前年比	※	※	※	※	※	※	※	※	※	※	※	※		
17	移動合計	※	※	※	※	※	※	※	※	※	※	※	※		

▼処理条件

1．表の※印の部分は，式や関数などを利用して求める。※※印の部分は，売上金額の傾向分析を行い，増加・停滞・減少のいずれかを入力する。

2．9，11，15行目の「年間累計」は，同期の1月からの累計を求める。

3．12，16行目の「前年比」は，前期の同月の売上との差を求める。

4．13，17行目の「移動合計」は，過去12か月分の合計を求める。

5．第2期と第3期のデータでZグラフを作成する。

2. パレート図とABC分析

例題 4-2　次のような弁当の売上分析表とパレート図を作成し，ABC分析をしよう。

弁当の売上分析表

コード	品　名	単価	数量	金額	構成比率	累計比率	ランク
3	唐揚弁当	480	538	258,240	26.4%	26.4%	A
5	焼肉丼	480	437	209,760	21.4%	47.8%	A
4	カツ丼	480	329	157,920	16.1%	64.0%	A
9	天ぷらそば	380	241	91,580	9.4%	73.3%	B
12	スパゲティ	400	158	63,200	6.5%	79.8%	B
2	シャケ弁当	400	131	52,400	5.4%	85.1%	B
6	ビーフカレー	400	105	42,000	4.3%	89.4%	B
11	チャーハン	380	82	31,160	3.2%	92.6%	C
1	幕の内弁当	500	53	26,500	2.7%	95.3%	C
10	焼きそば	400	51	20,400	2.1%	97.4%	C
7	いなり寿司	350	38	13,300	1.4%	98.8%	C
8	おにぎり	300	40	12,000	1.2%	100.0%	C
	合　計			978,460	100.0%		

弁当売上のパレート図

構成比率　累計比率

構成比率　━━ 累計比率

売れ筋商品は、唐揚弁当・焼肉丼・カツ丼の3品目である。

▼処理条件

1．網掛けの部分は，式や関数を利用して求め，分析結果を入力する。

2．E列の「金額」は，「**単価　×　数量**」の式で求める。

3．F列の「構成比率」は，「合計」に対する各金額の割合を求める。

4．G列の「累計比率」は，「構成比率」の累積合計を求める。

5．H列の「ランク」は，「累計比率」が70％以内の場合は A ，90％以内の場合は B ，それ以外の場合は C とする。

6．「構成比率」のデータで棒グラフ，「累計比率」のデータで折れ線グラフを作成する。

（1）弁当の売上分析表の作成

次のようにデータを入力し，「金額」は「単価×数量」の式で求める。

	A	B	C	D	E	F	G	H
1								
2			弁当の売上分析表					
3								
4	コード	品　名	単価	数量	金額	構成比率	累計比率	ランク
5	1	幕の内弁当	500	53	26,500			
6	2	シャケ弁当	400	131	52,400			
7	3	唐揚弁当	480	538	258,240			
8	4	カツ丼	480	329	157,920			
9	5	焼肉丼	480	437	209,760			
10	6	ビーフカレー	400	105	42,000			
11	7	いなり寿司	350	38	13,300			
12	8	おにぎり	300	40	12,000			
13	9	天ぷらそば	380	241	91,580			
14	10	焼きそば	400	51	20,400			
15	11	チャーハン	380	82	31,160			
16	12	スパゲティ	400	158	63,200			
17		合　計			978,460			

<式の設定>　E5　：＝C5＊D5

E17：＝SUM(E5:E16)

続いて，金額の降順に並べ替え，構成比率，累計比率，ランクを求める。

「構成比率」は，合計に対する各金額の割合で求める。

「累計比率」は，構成比率の累積合計で求める。

「ランク」は，累計比率が70%以内を「A」，90%以内を「B」，それ以外を「C」
とする。

	A	B	C	D	E	F	G	H
1								
2			弁当の売上分析表					
3								
4	コード	品　名	単価	数量	金額	構成比率	累計比率	ランク
5	3	唐揚弁当	480	538	258,240	26.4%	26.4%	A
6	5	焼肉丼	480	437	209,760	21.4%	47.8%	A
7	4	カツ丼	480	329	157,920	16.1%	64.0%	A
8	9	天ぷらそば	380	241	91,580	9.4%	73.3%	B
9	12	スパゲティ	400	158	63,200	6.5%	79.8%	B
10	2	シャケ弁当	400	131	52,400	5.4%	85.1%	B
11	6	ビーフカレー	400	105	42,000	4.3%	89.4%	B
12	11	チャーハン	380	82	31,160	3.2%	92.6%	C
13	1	幕の内弁当	500	53	26,500	2.7%	95.3%	C
14	10	焼きそば	400	51	20,400	2.1%	97.4%	C
15	7	いなり寿司	350	38	13,300	1.4%	98.8%	C
16	8	おにぎり	300	40	12,000	1.2%	100.0%	C
17		合　計			978,460	100.0%		

<式の設定>　F5：＝E5/$E$17

G5：＝SUM($F$5:F5)

H5　：＝IF(G5<＝0.7,"A",IF(G5<＝0.9,"B","C"))

（2）パレート図の作成

項目別に集計したデータの構成比率を大きい順に並べ替えて棒グラフにして，
構成比率の累計を折れ線グラフにしたものを**パレート図**という。パレート図のよ
うに複数の種類のグラフを組み合わせたグラフを**複合グラフ**という。

弁当の売上分析表から，パレート図を作成する。

①グラフに使用する
範囲を選択する

②リボンの［挿入］→
縦棒→2－D縦棒
→［集合縦棒］を選
択する

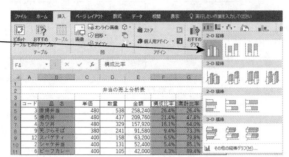

③「累計比率」の棒
をクリックする

④リボンの「挿入」→
折れ線→2－D折
れ線→［マーカー
付き折れ線］を選
択する

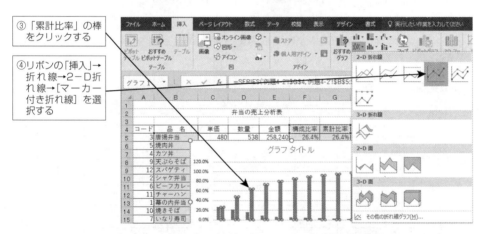

⑤「累計比率」の折
れ線をクリックす
る

⑥リボンの［書式］→
［選択対象の書式
設定］をクリック
する

⑦［第2軸（上/右
側）］を選択し，
［×］ボタンをク
リックする

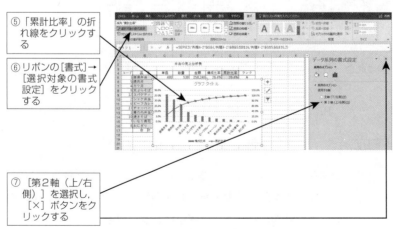

⑧主軸をクリックし，リボンの［書式］→［選択対象の書式設定］をクリックする

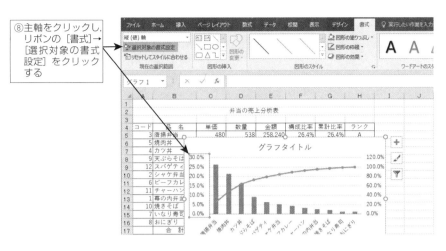

⑨［最小値］に「0.0」，［最大値］に「1.0」，［主］に「0.1」と入力する

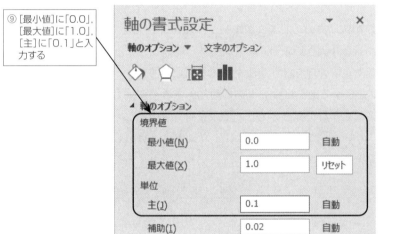

⑩第2軸をクリックし，⑨と同様に設定する

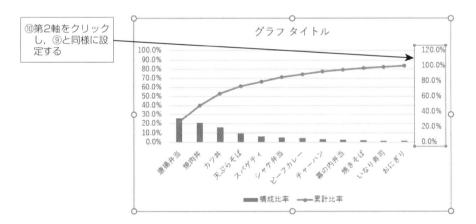

　グラフタイトル，主縦軸および第2縦軸ラベルを設定し，凡例の位置，フォントサイズ，表示形式，配置などの設定を変えて形を整える。

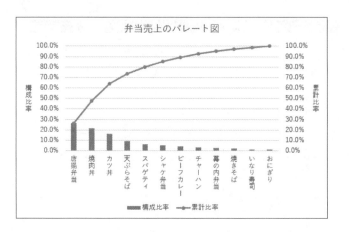

（3）ABC分析

累計比率の70％以内の項目をAグループ，70％より大きく90％以内の項目をBグループ，90％より大きい項目をCグループというように，3つのグループに分けて商品管理や在庫管理を行う手法を**ABC分析**という。

Aグループに属する商品は，売上高の約70％を占める主力商品であり，品切れすると売上高に大きな影響を与えるので，在庫管理を厳しく行う必要がある。

一方で，Cグループに属する商品は売上高に大きく貢献しているとはいいにくいので，販売を停止したり商品をリニューアルしたりするなどの工夫が必要である。

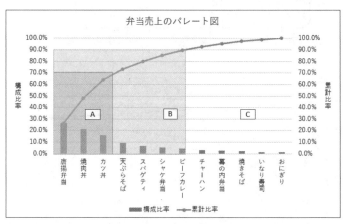

グループ	A	B	C
傾向	売れ筋	中間	死に筋
品目数	少ない	中間	多い
在庫管理	厳しく	中間	緩やか

例題4−2における売れ筋商品は，唐揚弁当・焼肉丼・カツ丼の3品目であると分析できる。

また，死に筋商品は，チャーハン・幕の内弁当・焼きそば・いなり寿司・おにぎりの5品目である。

練習問題　　　　　　　　　　　　　解答 ➡ P.6

練習問題 4-2　　　　　　　　　　　　　　　　　　[ファイル名：練習4-2]

　次のような愛犬ショップ売上分析表とパレート図を処理条件にしたがって作成し，ABC分析をしなさい。

	A	B	C	D	E	F	G
1							
2				愛犬ショップ売上分析表			
3							
4	<分析結果>	Aランクには，	※	種類の犬がいる。			
5		この犬の在庫管理を重点的に行うべきである。					
6							
7	犬名	単価	数量	売上金額	構成%	累計%	ランク
8	サルーキ	24,000	9	※	※	※	※
9	シェパード	38,000	5	※	※	※	※
10	ワイマラナー	38,000	2	※	※	※	※
11	シー・ズー	53,000	2	※	※	※	※
12	ビーグル	56,000	50	※	※	※	※
13	ポメラニアン	58,000	62	※	※	※	※
14	柴犬	58,000	38	※	※	※	※
15	マルチーズ	58,000	18	※	※	※	※
16	土佐犬	58,000	2	※	※	※	※
17	チャウチャウ	78,000	14	※	※	※	※
18	ダックスフンド	89,000	52	※	※	※	※
19	チワワ	98,000	68	※	※	※	※
20	プードル	128,000	6	※	※	※	※
21	合計		※	※	※		

売上金額パレート図　　■構成%　━累計%

▼処理条件

1．表の※印の部分は，式や関数などを利用して求める。

2．D列の「売上金額」は，「**単価　×　数量**」の式で求める。

3．21行目の「合計」は，各列の合計を求める。

4．E列の「構成%」は，「合計」に対する各売上金額の割合を求め，%表示で小数第1位まで表示する。

5．F列の「累計%」は，「構成%」の降順（逆順）に並べ替えて累積合計を求め，%表示で小数第1位まで表示する。

6．G列の「ランク」は，「累計%」が70%以内を A，90%以内を B，それ以外を C とする。

7．C4は，G列の「ランク」がAの数を求める。

8．「構成%」，「累計%」のデータでパレート図を作成する。

3. 散布図と回帰分析

例題 4-3 次のような最高気温とコールドドリンクの売上高（万円）の表と散布図を作成し，回帰分析をしよう。

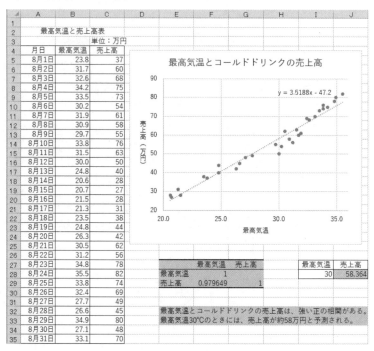

▼処理条件

1．網掛けの部分は，分析機能などを使って求め，分析結果を入力する。

（1）散布図の作成

2種類のデータを縦軸と横軸にとり，データを点の分布で表したものを**散布図**という。点の分布状況により，2種類のデータの相関関係を視覚的に見ることができる。

最高気温と売上高表を作成し，データ範囲はB5〜C35で散布図を作成する。X軸の範囲は，20.0〜36.0℃とし，Y軸の範囲は，20〜90万円とする。

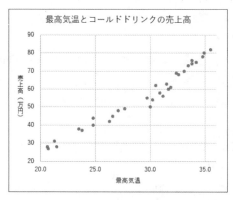

（2）回帰直線（近似曲線）の追加

一方の値が大きくなると，もう一方の値が小さくなるという関係を**負の相関がある**という

第1章

グラフを見ると，最高気温が高くなるほど，売上高も高くなるという傾向が読み取れる。これを**正の相関がある**という。

グラフ上のすべての点からの距離がなるべく近くなるように引いた直線を**回帰直線（近似曲線）**といい，回帰直線を求める手法を**回帰分析**という。回帰直線は，y＝ax＋bの式で表され，aを**傾き**，bを**y切片**という。

①点を右クリックし，［近似曲線の追加］をクリックする

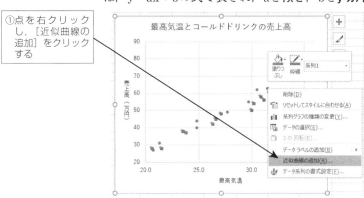

②［線形近似］を選択する

③［グラフに数式を表示する]にチェックをする

④［×］ボタンをクリックする

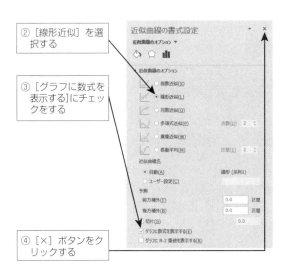

回帰直線と数式が表示される。

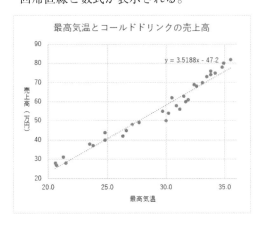

（3）分析ツールのアドイン

　Excelでは，分析ツールのような高度な機能は最初から利用できるようになっていない。リボンの［データ］中に データ分析 ボタンが表示されていなければ，分析ツールの機能を追加する必要がある。このような追加機能のことを**アドイン**という。

① リボンの［ファイル］→［オプション］→［アドイン］をクリックする

② ［設定］をクリックする

③ ［分析ツール］にチェックをし，OK ボタンをクリックする

例題5-1で必要になるので，［ソルバーアドイン］もチェックをしておく

（4）相関係数

　2つの値の関係を**相関**といい，相関の程度を示す値を**相関係数**という。

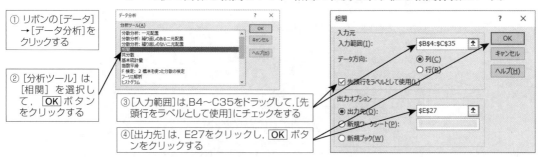

① リボンの［データ］→［データ分析］をクリックする

② ［分析ツール］は，［相関］を選択して，OK ボタンをクリックする

③ ［入力範囲］は，B4〜C35をドラッグして，［先頭行をラベルとして使用］にチェックをする

④ ［出力先］は，E27をクリックし，OK ボタンをクリックする

▲	A	B	C	D	E	F	G	H
26	8月22日	31.2	56					
27	8月23日	34.8	78			最高気温	売上高	
28	8月24日	35.5	82		最高気温	1		
29	8月25日	33.8	74		売上高	0.979649	1	
30	8月26日	32.4	69					
31	8月27日	27.7	49					
32	8月28日	26.6	45					
33	8月29日	34.9	80					
34	8月30日	27.1	48					
35	8月31日	33.1	70					

　　最高気温と売上高の相関係数は0.979649が求められ，強い正の相関があることがわかる。

　　右上がりのグラフは，一方の値が大きくなると，もう一方の値が大きくなることを示し，正の相関がある。相関係数は1に近いほど正の相関が強く，－1に近いほど負の相関が強い。0に近いほど，ほとんど相関がないことを示し，無相関という。

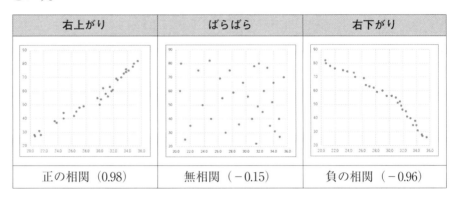

右上がり	ばらばら	右下がり
正の相関（0.98）	無相関（－0.15）	負の相関（－0.96）

　　相関係数rの絶対値は相関の強さを示し，強い相関は0.7以上を目安とする。

相関係数r	r＜0.3	0.3≦r＜0.7	0.7≦r
分析の目安	相関なし	弱い相関	強い相関

（5）売上高の予測

　　回帰直線は，$y = 3.5188x - 47.2$となったので，xに最高気温を代入することで，売上高yを予測することができる。

▲	D	E	F	G	H	I	J
26							
27			最高気温	売上高		最高気温	売上高
28		最高気温	1			30	58.364
29		売上高	0.979649	1			

　　＜式の設定＞　J28：＝3.5188＊I28－47.2

　　よって，例題における最高気温とコールドドリンクの売上高は強い正の相関があり，最高気温が30℃のときには，売上高が約58万円と予測できる。

練習問題

解答 ➡ P.7

練習問題 4-3

[ファイル名：練習4-3]

ある駅の1日の乗降客数と駅前にある店舗の来店客数を調査した表である。処理条件にしたがって回帰分析をしなさい。

	A	B	C	D	E	F	G	H	I
1									
2				最寄り駅の乗降人数と来店客数の回帰分析					
3		＜分析結果＞	乗降人数と来店客数には、			※1	の相関がある。		
4			乗降人数が	※2	人のとき、来店客数は		※※	人と予測される。	
5									
6									
7	調査日	乗降人数	来店客数			乗降人数	来店客数		
8	1日	620	241						
9	2日	2,360	612		乗降人数	※※			
10	3日	2,820	762		来店客数	※※	※※		
11	4日	2,480	600						
12	5日	2,310	553						
13	6日	2,720	730						
14	7日	1,790	466						
15	8日	1,500	359						
16	9日	2,300	580						
17	10日	2,820	798						
18	11日	3,030	795						
19	12日	1,850	496						
20	13日	2,030	465						
21	14日	2,100	511						
22	15日	3,360	830						
23	16日	2,210	590						
24	17日	3,140	892						
25	18日	1,660	456						
26	19日	2,050	540						
27	20日	2,340	614						
28	21日	2,670	674						
29	22日	2,540	719						
30	23日	1,500	426						
31	24日	910	230						
32	25日	1,380	399						
33	26日	2,720	710						
34	27日	1,850	493						
35	28日	1,270	359						
36	29日	1,940	444						
37	30日	2,340	513						
38	31日	1,740	476						

乗降人数と来店客数

y = ※※

▼処理条件

1．F4は，分析結果の正・負・無のいずれかを入力する。

2．D5は，乗降人数が3,500人のときの来店客数が予測できるようにデータを入力する。

3．G5は，D5に入力された乗降人数から予測される来店客数を求める式を設定し，整数で表示する。

4．グラフは，乗降人数と来店客数のデータを使用して散布図を作成し，回帰直線と数式を表示する。

4．ヒストグラム

例題 4-4

ある都市の8月最高気温表からヒストグラムを作成しよう。

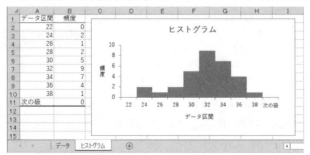

	A	B
1	データ区間	頻度
2	22	0
3	24	2
4	26	1
5	28	2
6	30	5
7	32	9
8	34	7
9	36	4
10	38	1
11	次の級	0
12		
13		
14		
15		

データ　ヒストグラム　＋

▼処理条件

1．8月最高気温表からデータ分析ツールを利用してヒストグラムを作成する。

（1）階級の設定とヒストグラム

　　個々のデータから度数分布表を作成し，棒グラフにしたものを**ヒストグラム**という。ヒストグラムはデータの分布状況や傾向を知るために使用される。

　　階級は，データの範囲を最大値と最小値の差で求めて，10程度の階級になるように間隔を決めて，階級を設定する。

　　この例題は，最大値は36.3，最小値は23.1なので，データの範囲は13.2になる。これを10で割ると，1.32になる。間隔は見やすいように，整数の2とする。

〈式の設定〉　　B36：＝MAX(B5:B35)

　　　　　　　　B37：＝MIN(B5:B35)

　　　　　　　　B38：＝B36－B37

　　階級はD6に22，D7に24と入力し，D14までコピーする。なお，D6の22は22以下，D7の24は22を超えて24以下を意味している。

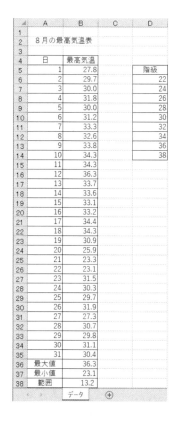

第1章

	A	B	C	D
1				
2	8月の最高気温表			
3				
4	日	最高気温		
5	1	27.8		階級
6	2	29.7		22
7	3	30.0		24
8	4	31.8		26
9	5	30.0		28
10	6	31.2		30
11	7	33.3		32
12	8	32.6		34
13	9	33.8		36
14	10	34.3		38
15	11	34.3		
16	12	36.3		
17	13	33.7		
18	14	33.6		
19	15	33.1		
20	16	33.2		
21	17	34.4		
22	18	34.3		
23	19	30.9		
24	20	25.9		
25	21	23.3		
26	22	23.1		
27	23	31.5		
28	24	30.3		
29	25	29.7		
30	26	31.9		
31	27	27.3		
32	28	30.7		
33	29	29.8		
34	30	31.1		
35	31	30.4		
36	最大値	36.3		
37	最小値	23.1		
38	範囲	13.2		

データ　＋

①リボンの［データ］
→［データ分析］
をクリックする

②［ヒストグラム］を
選択して，OKボタ
ンをクリックする

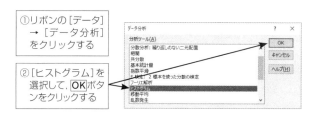

③［入力範囲］はB5
～B35，［データ区
間］はD6～D14を
ドラッグして選択す
る

④［新規ワークシー
ト］を選択し，［グ
ラフ作成］にチェッ
クをする

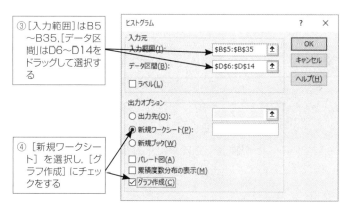

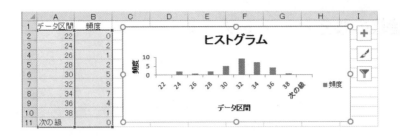

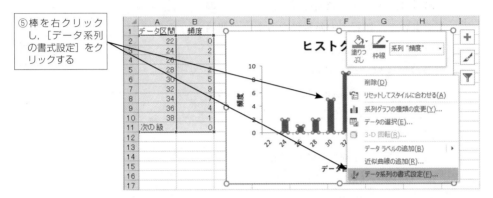

⑤棒を右クリックし，［データ系列の書式設定］をクリックする

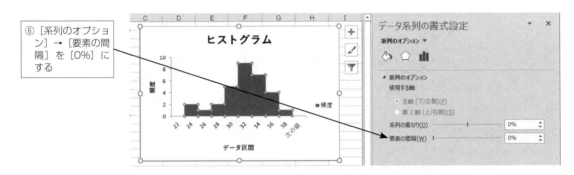

⑥［系列のオプション］→［要素の間隔］を［0%］にする

（2）ヒストグラムの分析

　ヒストグラムの分析の視点は，データの中心の位置・ばらつきの大きさ・分布の形状などがある。

　この例題のヒストグラムは，中心付近が中央にあって最も高く，左右対称で，中心から離れるにしたがって低くなっている山の形なので，一般的な形状といえる。

　製品の品質管理にヒストグラムが用いられており，一般的な形状でない場合には何らかの問題が発生していることが推測できるので，対策が必要になると判断できる。

第1章

	一般型 ・中心付近が最も高く，左右対称で，中心から離れるにしたがって低い。 ・工程は安定している。
	歯抜け型 ・区間1つおきに，大きくなったり，小さくなったりしている。 ・区間の幅が適切でないか，測定者の計測に偏りがある。
	すそ引き型 ・平均値が分布の中心より左（右）にあり，左右対称でない。 ・規格などで下限（上限）が制限されているか，工程の状況が急激に変化した。
	絶壁型 ・平均値が分布の中心より極端に左（右）にあり，左右対称でない。 ・規格外のものを取り除いたか，測定者の計測に虚偽やミスの可能性がある。
	離れ小島型 ・一般型の右（左）の端に離れて，小さな山がある。 ・異なるデータが少量混入しているか，工程の異常，測定ミスの可能性がある。
	ふた山型 ・分布の中心付近が低く，2つの山がある。 ・平均値が異なる2組のデータが混じっている。
	高原型 ・各区間の度数の差が少なく，高原状態になっている。 ・平均値が多少異なる複数組のデータが混じっている。

練習問題　　　　　　　　　　　　　　　　　　　解答 ⇒ P.8

練習問題 4-4　　　　　　　　　　　　　　　　　[ファイル名：練習4-4]

次のようなプロ野球選手の身長表から処理条件にしたがってヒストグラムを作成しなさい。

	A	B	C	D	E	F	G	H	I	J	K	L	M
1													
2		プロ野球選手の身長表											
3													
4		180	193	185	184	183	180	185	182	180	172		階級
5		191	188	184	179	179	179	188	183	182	182		※
6		181	181	172	187	185	178	175	173	185	183		※
7		183	179	178	176	183	182	182	180	179	178		※
8		176	174	186	182	179	175	184	181	180	176		※
9		175	168	191	184	181	181	180	180	177	176		※
10		174	168	188	185	183	180	177	186	182	178		※
11		176	186	178	177	177	175	177	193	183	180		※
12		178	183	180	178	174	180	178	173	190	172		※
13													※
14													※
15													※
16													※

▼処理条件

1．プロ野球選手の身長表からデータ分析ツールを利用してヒストグラムを作成する。

2．階級は，最大値・最小値・範囲を求め，各自で判断して設定する。

5 最適解

1. ソルバー（解の要素が１つの場合）

求める最適解に制約条件を付ける場合には，ソルバーの機能を利用する。

例題 5-1　ある販売店では，ジュースとコーヒーを販売している。ジュース１本120円，コーヒー１本220円である。コーヒーが100本売れたとして，売上合計を50,000円以上にするには，ジュースを最低何本売ればよいかを求める表を作成しよう。

	A	B	C	D
1				
2		売上計画表		
3				
4		単価	数量	金額
5	ジュース	120	234	28,080
6	コーヒー	220	100	22,000
7			売上合計	50,080

▼ **処理条件**

1．網掛けの部分は，式などを設定して求める。

（１）売上計画表の作成とゴールシーク

次のようにデータを入力し，ゴールシークの機能を利用して求めてみる。

＜式の設定＞　D5：＝B5＊C5　　D6：D5をコピー　　D7：＝SUM(D5:D6)

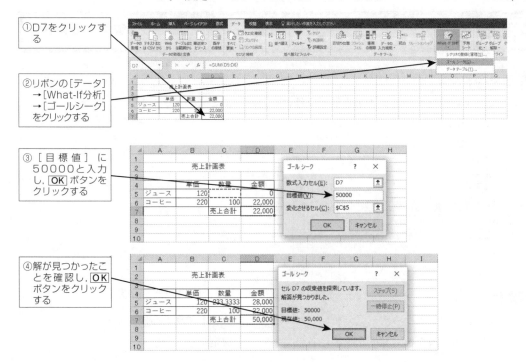

①D7をクリックする

②リボンの［データ］→［What-If分析］→［ゴールシーク］をクリックする

③［目標値］に50000と入力し，［OK］ボタンをクリックする

④解が見つかったことを確認し，［OK］ボタンをクリックする

売上合計は50,000円になったが，C5には「233.333333333333」が求められている。数量は，整数でなければならないので，この解は不適切である。このような場合には，数量を整数にするという制約条件を追加する必要がある。ゴールシークには制約条件を付けられないので，**ソルバーの機能**を利用する。

（2）ソルバー（解の要素が1つの場合）

リボンに［ソルバー］が表示されていない場合には，p.46を参照

　制約条件を付けてセルの値を求めるには，**ソルバー**の機能を利用する。ソルバーを利用すると，変化させるセルの値を変化させて，目的セルに制約条件を満たす最適解を求めることができる。このように，セルの値を変更して計算結果を調べる分析方法を**最適値分析**という。

　売上合計が50,000円に達するためのジュースの最小数量を整数で求める。

①リボンの［データ］→［ソルバー］をクリックする

　目標値を表示する［目的セル］と，値を変化させ最適値を求める［変数セル］を設定する。そして，制約条件を設定する。

② ［目的セル］はD7をクリックする

③ ［目標値］は［最小値］を選択する

④ ［変数セルの変更］はC5をクリックする

⑤ 追加 ボタンをクリックする

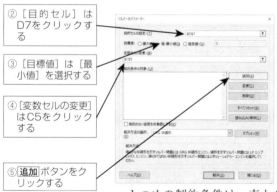

　1つめの制約条件は，売上合計を50,000円以上に設定する。

⑥ ［D7］（セルをクリック），［>=］，「50000」として，追加 ボタンをクリックする

　2つめの制約条件は，ジュースの数量を整数に設定する。

⑦ ［C5］（セルをクリック），［int］として，OK ボタンをクリックする

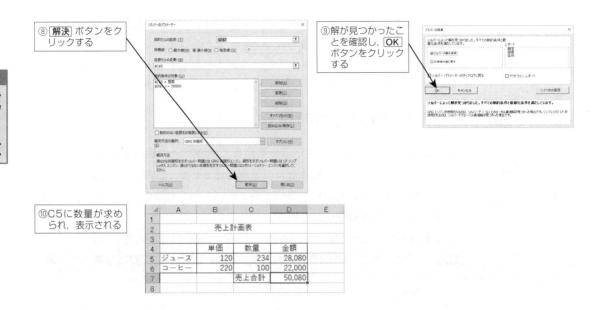

⑧ 解決 ボタンをクリックする

⑨ 解が見つかったことを確認し，OK ボタンをクリックする

⑩C5に数量が求められ，表示される

	A	B	C	D	E
1					
2		売上計画表			
3					
4		単価	数量	金額	
5	ジュース	120	234	28,080	
6	コーヒー	220	100	22,000	
7			売上合計	50,080	
8					

このことから，50,000円を売り上げるには，ジュースを234本以上売る必要があることが分かる。

練習問題

解答 ➡ P.9

練習問題 5-1

［ファイル名：練習5-1］

あるチーズ専門店では，顧客からの注文を受けて，商品を5kg以内の宅配便にして発送している。ある顧客から，「プロセスチーズを4個とナチュラルチーズをできるだけ多く入れて発送してほしい」という注文を受けた。処理条件にしたがって，ナチュラルチーズは何個入れたらよいかを求めなさい。

	A	B	C	D	E	F
1						
2		発送商品の重量計算表				
3						
4	商品名	単価	重量	数量	重量計	金額計
5	ナチュラルチーズ	560	300	※	※	※
6	プロセスチーズ	890	500	4	※	※
7	箱	50	80	1	※	※
8				合計	※	※

▼処理条件

1．表の※印の部分は，式や関数などを利用して求める。
2．ナチュラルチーズは300g，プロセスチーズは500g，箱は80gである。
3．D5は，ナチュラルチーズがあと何個で5kg以内になるかを，ソルバーの機能を利用して求める。
4．E列の「重量計」は「重量 × 数量」，F列の「金額計」は「単価 × 数量」の式で求める。
5．8行目の「合計」は，5～7行目の合計を求める。

2. ソルバー（解の要素が複数の場合）

解の要素が複数の場合でも，ソルバーの機能を利用できる。

例題 5-2　ある販売店では，ジュースとコーヒーをセットにして販売している。Aセットはジュース6本とコーヒー2本のセット，Bセットはジュース2本とコーヒー4本のセットである。Aセットは1セットあたり200円，Bセットは1セットあたり300円の販売利益がある。ジュースは200本，コーヒーは100本ある。最も販売利益が高くなるセット数の組み合わせを求める表を作成しよう。

	A	B	C	D	E
1					
2		セット販売計画表			
3					
4		Aセット	Bセット	合計	最大本数
5	ジュース(本)	6	2	200	200
6	コーヒー(本)	2	4	100	100
7	販売利益(円)	200	300	9,000	
8	販売セット数	30	10		

▼処理条件

1．網掛けの部分は，式などを設定して求める。

（1）ソルバー（解の要素が複数の場合）

ソルバーは，連立方程式のような数式から，複数のセルの値を求める場合にも利用できる。

①データを入力する

	A	B	C	D	E
1					
2		セット販売計画表			
3					
4		Aセット	Bセット	合計	最大本数
5	ジュース(本)	6	2		200
6	コーヒー(本)	2	4		100
7	販売利益(円)	200	300		
8	販売セット数				

②D5にジュースの合計本数を計算する式「=B5*$B$8+C5*$C$8」を入力し,D6〜D7にコピーする

	A	B	C	D	E	F
1						
2		セット販売計画表				
3						
4		Aセット	Bセット	合計	最大本数	
5	ジュース(本)	6	2	0	200	
6	コーヒー(本)	2	4	0	100	
7	販売利益(円)	200	300	0		
8	販売セット数					
9						

③リボンの[データ]→[ソルバー]をクリックする

最適値を表示する［目的セル］と，値を変化させる［変数セル］を設定する。

④［目的セルの設定］はD7をクリックする

⑤［目標値］は［最大値］を選択する

⑥［変数セルの変更］はB8〜C8をドラッグする

⑦ 追加 ボタンをクリックする

1つめの［制約条件］は，ジュースの最大本数を200本以下に設定する。Aセットをx個，Bセットをy個とすると，「6x＋2y≦200」を意味する。

⑧［D5］(セルをクリック)，［<=］，［E5］(セルをクリック)として，追加 ボタンをクリックする

2つめの［制約条件］は，コーヒーの最大本数を100本以下に設定する。Aセットをx個，Bセットをy個とすると，「2x＋4y≦100」を意味する。

⑨［D6］(セルをクリック)，［<=］，［E6］(セルをクリック)として，追加 ボタンをクリックする

3つめの［制約条件］は，Aセットの個数を正の数に設定する。Aセットをx個とすると，「x≧0」を意味する。

⑩［B8］(セルをクリック)，「>=」，「0」として，追加 ボタンをクリックする

4つめの［制約条件］は，Bセットの個数を正の数に設定する。Bセットをy個とすると，「y≧0」を意味する。

⑪［C8］(セルをクリック)，「>=」，「0」として，追加 ボタンをクリックする

5つめの［制約条件］は，AセットとBセットの個数を整数に設定する。

⑫［B8:C8］(セルをドラッグ)，［int］として，OK ボタンをクリックする

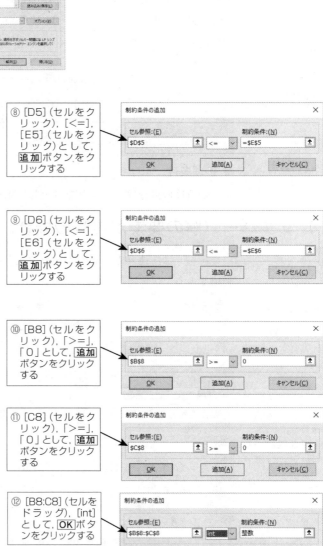

⑬ 解決 ボタンをクリックする

⑭ 解が見つかったことを確認し、OK ボタンをクリックする

B8とC8にセット数が求められ、D7に設定してある式で最適解が表示される。

	A	B	C	D	E
1					
2		セット販売計画表			
3					
4		Aセット	Bセット	合計	最大本数
5	ジュース(本)	6	2	200	200
6	コーヒー(本)	2	4	100	100
7	販売利益(円)	200	300	9,000	
8	販売セット数	30	10		

　このことから、Aセットが30セット、Bセットが10セット販売したときに、販売利益が9,000円で最大になることがわかる。

ソルバーのオプション設定

　ソルバーのオプション設定には、一般的な問題に適用できる規定値が設定されている。整数の最適性には、整数の制約条件を満たす解の目的セルと最適値との許容誤差をパーセント単位で入力する。整数の最適性を小さくすれば、処理に必要な時間は長くなるが、より正確な解を求められる。

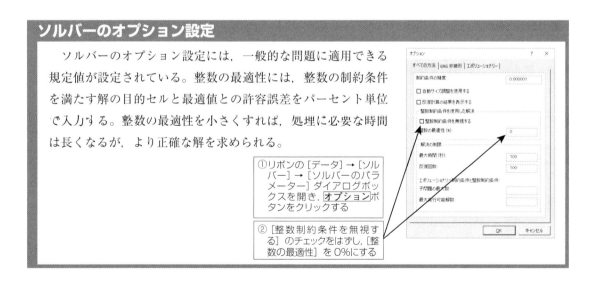

①リボンの [データ] → [ソルバー] → [ソルバーのパラメーター] ダイアログボックスを開き、オプション ボタンをクリックする

② [整数制約条件を無視する] のチェックをはずし、[整数の最適性] を 0%にする

練習問題　　　　　　　　　　　　　　　　　　　　解答 ➡ P.9

練習問題 5-2　　　　　　　　　　　　　　　　　　　　　　［ファイル名：練習5-2］

　ある工場では，同一の原料から2種類の製品A，Bを製造している。製品Aを1kg製造するには，4kWh の電力と3kgの原料が必要で，販売時の利益は5万円である。また，製品Bを1kg製造するには，5kWh の電力と2kgの原料が必要で，販売時の利益は4万円である。なお，使用可能な電力は500kWh，投入可能な原料は300kgである。製品A，Bをそれぞれ何kgずつ製造すれば利益が最大になり，その利益がいくらかを求めなさい。

	A	B	C	D	E
1					
2			製造計画表		
3					
4		製品A	製品B	合計	最大値
5	電力	4	5	※	500
6	原料	3	2	※	300
7	利益額	5	4	※	
8	製造量	※	※		

練習問題 5-3　　　　　　　　　　　　　　　　　　　　　　［ファイル名：練習5-3］

　ある文房具店では，鉛筆と消しゴムをセットにして販売している。セットAは，鉛筆2本と消しゴム1個で180円である。セットBは，鉛筆10本と消しゴム1個で500円である。

　鉛筆100本以上，消しゴム20個以上を買いたいとき，セットA・Bをそれぞれ何セットずつ購入すれば，最も安くなるかを求めなさい。

	A	B	C	D	E
1					
2			文房具購入表		
3					
4		セットA	セットB	合計	最小値
5	鉛筆	2	10	※	100
6	消しゴム	1	1	※	20
7	単価	180	500	※	
8	購入セット数	※	※		

練習問題 5-4　　　　　　　　　　　　　　　　　　　　　　［ファイル名：練習5-4］

　45分の音楽を録音できる媒体に6種類の曲を録音したい。処理条件にしたがって，録音できる残り時間が最も少なくなる録音回数の組み合わせを求めなさい。

	A	B	C	D	E	F
1						
2		曲データ表			録音時間計算表	
3	曲名	演奏時間	録音回数		可能時間	0:45:00
4	A	0:03:50	※		録音時間	※
5	B	0:04:25	※		残り時間	※
6	C	0:04:15	※			
7	D	0:03:20	※			
8	E	0:06:03	※			
9	F	0:04:28	※			

▼処理条件

1．表の※印の部分は，式や関数などを利用して求める。

2．各曲の「録音回数」は，1回以上2回以下の録音として，ソルバーの機能を利用して求める。

3．F4の「録音時間」は，各曲の「演奏時間　×　録音回数」の合計で求める。

4．F5の「残り時間」は，「可能時間　−　録音時間」の式で求める。

5．ソルバーのオプション設定の［整数の最適性］を0%にする。

練習問題 5-5

あるメーカーは，ワールドカップ日本チームのキャラクターグッズの販売を計画し，製造計画表を作成した。販売予測調査によると，日本チームが優勝したときと途中で敗退したときでは，売上金額に大きな差が出ることがわかった。処理条件にしたがって，日本チームの成績がどんな場合でも赤字を出さずに，しかも最大の利益が出るような製造個数の組み合わせを求めなさい。

	A	B	C	D	E	F	G
1							
2			キャラクターグッズ製造計画表				
3							
4	商品コード	商品名	販売単価	製造単価	製造個数	売上金額	製造金額
5	1001	ステッカー	300	105	※	※	※
6	1002	限定バッジ	200	98	※	※	※
7	1003	携帯ストラップ	400	190	※	※	※
8	1004	Tシャツ	2,500	1,200	※	※	※
9					合計	※	※
10						売上総利益	※
11							
12			優勝時の販売予測表				
13							
14	商品コード	商品名	販売単価	製造単価	販売予測数	売上金額	製造金額
15	※	※	※	※	2,200	※	※
16	※	※	※	※	2,500	※	※
17	※	※	※	※	2,000	※	※
18	※	※	※	※	1,800	※	※
19					合計	※	※
20						売上総利益	※
21							
22			敗退時の販売予測表				
23							
24	商品コード	商品名	販売単価	製造単価	販売予測数	売上金額	製造金額
25	※	※	※	※	※	※	※
26	※	※	※	※	※	※	※
27	※	※	※	※	※	※	※
28	※	※	※	※	※	※	※
29					合計	※	※
30						売上総利益	※

▼処理条件

1．表の※印の部分は，式や関数などを利用して求める。
2．敗退時の販売予測表の「販売予測数」は，優勝時の販売予測表の「販売予測数」の30％である。
3．各商品の「製造個数」は，優勝時の販売予測表の「販売予測数」の50％以上100％以下で，ソルバーの機能を利用して求める。
4．赤字を出さないために，キャラクターグッズ製造計画表の「製造金額」の合計は，敗退時の販売予測表の「売上金額」の合計以下とする。
5．3つの表の商品コード，商品名，販売単価，製造単価は，常に同じデータを表示するようにする。
6．「合計」は，各列の合計を求める。
7．「売上総利益」は，「**売上金額の合計 ー 製造金額の合計**」の式で求める。

6 マクロ機能

1. マクロの作成と実行

| 例題 6-1 | 次のような色を変更するマクロを作成しよう。 |

	A	B	C	D	E	F
1	マクロ	マクロ	マクロ	マクロ		
2	マクロ	マクロ	マクロ	マクロ	色変更	
3	マクロ	マクロ	マクロ	マクロ		
4	マクロ	マクロ	マクロ	マクロ		
5	マクロ	マクロ	マクロ	マクロ	色戻す	
6	マクロ	マクロ	マクロ	マクロ		
7	マクロ	マクロ	マクロ	マクロ		
8	マクロ	マクロ	マクロ	マクロ		
9	マクロ	マクロ	マクロ	マクロ		
10	マクロ	マクロ	マクロ	マクロ		

▼処理条件
1. 色変更 ボタンをクリックすると，選択した範囲のセルの色と文字の色を変える。
2. 色戻す ボタンをクリックすると，選択した範囲のセルの色と文字の色を元に戻す。

（1）マクロとは

　表計算ソフトを利用していると同じような処理を繰り返す場合があり，繰り返し処理を自動化できれば，作業効率がよくなる。自動化するために実行するプログラムを**マクロ**という。マクロを使用すると，同じ操作の繰り返しを自動化できたり，条件による分岐などの処理ができる。

（2）マクロの記録

　操作した内容をマクロとして，自動的に記録する機能を利用する。

①A1に「マクロ」と入力し，A1〜D10にコピーする

②色を変更するB4〜C6を範囲指定する

③リボンの[表示]→[マクロ]→[マクロの記録]をクリックする

④[マクロ名]に「色変更」と入力し，OKボタンをクリックする

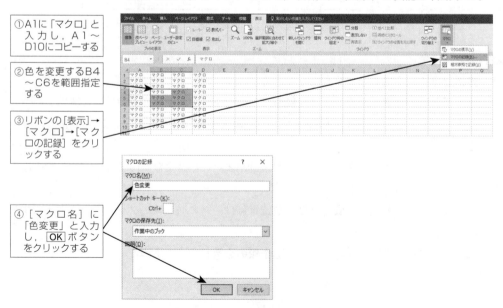

　これ以降に操作した内容が，自動的にマクロ名「色変更」として記録される。

⑤リボンの［ホーム］→［塗りつぶしの色］を青，［フォントの色］を黄にする

⑥リボンの［表示］→［マクロ］→［記録終了］をクリックする

　　　ここまで操作した内容が，自動的にマクロ名「色変更」として記録される。余分な操作をするとすべて記録されてしまうので注意が必要である。

（3）マクロの実行

①色を変更したいセル（A6〜B8）を範囲指定する

②リボンの［表示］→［マクロ］→［マクロの表示］をクリックする

③実行するマクロである［色変更］を選択し，［実行］ボタンをクリックする

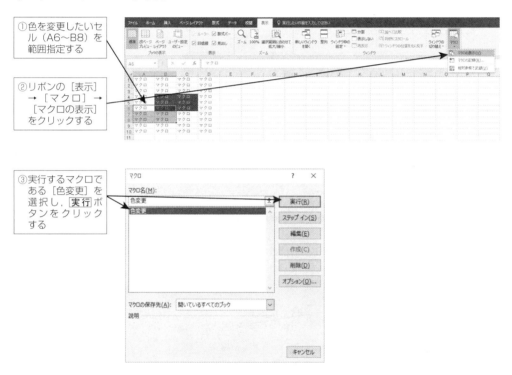

　　　マクロ名「色変更」が実行される。

	A	B	C	D
1	マクロ	マクロ	マクロ	マクロ
2	マクロ	マクロ	マクロ	マクロ
3	マクロ	マクロ	マクロ	マクロ
4	マクロ	マクロ	マクロ	マクロ
5	マクロ	マクロ	マクロ	マクロ
6	マクロ	マクロ	マクロ	マクロ
7	マクロ	マクロ	マクロ	マクロ
8	マクロ	マクロ	マクロ	マクロ
9	マクロ	マクロ	マクロ	マクロ
10	マクロ	マクロ	マクロ	マクロ

（4）マクロのコマンドボタンへの登録

記録したマクロをシート上に作成したコマンドボタンに登録して，実行することもできる。リボンに［開発］タブが表示されていない場合は，［開発］タブを追加する。

①リボンの［ファイル］→［オプション］をクリックする

②［リボンのユーザー設定］→［メインタブ］の［開発］にチェックをし，OK ボタンをクリックする

③リボンの［開発］→［挿入］→［ボタン］をクリックする

④ボタンを作成する位置でドラッグする

⑤ボタンに登録するマクロ［色変更］を選択して，OK ボタンをクリックする

⑥作成したボタンを右クリックして，［テキストの編集］をクリックする

⑦「ボタン1」を「色変更」と入力し直す

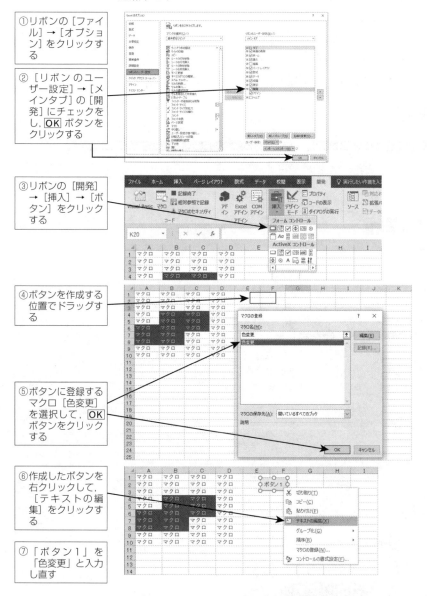

同様に，セルの色と文字の色を元に戻すためのマクロ名「色戻す」を作成する。

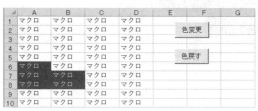

（5）マクロのコード

　　　　記録したマクロのプログラムを**コード**という。コードを表示するには，次のように操作する。

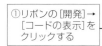

①リボンの［開発］→［コードの表示］をクリックする

②［標準モジュール］をダブルクリックするか，「＋」をクリックし，［Module1］をダブルクリックする

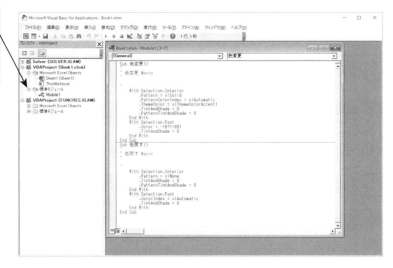

第1章

　　　　コードが表示される。コードは，**プロシージャ**と呼ばれるコードの集まりごとに記録されている。

練習問題

解答 ➡ P.12

練習問題 6-1

［ファイル名：練習6-1］

　次のような並べ替えをするマクロを作成し，保存しなさい。

▼処理条件

1．「金額順」というボタンをクリックすると金額の降順に並び替わる。

2．「番号順」というボタンをクリックすると番号の昇順に並び替わる。

章末総合問題

【1】 ある洋菓子店では，駅前店と大学前店を合併し12月のクリスマス商戦に向けて新店舗を開店することになった。そこで昨年と同額の純利益を得るために昨年同時期の2店舗のクリスマスケーキの売上を参考にし，「クリスマスケーキの売上試算表」を作成することになった。なお，新店舗では費用が昨年より2％上昇することがわかっている。処理条件にしたがって，シート1からシート4を作成しなさい。また，提供データを使用して，※印の部分は資料をもとに入力し，※※印の部分は関数やアプリケーションソフトの集計・分析機能により作成すること。

資料1　販売店表

店コード	店名
E	駅前店
D	大学前店

資料2　商品表

商品コード	商品名	価格
IC5	アイスクリーム（5号）	2,500
IC6	アイスクリーム（6号）	3,900
NC5	生クリーム（5号）	3,000
NC6	生クリーム（6号）	4,000
CC5	チーズケーキ（5号）	1,800
CC6	チーズケーキ（6号）	3,000
NT5	生チョコ（5号）	3,000
NT6	生チョコ（6号）	4,000
GN5	ガナッシュ（5号）	3,000
GN6	ガナッシュ（6号）	4,000

資料4　昨年の費用総額　580,000円

資料3　昨年の売上個数表
＜駅前店：店コードE＞

商品コード	商品名	営業日			
		12/23	12/24	12/25	12/26
IC5	アイスクリーム（5号）	2	16	1	0
IC6	アイスクリーム（6号）	2	19	2	0
CC5	チーズケーキ（5号）	3	13	1	0
CC6	チーズケーキ（6号）	4	18	1	4
NC5	生クリーム（5号）	3	24	3	1
NC6	生クリーム（6号）	6	26	4	1

＜大学前店：店コードD＞

商品コード	商品名	営業日			
		12/23	12/24	12/25	12/26
GN5	ガナッシュ（5号）	2	10	2	3
GN6	ガナッシュ（6号）	4	9	1	2
NC5	生クリーム（5号）	7	14	11	1
NC6	生クリーム（6号）	5	11	3	0
NT5	生チョコ（5号）	9	7	11	0
NT6	生チョコ（6号）	2	7	5	3

処理条件

1．表の形式および体裁は，次ページのシート1からシート4を参考にして設定する。
　　設定する書式：罫線，列幅，数値につける3けたごとのコンマ
2．シート1は，次のように作成する。
　　「販売店表」の※印の部分は，資料1のデータを入力する。
　　「商品表」の※印の部分は，資料2のデータを入力する。
3．シート2は，次のように作成する。
　(1)　資料3のデータを入力する。
　(2)　C列の「店名」の※※印の部分は，B列の「店コード」をもとにシート1の「販売店表」を参照して表示する。
　(3)　E列の「商品名」の※※印の部分は，D列の「商品コード」をもとにシート1の「商品表」を参照して表示する。
4．シート3は集計作業用のシートで，自由に利用する。
5．シート4は，次のように作成する。
　(1)　「1．昨年の売上実績表」は，次のように作成する。
　　①　B6～C16は，シート3から必要な範囲をコピーして，値を貼り付ける。
　　②　D6～D15の「売上金額」は，C列の「売上個数」にシート1の「価格」を乗じて求める。
　　③　16行目の「総計」は，6～15行目の合計を求める。

④ E6 ～ E15 の「構成比率」は，売上金額の総計に対する各商品の比率を求め，％表示で小数
第1位まで表示する。

⑤ B6 ～ E15 を，「構成比率」をキーとして降順に並べ替える。

⑥ F6 ～ F15 の「構成比率累計」は，商品ごとの構成比率を累計して求める。

(2) 「2．費用総額および純利益表」は，次のように作成する。

① C19 の「費用総額」は，資料4の値を入力する。

② E19 の「予想費用総額」は，C19 の値に 1.02 を乗じて求める。

③ C20 の「純利益」は，「**売上金額の総計（D16）－費用総額（C19）**」の式で求める。

④ E20 の「目標純利益」は，「**目標売上金額（B23）－予想費用総額（E19）**」の式で求める。

(3) 「3．目標売上金額」は，純利益（C20）と目標純利益（E20）の値が等しくなるように，アプリ
ケーションソフトのデータ分析機能を利用して求める。

　　設定例　数式入力セル：E20　　　目標値：C20 で求めた値　　　変化させるセル：B23

6．グラフは，「1．昨年の売上実績表」から作成する。

(1) ※※印の部分は，商品名を表示する。

(2) 各数値軸は，目盛の最小値，最大値および主を設定する。

7．シート4を報告書として，1ページにおさまるように調整する。

（シート1）

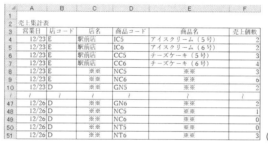
（シート2）

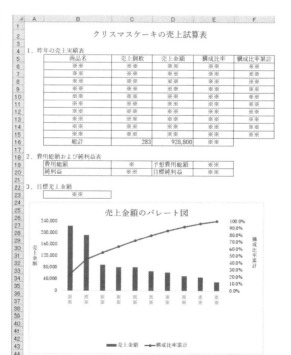
（シート3の利用例）

（シート4）

【2】ある企業は北店と南店の2つの支店を持っており，半期に一度経営の見直しを行っている。今回は上半期の支店売上データを分析するとともに，下半期から一律10%値上がりする経費についても対策を考えた。そこで，「上半期売上分析による対策報告書」を作成することになった。処理条件にしたがって，シート1からシート4を作成しなさい。なお，提供データを使用して，※印の部分は資料をもとに入力し，※※印の部分は関数やアプリケーションソフトのデータ集計・分析機能などを利用して作成すること。

資料1　支店コード表　　　項目コード表

支店コード	支店名
101	北店
102	南店

項目コード	項目名
1	売上額
2	経費

資料3　経費値上がり率　　　10%

資料2　上半期支店売上データ(単位：万円)

月	支店コード	項目コード	金額
1	101	1	220
1	101	2	107
1	102	1	123
1	102	2	84

月	支店コード	項目コード	金額
2	101	1	180
2	101	2	120
2	102	1	112
2	102	2	88

月	支店コード	項目コード	金額
3	101	1	80
3	101	2	112
3	102	1	80
3	102	2	93

月	支店コード	項目コード	金額
4	101	1	190
4	101	2	127
4	102	1	150
4	102	2	110

月	支店コード	項目コード	金額
5	101	1	120
5	101	2	97
5	102	1	194
5	102	2	107

月	支店コード	項目コード	金額
6	101	1	210
6	101	2	137
6	102	1	141
6	102	2	118

処理条件

1．表の形式および体裁は，次ページのシート1からシート4を参考にして設定する。
　　設定する書式：罫線，列幅，数値に付ける3けたごとのコンマ

2．シート1の※印の部分は，資料1のデータを入力する。

3．シート2は，次のように作成する。
(1) C列の「支店名」，E列の「項目名」の※※印の部分は，B列の「支店コード」，D列の「項目コード」をもとにシート1の「支店コード表」，「項目コード表」を参照して表示する。
(2) ※印の部分は，資料2のデータを入力する。

4．シート3は集計作業用シートで，次のように作成する。
(1) 「上半期月別売上額集計表」は，シート2のA3～F27のデータからアプリケーションソフトのデータ集計機能を利用して月ごとの支店別売上額を集計する。
(2) 「上半期項目別集計表」は，シート2のA3～F27のデータからアプリケーションソフトのデータ集計機能を利用して項目別に集計する。

5．シート4は，次のように作成する。
(1) 「1．上半期月別売上額集計表」は，次のように作成する。
　① C6～H7は，シート3の「上半期月別売上額集計表」から必要な範囲をコピーし，値を貼り付ける。
　② 8行目の「合計」は，6～7行目の合計を求める。
(2) 「2．上半期項目別集計表」は，次のように作成する。
　① C12～D13は，シート3の「上半期項目別集計表」から必要な範囲をコピーし，値を貼り付ける。
　② C14～D14の「合計」は，12～13行目の合計を求める。
　③ E列の「利益率」は次の式で求め，%表示で整数部まで表示する。
　　　　　「利益率　＝　1　－　経費　÷　売上額」
(3) 「3．下半期支店別売上目標額設定表」は，次のように作成する。
　① D列の「経費」は，「2．上半期項目別集計表」の「経費」に，資料3の値を増分として加えた額を，支店ごとに求める。
　② E列の「利益率」は，処理条件5の(2)③と同じ方法で求める。
　③ C18～C19の「売上目標額」は，E列の「利益率」が，「2．上半期項目別集計表」の「利益率」と同じ値になるように，アプリケーションソフトのデータ分析機能を利用して求める。ただし，

C18～C19には初期値として1を入力する。

設定例　C18の「売上目標額」

[ファイル] → [オプション] → [数式] → [計算方法の設定] で [変化の最大値] を0.00000001に設定する。

数式入力セル：E18　　目標値：E12の値　　変化させるセル：C18

④　C20～D20の「合計」は，18～19行目の合計を求める。

(4)　「4．利益比較表」は，次のように作成する。

①　C23の「上半期利益額」は，「2．上半期項目別集計表」の14行目の「合計」から次の式で求める。

「上半期利益額　＝　売上額　×　利益率」

②　C24の「下半期利益額」は，「3．下半期支店別売上目標額設定表」から「上半期利益額」と同様に求める。

③　C25の「利益の増減額」は，次の式で求める。

「利益の増減額　＝　下半期利益額　－　上半期利益額」

④　作成した表を参考にして，D27とB29は数値を，D29は「増益」または「減益」の文字列を入力する。

(5)　グラフは，次のように作成する。

①　「上半期月別売上額の割合」のグラフは，「1．上半期月別売上額集計表」から作成する。

②　「下半期支店別売上目標額の割合」のグラフは，「3．下半期支店別売上目標額設定表」から作成する。

③　各グラフの※※印の部分は，割合を％表示で小数第1位まで表示する。

6．シート4を報告書として，1ページにおさまるように調整する。

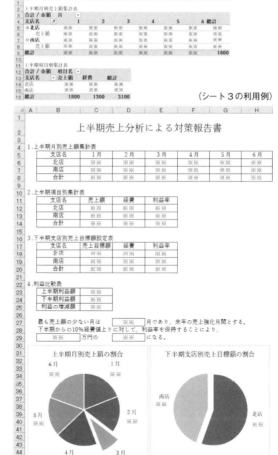

【3】ある自動車メーカーの高級自動車生産部門では，1週間の受注をまとめ，日本工場と中国工場に生産を振り分けている。日本工場と中国工場では，生産するための原価や日数が違うため，より多くの利益を得るために「生産計画書」を作成している。処理条件にしたがって，シート1からシート4を作成しなさい。なお，提供データを使用して，※印の部分は資料をもとに入力し，※※印の部分は関数やアプリケーションソフトのデータ分析機能などを利用して作成すること。

資料1 取引先コード表

コード	取引先名
101	東日本営業所
102	東京営業所
103	関西営業所
104	九州営業所
201	米国販売店
203	中国販売店

資料2 受注受付表

日付	取引先コード	台数	日付	取引先コード	台数	日付	取引先コード	台数
12/11	203	6	12/13	103	11	12/16	102	9
12/11	201	3	12/14	101	11	12/16	201	5
12/12	102	10	12/14	103	5	12/17	104	17
12/12	101	17	12/14	201	7	12/17	101	6
12/12	201	7	12/15	103	11	12/17	103	6
12/12	104	14	12/15	203	11			

資料3 納品条件

販売価格	950
納期	200

資料4 1台生産するための原価と日数

工場名	原価	日数
中国工場	292	3
日本工場	485	2

※金額の単位は万円とし，納期・日数の単位は日とする。

処理条件

1．表の形式および体裁は，次ページのシート1からシート4を参考にして設定する。

設定する書式：罫線，列幅，数値に付ける3けたごとのコンマ

2．シート1の※印の部分は，資料1のデータを入力して作成する。

3．シート2は，次のように作成する。

(1) ※印の部分は，資料2のデータを入力する。なお，入力する順番は問わない。

(2) 「取引先名」の※※印の部分は，B列の「コード」をもとにシート1の「取引先コード表」を参照して表示する。

4．シート3は集計作業用シートで，次のように作成する。

「受注数集計表」は，シート2のA3～D20のデータからアプリケーションソフトのデータ集計機能を利用して，取引先ごとの受注台数合計を集計する。

5．シート4は，次のように作成する。

(1) 「1．納品条件」は，今回の受注に対する1台の販売価格と全体の納期であり，資料3のデータを入力する。

(2) 「2．受注台数と販売金額」は，次のように作成する。

① C列の「台数計」は，シート3の「受注数集計表」から必要な範囲をコピーし，値を貼り付ける。

② D列の「販売金額」は，C列の「台数計」にC5の「販売価格」を乗じて求める。

③ 16行目の「総計」は，10～15行目の合計を求める。

(3) 「3．1台あたりの原価と日数」は，資料4のデータを入力する。

(4) 「4．生産計画表」は，次のように作成する。

① D列の「原価計」は，C列の「生産台数」に「3．1台あたりの原価と日数」のC列の「原価」を乗じて求める。

② E列の「粗利益計」は，C列の「生産台数」にC5の「販売価格」を乗じたものからD列の「原価計」を引いて求める。

③ F列の「日数計」は，C列の「生産台数」に「3．1台あたりの原価と日数」のD列の「日数」を乗じて求める。

④ 27行目の「合計」は，25～26行目の合計を求める。

⑤　C列の「生産台数」は，E27 の「粗利益計」の「合計」の値が最大になるようにアプリケーションソフトのデータ分析機能を利用して求める。

　　　設定例　　目的セル：E27　　　　目標値：最大値　　　変数セル：C25 ～ C26

　　　　　　　制約条件：C25 ～ C26 は整数，C25 ～ C26 は 0 以上，C27 ＝ C16

　　　　　　　　　　　　F25 は C6 以下，F26 は C6 以下

⑥　D30 ～ D31 は，「4．生産計画表」から該当する数値を表示する。

（5）　グラフは，「4．生産計画表」から作成する。

① 　グラフの※※印の部分は，表に入力された数値を表示する。

② 　数値軸は，目盛の最小値，最大値および主を設定する。

6．シート4を報告書として，1ページにおさまるように調整する。

（シート1）

（シート2）

（シート3の利用例）

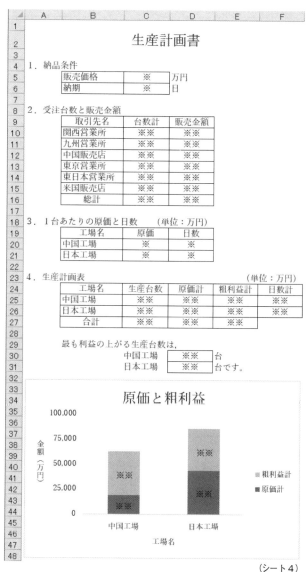

（シート4）

【4】ある DVD レンタル店では，店舗の改装工事をすることになった。改装後の棚割り（商品を置く棚数を決めること）は，12月のレンタル本数を種類ごとに集計したものをもとに割り振りをすることになり，12月の売上集計と棚割計画書を作成することになった。処理条件にしたがって，シート1からシート4を作成しなさい。なお，各シートの※印の部分は資料をもとに入力し，※※印の部分は関数やアプリケーションソフトのデータ集計・分析機能などを利用して作成すること。

[第38回出題一部修正]

資料1　種類コード表

種類コード	種類名
Y	洋画
H	邦画
K	韓流
A	アニメ

資料2　区分コード表

区分コード	区分	料金
N	新作	400
F	旧作	300

資料3　売上日計表

月	日	売上コード	種類名	区分	本数
12	1	YN	洋画	新作	19
12	1	YF	洋画	旧作	21
12	1	HN	邦画	新作	7
12	1	HF	邦画	旧作	14
12	1	KN	韓流	新作	2
12	1	KF	韓流	旧作	3
〜	〜	〜	〜	〜	〜
12	31	AN	アニメ	新作	10
12	31	AF	アニメ	旧作	6

処理条件

1．表の形式および体裁は，次ページのシート1からシート4を参考にして設定する。
　　設定する書式：罫線，列幅，数値に付ける3けたごとのコンマ
2．シート1は，次のように作成する。
　　「種類コード表」「区分コード表」の※印の部分は，資料1・2のデータを入力する。なお，種類コードおよび区分コードは半角英字である。
3．シート2は，次のように作成する。
　(1)　提供データを使用する。
　(2)　D列の「種類名」の※※印の部分は，C列の「売上コード」の左端の1文字をもとに，シート1の「種類コード表」を参照して表示する。
　(3)　E列の「区分」の※※印の部分は，C列の「売上コード」の右端の1文字をもとに，シート1の「区分コード表」を参照して表示する。
4．シート3は集計作業用シートで，次のように作成する。
　　シート2のデータをアプリケーションソフトのデータ集計機能を利用して集計する。
5．シート4は，次のように作成する。
　(1)　「1．レンタル料金表」の※印の部分は，資料2のデータを入力する。
　(2)　「2．レンタル本数集計表」は，シート3から必要な部分をコピーして，値を貼り付ける。
　(3)　「3．レンタル金額集計表」は，次のように作成する。
　　①　C列の「新作」およびD列の「旧作」は，「料金　×　レンタル本数」の式で求める。
　　②　E列の「合計」は，C〜D列の合計を求める。
　　③　22行目の「合計」は，18〜21行目の合計を求める。
　(4)　「4．棚数計算表」は，次のように作成する。
　　①　C列の「本数」は，「2．レンタル本数集計表」のE列の「合計」を表示する。
　　②　D列の「棚数」は，初期値として1を入力しておく。
　　③　30行目の「合計」は，「本数」および「棚数」の合計を求める。
　　④　E列の「平均」は，「本数　÷　棚数」の式で求める。ただし，小数第1位まで表示する。
　　⑤　E31の「最大と最小の差」は，E26〜E29の「平均」の最大値と最小値の差を求める。ただし，小数第1位まで表示する。
　　⑥　D26〜D29の「棚数」は，「棚数」が1以上の整数，D30の「合計」が30，E31の「最大と最小の差」が最小値になるようにアプリケーションソフトのデータ分析機能を利用して求める。
　　　　設定例　　目的セル：E31　　　　目標値：最小値　　　　変数セル：D26〜D29
　　　　　　　　制約条件：D26〜D29は整数，D26〜D29は1以上，D30は30

(5) グラフは,「2.レンタル本数集計表」と「3.レンタル金額集計表」から作成する。

① グラフの※※印の部分は,表に入力された数値を表示する。

② グラフの数値軸目盛は,最小値(0%),最大値(100%)および主(25%)を設定する。

6.シート4を報告書として印刷する。

(シート1)

(シート2)

	合計 / 本数	区分 ▼		
	種類名 ▼	新作	旧作	総計
洋画		1105	※※	※※
邦画		※※	※※	※※
韓流		※※	※※	189
アニメ		※※	※※	※※
総計		※※	1867	※※

(シート3の利用例)

12月の売上集計と棚割計画書

1. レンタル料金表

	新作	旧作
料金	※	※

2. レンタル本数集計表

種類名	新作	旧作	合計
洋画	1,105	※※	※※
邦画	※※	※※	※※
韓流	※※	※※	189
アニメ	※※	※※	※※
合計	※※	1,867	※※

3. レンタル金額集計表

種類名	新作	旧作	合計
洋画	442,000	※※	※※
邦画	※※	※※	※※
韓流	※※	※※	65,300
アニメ	※※	※※	※※
合計	※※	560,100	※※

4. 棚数計算表

種類名	本数	棚数	平均
洋画	※※	※※	※※
邦画	※※	※※	※※
韓流	189	※※	※※
アニメ	※※	※※	※※
合計	※※	30	122.5
		最大と最小の差	※※

新作と旧作の比較

(シート4)

【5】ある焼き鳥店では, 売上金額の少ない商品の入れ替えを検討することになった。8月分の売上データにより, ABC分析を行い, Cランクになった商品を入替対象商品とすることになり, 入替対象商品報告書を作成することになった。処理条件にしたがって, シート1からシート4を作成しなさい。なお, 各シートの※印の部分は資料をもとに入力し, ※※印の部分は関数やアプリケーションソフトのデータ集計・分析機能などを利用して作成すること。　　　　　　　　[第39回出題一部修正]

資料1　店コード表

店コード	店名
H	本店
S	支店

資料2　商品コード表

商品コード	商品名	価格
NG	ねぎま	110
MM	もも	100
TK	つくね	100
KW	とり皮	100
RB	レバー	100
KS	かしら	120
TN	たん	120
SM	しろもつ	100
NK	ナンコツ	110
NN	にんにく	110

資料3　売上日計データ

月	日	日計コード
7	1	HNG121
7	1	HMM095
7	1	HTK044
7	1	HKW011
〜	〜	
8	31	STN028
8	31	SSM011
8	31	SNK016
8	31	SNN004

処理条件

1. 表の形式および体裁は, 次ページのシート1からシート4を参考にして設定する。
   設定する書式：罫線, 列幅, 数値に付ける3けたごとのコンマ
2. シート1は, 次のように作成する。
   「店コード表」「商品コード表」の※印の部分は, 資料1・2のデータを入力する。なお, 店コードおよび商品コードは半角英字である。
3. シート2は, 次のように作成する。
   (1) 提供データを使用する。
   (2) D列の「店名」の※※印の部分は, C列の「日計コード」の左端の1文字をもとに, シート1の「店コード表」を参照して表示する。
   (3) E列の「商品名」の※※印の部分は, C列の「日計コード」の左端から2文字目より2文字をもとに, シート1の「商品コード表」を参照して表示する。
   (4) F列の「売上数」の※※印の部分は, C列の「日計コード」の右端から3文字を抽出し, 数値データに変換する。
4. シート3は集計作業用シートで, シート4の作成に必要な8月分のデータを集計するために, 自由に利用する。
5. シート4は, 次のように作成する。
   (1) 「1. 8月の売上集計表」は, 次のように作成する。
   ① C〜D列の「売上数」は, シート3から必要な部分をコピーして, 値を貼り付ける。
   ② E列の「合計」は, C〜D列の合計を求める。
   ③ F列の「売上金額」は, B列の「商品名」をもとに, シート1の「商品コード表」を参照した「価格」にC列の「売上数」を乗じて求める。
   ④ G列の「売上金額」は, F列の「売上金額」と同様に求める。
   ⑤ H列の「合計」は, F〜G列の合計を求める。
   (2) 「2. ABC分析表」は, 次のように作成する。
   ① B列の「商品名」とC列の「売上金額」は, 「1. 8月の売上集計表」のB列の「商品名」とH列の売上金額の「合計」をコピーして, 値を貼り付ける。B22〜C31のデータをC列の「売上金額」を基準として降順に並べ替える。
   ② D列の「構成比率」は, 「売上金額」の合計に対する各商品の売上金額の割合を求める。ただし, %表示で小数第1位まで表示する。
   ③ E列の「累計比率」は, 22行目の商品からその行の商品までの「構成比率」の累計を求める。

④　F列の「ランク」は，「累計比率」が70%以下の商品は A ，70%を超え90%以下の商品は B ，90%を超える商品は C を表示する。

⑤　D33 は，「ランク」が C の商品数を求める。

(3)　グラフは，「2．ABC分析表」から作成する。

①　グラフの※※印の部分は，表に入力された商品名を表示する。

②　グラフの数値軸目盛は，最小値（0），最大値（H18 の値）および主（500000）を設定する。

③　グラフの第2数値軸目盛は，最小値（0.0%），最大値（100.0%）および主（20.0%）を設定する。

④　グラフの項目軸目盛ラベルの方向を設定する。

6．シート4を報告書として，1ページで印刷する。

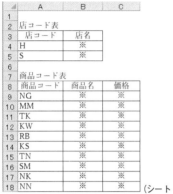

（シート1）

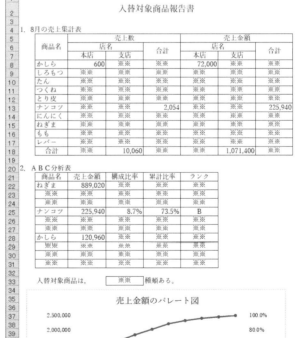

（シート2）

（シート3の利用例）

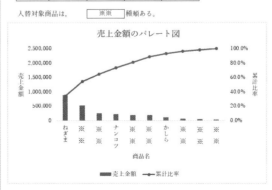

（シート4）

プラスα IS関数

Excelには，エラー値やデータの種類などを調べるための関数がある。これらの関数は，すべてIS で始まるので，IS関数と呼ばれる。IS関数は，テストの対象の種類をチェックし，その結果に応じて TRUEかFALSEを返す。戻り値がTRUEかFALSEしかないので，IF関数と組み合わせて使用することが多い。

1．エラー値の種類

エラー値	原　因
#N/A	関数や式に使用できる値がない場合に表示される。 例：検索関数で検索値が見つからない。
#VALUE!	引数の種類が正しくない場合に表示される。 例：文字と数値で演算を行っている。
#REF!	式中のセル参照が無効なときに表示される。 例：参照しているセルが削除されている。
#DIV/0!	式でゼロ（0）による除算が行われた場合に表示される。 例：ゼロや空白で割り算をしている。
#NUM!	式または関数の数値に問題がある場合に表示される。 例：処理できる最大値あるいは最小値の範囲を超えている。
#NAME?	認識できない文字列が使われた場合に表示される。 例：関数名が間違っている。
#NULL!	指定した2つのセル範囲に共通部分がない場合に表示される。 例：セルの範囲を指定するコロン（：）をスペースにしている。

2．エラー値をチェックするIS関数

関数の書式	関数の機能
= ISERROR（テストの対象）	任意のエラー値（#N/A，#VALUE!，#REF!，#DIV/0!，#NUM!，#NAME?，#NULL!）を参照するとき TRUE を返す。
= ISNA（テストの対象）	エラー値 #N/A を参照するとき TRUE を返す。
= ISERR（テストの対象）	#N/A を除くエラー値を参照するとき TRUE を返す。

3．データの種類をチェックする IS 関数

関数の書式	関数の機能
= ISBLANK（テストの対象）	空白セルを参照するとき TRUE を返す。
= ISNUMBER（テストの対象）	数値を参照するとき TRUE を返す。
= ISTEXT（テストの対象）	文字列を参照するとき TRUE を返す。
= ISNONTEXT（テストの対象）	文字列でない項目（空白セル含む）を参照するとき TRUE を返す。
= ISREF（テストの対象）	セル範囲を参照するとき TRUE を返す。
= ISLOGICAL（テストの対象）	論理値を参照するとき TRUE を返す。

第 2 章

表計算ソフトウェアに関する知識

 関数の活用

章末総合問題

章末検定問題

関数の活用

1. 集計の関数

（1）データベースの集計

=DSUM（データベース,フィールド,条件）

「データベース」の「フィールド」の中で,「条件」に一致するデータの合計を求める。

例　性別が「男」であるレコードの得点を合計する。

F5：=DSUM($A$3:$C$8,3,F3:F4)

	A	B	C	D	E	F	G
1							
2		成績一覧表				性別集計表	
3	番号	性別	得点			性別	性別
4	1	男	50			男	女
5	2	女	80		合計	150	140
6	3	男	70		平均	50	70
7	4	男	30		最大	70	80
8	5	女	60		最小	30	60
9					人数	3	2

=DAVERAGE（データベース,フィールド,条件）

「データベース」の「フィールド」の中で,「条件」に一致するデータの平均を求める。

例　性別が「男」であるレコードの得点を平均する。

F6：=DAVERAGE($A$3:$C$8,3,F3:F4)

=DMAX（データベース,フィールド,条件）

「データベース」の「フィールド」の中で,「条件」に一致するデータの最大値を求める。

例　性別が「男」であるレコードで,最大の得点を求める。

F7：=DMAX($A$3:$C$8,3,F3:F4)

=DMIN（データベース,フィールド,条件）

「データベース」の「フィールド」の中で,「条件」に一致するデータの最小値を求める。

例　性別が「男」であるレコードで,最小の得点を求める。

F8：=DMIN($A$3:$C$8,3,F3:F4)

　=DCOUNTA（データベース,フィールド,条件）

　「データベース」の「フィールド」の中で，「条件」に一致するデータの個数（空白以外のセル）を求める。

　例　性別が「男」であるレコードの数を求める。

　F9：=DCOUNTA($A$3:$C$8,2,F3:F4)

　=DCOUNT（データベース,フィールド,条件）

　「データベース」の「フィールド」の中で，「条件」に一致するデータの個数（数値のセル）を求める。

　例　性別が「男」であるレコードの数を求める。

　F9：=DCOUNT($A$3:$C$8,3,F3:F4)

（2）ＩＦＳ関数との比較

　DSUM関数はSUMIFS関数に，DAVERAGE関数はAVERAGEIFS関数に，DCOUNT関数はCOUNTIFS関数に置き換えても，同じ結果を求めることができる。

	A	B	C	D	E	F	G
1							
2		成績一覧表				性別集計表	
3	番号	性別	得点			性別	性別
4	1	男	50			男	女
5	2	女	80		合計	150	140
6	3	男	70		平均	50	70
7	4	男	30		人数	3	2
8	5	女	60				

　=SUMIFS（合計対象範囲,条件範囲1,条件1,[条件範囲2,条件2],…）

　「条件範囲1」の中で「条件1」の条件に一致し，かつ「条件範囲2」の中で「条件2」の条件に一致する「合計対象範囲」のセルの合計を求める。

　例　性別が「男」であるレコードの得点を合計する。

　F5：=SUMIFS($C$4:$C$8,$B$4:$B$8,F4)

　=AVERAGEIFS（平均対象範囲,条件範囲1,条件1,[条件範囲2,条件2],…）

　「条件範囲1」の中で「条件1」の条件に一致し，かつ「条件範囲2」の中で「条件2」の条件に一致する「平均対象範囲」のセルの平均を求める。

　例　性別が「男」であるレコードの得点を平均する。

　F6：=AVERAGEIFS($C$4:$C$8,$B$4:$B$8,F4)

　=COUNTIFS（検索条件範囲1,検索条件1,[検索条件範囲2,検索条件2],…）

　「検索条件範囲1」の中で「検索条件1」の条件に一致し，かつ「検索条件範囲2」の中で「検索条件2」の条件に一致するセルの個数を求める。

　例　性別が「男」であるレコードの数を求める。

　F7：=COUNTIFS($B$4:$B$8,F4)

　ただし，複数条件を指定するさい，データベース関数はOR条件とAND条件を使い分けられる（P.15～16参照）のに対し，IFS関数は必ずAND条件になる点が異なる。

第2章

練習問題 2-1-1

解答 ⇒ P.18

【1】次の売上表と集計表をみて，各問いに答えなさい。

	A	B	C	D	E	F	G	H	I
1									
2	売上表							集計表	
3	品　　名	種類	原産国	数量	単価	売上合計			種類
4	アクアレル・ブラン	白	フランス	31	2,500	77,500			赤
5	シャトー・ラグランジュ	赤	フランス	23	3,700	85,100		集計	197,100
6	シュルツホーフベルガー	白	ドイツ	16	3,000	48,000			
7	ブラウネベルガー	白	ドイツ	28	3,500	98,000			
8	エトワール・ドール	白	フランス	7	1,250	8,750			
9	フィガロ	赤	ドイツ	28	4,000	112,000			

(1) 種類が「赤」である商品の売上合計をＩ5に求める式を答えなさい。

Ｉ5：＝ [(a)] ([(b)] , [(c)] , [(d)])

(a)		(b)		(c)		(d)	

(2) 原産国が「ドイツ」である商品の単価の最大値をＩ5に求めるために各セルに設定する式や文字などを答えなさい。

I3		I4		I5	

(3) 単価が3,000円以上の商品の個数をＩ5に求めるために各セルに設定する式や文字などを答えなさい。

I3		I4		I5	

(4) 次のように設定したときに，Ｉ5に表示される数値を答えなさい。

　　Ｉ3：「種類」　　　　Ｉ4：「白」　　　　Ｉ5：「=DMIN(A3:F9,4,I3:I4)」

(5) 次のように設定したときに，Ｉ5に表示される数値を答えなさい。

　　Ｉ3：「原産国」　　Ｉ4：「ドイツ」　　　Ｉ5：「=DAVERAGE(A3:F9,5,I3:I4)」

【2】在庫数確認表に在庫数を確認したい支店名・品名・メーカー名の条件を任意に入力すると，カメラの在庫数一覧表から条件に一致する在庫数の合計を求められる。H7に設定できる2つの式の空欄を答えなさい。

	A	B	C	D	E	F	G	H
1								
2		カメラの在庫数一覧表						
3								
4	支店名	品名	メーカー名	在庫数		在庫数確認表		
5	北村店	デジタルカメラ	Camon	5		支店名	品名	メーカー名
6	北村店	デジタルカメラ	Panason	2		*	ビデオカメラ	Camon
7	北村店	デジタルカメラ	Sany	1			在庫数合計	5
8	北村店	ビデオカメラ	Camon	3				
9	北村店	ビデオカメラ	Panason	2				
10	北村店	ビデオカメラ	Sany	4				
11	山田店	デジタルカメラ	Camon	2				
12	山田店	デジタルカメラ	Panason	1				
13	山田店	デジタルカメラ	Sany	4				
14	山田店	ビデオカメラ	Camon	2				
15	山田店	ビデオカメラ	Panason	0				
16	山田店	ビデオカメラ	Sany	3				

H7 := (a)((b) , (c) , (d))

(a)		(b)		(c)		(d)	

H7 := (e)((f) , (g) , (h) , (i) , (j) , (k) , (l))

(e)		(f)		(g)		(h)	
(i)		(j)		(k)		(l)	

【3】次の表は，インターネットショッピングにおいて，送料を求める表である。D9に設定する式の空欄を答えなさい。ただし，金額の合計が10,000以上か，すべての商品の送料が込の場合は0，それ以外の場合は1,000を表示する。

	A	B	C	D
1				
2	送料計算表			
3	No	商品名	金額	送料
4	1	家庭用明太子	3,000	込
5	2	焼きラーメン	1,000	別
6	3	長浜ラーメン	1,500	別
7	4	もつ鍋	3,000	込
8	5			
9		合計	8,500	1,000

D9 := IF(OR(C9>=10000, [   ]),0,1000)

【1】 次の表は，ある大学野球部のリーグ戦投手成績表および投手別投球結果表である。「最多投球数」は「投手名」ごとに「投球数」の最大値を表示する。B29に設定する式として適切なものを選び，記号で答えなさい。ただし，この式をE29までコピーする。　　　　　　　　[第52回]

	A	B	C	D	E
1					
2	リーグ戦投手成績表				
3	日付	投手名	投球回	投球数	被安打
4	2014/9/6	山田	9	128	7
5	2014/9/7	斎藤	7	119	8
6	2014/9/7	黒田	2	28	2
?	?	?	?	?	?
20	2014/10/4	吉川	1	15	3
21	2014/10/5	斎藤	2	32	7
22	2014/10/5	吉川	7	86	5
23					
24	投手別投球結果表				
25		投手名	投手名	投手名	投手名
26		山田	斎藤	黒田	吉川
27	投球回計	42	34	11	9
28	投球数計	627	528	167	121
29	最多投球数	157	143	61	86
?	?	?	?	?	?

　ア．=DMAX(B25:B26,4,$A$3:$E$22)

　イ．=DMAX(A3:E22,4,$B$25:$B26)

　ウ．=DMAX($A$3:$E$22,4,B25:B26)

【2】 次の表は，ある県の年度ごとの観光収入と観光客数を記録した表である。C14の「目標達成年度回数」は，観光収入が4千億円以上，または観光客数が580万人以上を達成した年度の回数を表示する。C14に設定する式として正しいものを選び，記号で答えなさい。　　　　　　[第50回]

	A	B	C
1			
2	観光収入と観光客数		
3	年度	観光収入(万円)	観光客数(万人)
4	平成20年	42,988,200	594
5	平成21年	37,783,200	569
6	平成22年	40,252,600	571
7	平成23年	37,826,400	553
8	平成24年	39,967,400	593
9			
10		観光収入(万円)	観光客数(万人)
11		>=40000000	
12			>=580
13			
14		目標達成年度回数	3

　ア．=COUNT(B4:C8)

　イ．=DCOUNTA(A3:C8,1,B10:C12)

　ウ．=COUNTIFS(B4:B8,B11,C4:C8,C12)

【3】次の表は，ある小売店の中華まん売上一覧表である。「売上数計」は12月中の 肉まん と12月中の あんまん の売上数の合計を表示するために，次の式が設定されている。この式と同等の結果が得られる式として適切なものを選び，記号で答えなさい。なお，条件はすべて入力するものとする。　　　[第54回]

	A	B	C	D	E	F
1						
2	中華まん売上一覧表				条件	
3	日付	商品名	売上数		日付	商品名
4	2015/11/1	肉まん	15		>=2015/12/1	肉まん
5	2015/11/1	あんまん	16		>=2015/12/1	あんまん
6	2015/11/1	ごまあん	24			
7	2015/11/1	ピザまん	12		売上数計	1,521
8	2015/11/1	カレーまん	3			
〜	〜	〜	〜			
183	2015/11/30	海鮮まん	1			
184	2015/12/1	肉まん	42			
185	2015/12/1	あんまん	17			
〜	〜	〜	〜			
367	2015/12/31	ピザまん	22			
368	2015/12/31	カレーまん	35			
369	2015/12/31	海鮮まん	2			

=DSUM(A3:C369,3,E3:F5)

ア．=SUMIFS(C4:C369,A4:A369,E4,B4:B369,F4)+SUMIFS(C4:C369,A4:A369,E5,B4:B369,F5)
イ．=SUMIFS(C4:C369,A4:A369,E4,B4:B369,F4,B4:B369,F5)
ウ．=SUMIF(A4:A369,E4,C4:C369)+SUMIF(B4:B369,F4,C4:C369)+SUMIF(B4:B369,F5,C4:C369)

【4】次の表は，あるケーキ店のクリスマスケーキの売上数を店舗番号や商品番号，注文形態の条件で集計する表である。「売上数合計」は，条件を満たすクリスマスケーキ売上数一覧の「売上数」の合計を表示する。E4に表示されるデータとして適切なものを選び，記号で答えなさい。なお，E4には次の式が設定されている。　　　　　　　　　　　　　　　　　　　　　　　　　　　[第56回]

	A	B	C	D	E
1					
2	条件				
3	店舗番号	商品番号	注文形態		売上数合計
4	T02	S1			※
5	T02	S2			
6					
7	クリスマスケーキ売上数一覧				
8	店舗番号	商品番号	注文形態	売上数	
9	T01	S1	店頭	16	
10	T01	S1	ネット	21	
11	T01	S2	店頭	20	
12	T01	S2	ネット	16	
13	T01	S3	店頭	33	
14	T01	S3	ネット	31	
15	T02	S1	店頭	27	
16	T02	S1	ネット	18	
17	T02	S2	店頭	26	
18	T02	S2	ネット	22	
19	T02	S3	店頭	21	
20	T02	S3	ネット	18	

(注) ※印は，値の表記を省略している。

=IF(COUNTA(A5:C5)=0,DSUM(A8:D20,4,A3:C4),DSUM(A8:D20,4,A3:C5))

ア．39
イ．93
ウ．166

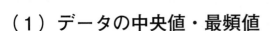

2. 統計・予測の関数

（1）データの中央値・最頻値

▲	A	B	C	D	E	F	G	H	I	J	K	L	M	N
1														
2		プロ野球選手の体重表												
3													統計表	
4		74	78	93	77	102	81	76	81	71	70		平均値	81.7
5		95	85	90	77	83	80	92	80	80	84		中央値	80
6		78	85	72	77	80	70	73	73	88	78		最頻値	80
7		96	85	80	69	78	80	82	74	72	81		最大値	107
8		75	88	89	81	71	73	90	78	83	78		最小値	66
9		80	67	104	86	78	83	85	76	82	80		範囲	41
10		77	66	86	88	90	78	73	90	77	80			
11		74	90	81	92	81	82	80	107	95	97			
12		90	82	78	85	77	87	83	77					

=MEDIAN（数値1,[数値2],…）

「数値1」に含まれるデータの中央値（メジアン）を求める。

例　プロ野球選手の体重表から中央値を求める。

N5：=MEDIAN(B4:K12)

=MODE（数値1,[数値2],…）

「数値1」に含まれるデータの最頻値（モード）を求める。

例　プロ野球選手の体重表から最頻値を求める。

N6：=MODE(B4:K12)

（2）データの予測

▲	A	B	C	D	E	F	G	H	I	J	K	L	M
1													
2		プロ野球選手の身長・体重表											
3													予測
4	身長	172	181	182	185	180	177	188	186	178	174		163
5	体重	70	85	84	88	76	73	86	90	81	77		61

=FORECAST（x,既知のy,既知のx）

「既知のx」と「既知のy」とのデータの相関関係から，「x」に対する値を予測して求める。

例　プロ野球選手の身長・体重表をもとに，身長によって体重を予測する。

M5：=FORECAST(M4,B5:K5,B4:K4)

練習問題 2-1-2

解答 ➡ P.18

【1】 次の表は，プロゴルフ大会成績表から，各種の統計値を求める統計表である。N5，N6に設定する式の空欄を答えなさい。

	A	B	C	D	E	F	G	H	I	J	K	L	M	N
1														
2		プロゴルフ大会成績表												
3													統計表	
4		70	75	68	77	70	80	74	69	69	78		平均値	71.6
5		74	75	75	70	69	71	71	71	68	75		中央値	71
6		69	70	69	73	70	72	72	70	66	68		最頻値	70
7		73	74	69	69	68	71	72	71	78	72		最大値	83
8		71	68	73	74	70	74	77	72	70	70		最小値	64
9		70	75	74	73	68	67	68	69	74	74		範囲	19
10		73	68	72	68	75	72	74	75	75	70			
11		72	69	83	76	72	69	73	67	64	70			
12		68	70	73	68	69	71	71	74	69	75			
13		76	67	76	72	75	73	69	68	70	73			

N5： = [　(a)　] (B4:K13)　　N6： = [　(b)　] (B4:K13)

(a)		(b)	

【2】 次の表は，父親と息子の身長表をもとに，父親の身長から息子の身長を予測する表である。M5に設定する式の空欄を答えなさい。

	A	B	C	D	E	F	G	H	I	J	K	L	M
1													
2		父親と息子の身長表											
3													予測
4	父親	171.6	170.5	171.0	165.5	168.8	158.8	169.0	178.1	161.5	172.5		158.3
5	息子	175.1	168.3	182.8	170.3	171.2	162.3	176.3	181.3	168.7	178.3		163.6

M5： = [　(a)　] ([　(b)　] , [　(c)　] , [　(d)　])

(a)		(b)		(c)		(d)	

【1】 次の表は，ある高校における１日の自転車利用時間の調査結果である。「分析値」は，ある分析値を表示するために，次の式が設定されている。この式と同等の結果が得られる式として適切なものを選び，記号で答えなさい。　　　[第56回]

=(LARGE(B4:B17,7)+SMALL(B4:B17,7))/2

ア．=AVERAGE(B4:B17)
イ．=MODE(B4:B17)
ウ．=MEDIAN(B4:B17)

	A	B	C	D
1				
2	調査結果	単位：分		
3	生徒番号	時間		分析値
4	1101	10		32
5	1102	36		
6	1103	16		
7	1104	34		
8	1105	14		
9	1106	38		
10	1107	12		
11	1108	28		
12	1109	36		
13	1110	38		
14	1111	40		
15	1112	38		
16	1113	30		
17	1114	28		

【2】 次の表は，あるタクシー会社における売上金額を予測するものである。「予測売上金額」は，降水量と売上金額の記録と「予測降水量」をもとに表示する。E4に設定する式として適切なものを選び，記号で答えなさい。ただし，「降水量」と「売上金額」は相関関係が認められるものとする。　　　[第54回]

ア．=FORECAST(A4:A123,B4:B123,E3)
イ．=MODE(E3,A4:A123,B4:B123)
ウ．=FORECAST(E3,B4:B123,A4:A123)

	A	B	C	D	E
1					
2	降水量と売上金額の記録			売上金額の予測	
3	降水量	売上金額		予測降水量	20.0
4	16.0	754,000		予測売上金額	502,531
5	27.0	790,000			
6	23.5	713,000			
7	0.5	158,000			
8	33.0	837,000			
〳	〳	〳			
118	5.5	378,000			
119	9.0	640,000			
120	2.0	118,000			
121	4.0	243,000			
122	69.5	832,000			
123	1.0	155,000			

【3】 次の表は，ある高等学校の１学年におけるボランティア参加回数調査の結果である。統計結果のE3，E4には次の式が設定されている。また，ボランティア参加回数調査を集計したものをもとにグラフを作成した。このグラフから，E3，E4に表示される適切なものを選び，記号で答えなさい。なお，調査人数は121名である。　　　[第52回]

	A	B	C	D	E
1					
2	ボランティア参加回数調査			統計結果	
3	学籍番号	参加回数		最頻値	※
4	1101	3		中央値	※
5	1102	2			
6	1103	5			
〳	〳	〳			
122	1339	4			
123	1340	4			
124	1341	1			

（注）　※印は，値の表記を省略している。

各セルに設定されている式
　E3：=MODE(B4:B124)
　E4：=MEDIAN(B4:B124)

ア．2
イ．3
ウ．4
エ．5

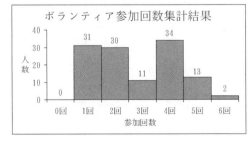

E3		E4	

【4】次の表は，ある都市のガソリン価格市場調査表である。B26は，次の式が設定されている。B26に表示される数値を答えなさい。 ［第55回］

=MODE(B4:B23)

	A	B	C	D
1				
2	ガソリン価格市場調査表			
3	店コード	レギュラー	ハイオク	軽油
4	13001	109	114	90
5	13002	111	114	95
6	13003	107	120	95
7	13004	107	112	94
8	13005	108	114	95
9	13006	111	116	93
10	13007	107	119	95
11	13008	109	121	95
12	13009	108	120	93
13	13010	109	112	92
14	13011	107	114	95
15	13012	106	114	91
16	13013	109	114	94
17	13014	111	115	89
18	13015	108	111	92
19	13016	108	111	90
20	13017	107	121	91
21	13018	107	121	91
22	13019	107	111	95
23	13020	109	114	95
24				
25	平均値	108.25	115.40	93.00
26	最頻値	※	※	※

(注) ※印は，値の表記を省略している。

【5】次の表は，あるクラスにおける2学期の読書調査の結果である。この統計結果からわかることとして，適切なものを選び，記号で答えなさい。 ［第50回］

	A	B	C	D	E
1					
2	2学期の読書調査			統計結果	
3	生徒番号	冊数		平均値	16
4	2601	5		中央値	11
5	2602	16		最頻値	9
6	2603	20		最大	30
7	2604	9		最小	2
8	2605	10			
〜	〜	〜			
38	2635	28			
39	2636	14			
40	2637	27			
41	2638	13			
42	2639	16			
43	2640	30			

ア．平均値16という結果から，半数の生徒が16冊以上の本を読んだことがわかる。

イ．中央値11という結果から，1学期に比べ2学期の読書量が増えたことがわかる。

ウ．最頻値9という結果から，2学期に9冊の本を読んだ生徒が最も多いということがわかる。

3. 数値・検索・文字列操作の関数

（1）基準値の倍数

	A	B	C
1			
2	募集人数計算表		
3	昨年度	今年度募集人数	
4	参加人数	切り上げ	切り捨て
5	183	200	160

＝CEILING（数値,基準値）

「基準値」の倍数に最も近い値に「数値」を切り上げる。

例　40の倍数に最も近い値に「昨年度参加人数」を切り上げる。

B5：＝CEILING(A5,40)

＝FLOOR（数値,基準値）

「基準値」の倍数に最も近い値に「数値」を切り捨てる。

例　40の倍数に最も近い値に「昨年度参加人数」を切り捨てる。

C5：＝FLOOR(A5,40)

（2）絶対値

	A	B
1		
2	値	絶対値
3	4	4
4	-7	7

＝ABS（数値）

「数値」の絶対値を求める。

例　「値」の絶対値を求める。

B3：＝ABS(A3)

（3）乱数

	A	B	C	D	E	F	G	H	I	J	K
1											
2	回	1	2	3	4	5	6	7	8	9	10
3	乱数	10	30	20	30	30	30	30	30	20	20

＝RANDBETWEEN（最小値, 最大値）

「最小値」以上, 「最大値」以下の整数の乱数を発生する。

例　10, 20, 30を乱数として10回分発生させる。

B3：＝RANDBETWEEN(1,3)＊10

B3の式をK3までコピーする。

第2章

（4）行番号と列番号

▲	A	B	C	D	E	F
1						
2			ここは？		行番号	2
3					列番号	3

＝ROW（[範囲]）

　［範囲］のセルの行番号を返す。［範囲］が省略されているときは，ROW関数が入力されているセルの行番号を返す。

　例　「ここは？」の行番号を求める。

　F2：=ROW(C2)

＝COLUMN（[範囲]）

　［範囲］のセルの列番号を返す。［範囲］が省略されているときは，COLUMN関数が入力されているセルの列番号を返す。

　例　「ここは？」の列番号を求める。

　F3：=COLUMN(C2)

（5）指定した文字の置換

▲	A	B
1		
2	部屋名	新部屋名
3	第一電算室	第一パソコン室
4	第二電算室	第二パソコン室
5	簿記室	簿記室
6	電算準備室	パソコン準備室
7	簿記準備室	簿記準備室

＝SUBSTITUTE（文字列,検索文字列,置換文字列,[置換対象]）

　「文字列」の中から「検索文字列」を検索し，「置換文字列」に置き換える。

　例　「部屋名」に含まれる"電算"を，"パソコン"に置き換える。

　B3：=SUBSTITUTE(A3,"電算","パソコン")

（6）エラー値の置換

▲	A	B	C	D	E	F
1			成績一覧表			
2	番号	1回	2回	合計	順位	伸び率
3	1	欠席	50	50	3	
4	2	90	80	170	1	-11.1%
5	3	70	70	140	2	0.0%

＝IFERROR（値,エラーの場合の値）

　「値」がエラーの場合は，「エラーの場合の値」を表示し，エラーでない場合は，「値」の結果を表示する。

　例　伸び率を「2回　÷　1回　ー　1」で求める。エラーの場合は，何も表示しない。

　F3：=IFERROR(C3/B3−1,"")

4. セル参照の関数

（1）セル範囲の参照

▲	A	B	C	D	E	F	G	H	I	J
1										
2	11の段から19の段の掛け算一覧表									
3		11	12	13	14	15	16	17	18	19
4	11	121	132	143	154	165	176	187	198	209
5	12	132	144	156	168	180	192	204	216	228
6	13	143	156	169	182	195	208	221	234	247
7	14	154	168	182	196	210	224	238	252	266
8	15	165	180	195	210	225	240	255	270	285
9	16	176	192	208	224	240	256	272	288	304
10	17	187	204	221	238	255	272	289	306	323
11	18	198	216	234	252	270	288	306	324	342
12	19	209	228	247	266	285	304	323	342	361
13										
14		16	×	14	=	224	です			

=OFFSET（参照,行数,列数,[高さ],[幅]）

指定した「参照」のセルを基準に，「行数」行下，「列数」列右のセルを参照する。[高さ]と[幅]を指定すると，セル範囲を参照できる。

　B14とD14の値をもとに，掛け算一覧表を参照する。

F14：=OFFSET(A3,MATCH(B14,A4:A12,0),MATCH(D14,B3:J3,0))

練習問題 2-1-3　　　　　　　　　解答 ➡ P.18

【1】 あるバスツアー会社では，次の表を用いて，募集
人数を計算している。D4の「募集人数」は，B4の
「申込人数」以上で，C4の「バス定員」の倍数で，
最も小さい数値を求める。D4に設定する式の空欄を
答えなさい。

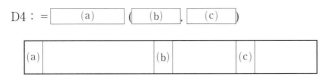

	A	B	C	D	E
1					
2	バスツアー申込一覧表				
3	行先名	申込人数	バス定員	募集人数	追加人数
4	箱根	65	45	90	25
5	日光	80	40	80	0
6	草津	121	45	135	14

D4：= ▢(a)▢ (▢(b)▢ , ▢(c)▢)

(a)		(b)		(c)	

【2】 次の表は，返却時刻から貸出時刻を引いて，レンタ
ル時間を求める表である。D4に設定する式の空欄を答
えなさい。ただし，貸出時刻は15分単位で切り上げ，
返却時刻は15分単位で切り捨てるものとする。

	A	B	C	D
1				
2	レンタル時間計算表			
3	会員番号	貸出時刻	返却時刻	レンタル時間
4	2319	8:25	9:30	1:00
5	2565	9:34	13:36	3:45
6	2463	9:45	11:38	1:45
7	2659	10:10	14:40	4:15
8	2544	10:18	13:09	2:30

D4：= ▢(a)▢ － ▢(b)▢

(a)		(b)	

【3】 次の表は，乱数を使って足し算の計算問題用紙を作成する表である。B5とD5に設定する式の
空欄を答えなさい。ただし，B5は10～19までの整数，D5は1～9までの整数とする。

	A	B	C	D	E	F	G	H	I
1									
2		計算問題用紙							
3									
4						解答欄			模範解答
5	①	10	+	9	=				19
6	②	19	+	4	=				23
7	③	11	+	1	=				12
8	④	13	+	3	=				16
9	⑤	18	+	1	=				19

B5：= ▢(a)▢

D5：= ▢(b)▢

(a)		(b)	

【4】次の表は，あるレストランのご案内受付表である。お客様のご案内が済んでから，行を削除しても A 列の「順番」の数値が変わらないように，A5に設定する式の空欄を答えなさい。ただし，A5の式を下方向にコピーするものとする。

5 行目を行削除

	A	B	C
1			
2		ご案内受付表	
3			
4	順番	お名前	人数
5	1	中川	2
6	2	森	1
7	3		
8	4		
9	5		
〜	〜		

	A	B	C
1			
2		ご案内受付表	
3			
4	順番	お名前	人数
5	1	森	1
6	2		
7	3		
8	4		
9	5		
〜	〜		

A5：= _____

_____

【5】次の表は，B列の「学校名」を1文字ずつ分解する表である。C5に設定する式の空欄を答えなさい。ただし，C5の式をH9までコピーするものとする。

	A	B	C	D	E	F	G	H
1								
2		発表大会参加校一覧表						
3								
4	番号	学校名	1文字	2文字	3文字	4文字	5文字	6文字
5	1	中川高校	中	川	高	校		
6	2	森高校	森	高	校			
7	3	さくら高校	さ	く	ら	高	校	
8	4	西高校	西	高	校			
9	5	中央高校	中	央	高	校		

C5：=MID(___(a)___ , ___(b)___ ,1)

(a)		(b)	

【6】ある賃貸物件管理会社では，物件名の変更をするために，次の表を用いている。B4の「新物件名」は，A4の「物件名」の文字列に 荘 という文字がある場合は ハイツ に置き換え，それ以外の場合は「物件名」を表示する。B4に設定する式の空欄を答えなさい。

	A	B
1		
2	物件名変更表	
3	物件名	新物件名
4	さくら荘	さくらハイツ
5	メゾン一刻	メゾン一刻
6	石川ハイツ	石川ハイツ
7	ドレミファ荘	ドレミファハイツ
8	コーポ村田	コーポ村田

B4：= ___(a)___ (___(b)___ , ___(c)___ , ___(d)___)

(a)			
(b)		(c)	(d)

【7】次の氏名検索表は，入力した生徒番号と生徒表の生徒番号が同一の氏名を表示する表である。E4に設定する式の空欄を答えなさい。ただし，生徒表に同じ生徒番号がない場合は，該当者なしを表示する。

	A	B	C	D	E
1					
2	生徒表			氏名検索表	
3	生徒番号	氏名		生徒番号	氏名
4	1001	岡田准二		1003	該当者なし
5	1002	山下智子			
6	1006	二宮和矢			
7	1008	滝沢明英			

E4：＝ ☐(a)☐ (☐(b)☐, ☐(c)☐)

(a)	(b)	(c)

【8】次の表は，B6に下車駅を入力すると，D6に料金を求める表である。D6に設定する式Aおよび式Bの空欄を答えなさい。いずれの式も同じ結果が表示される。

	A	B	C	D	E	F	G	H	I	J
1										
2	新宿駅からの料金表									
3	駅名	代々木	千駄ヶ谷	信濃町	四ツ谷	市ヶ谷	飯田橋	水道橋	御茶ノ水	秋葉原
4	料金	130	130	130	150	150	150	160	160	160
5										
6		水道橋	駅は，	160	円です。					

式A　D6：＝ INDEX(☐(a)☐, ☐(b)☐, ☐(c)☐)

式B　D6：＝ OFFSET(A4, ☐(d)☐, ☐(e)☐)

(a)	(b)	(c)

(d)	(e)

【9】次の表は，砲丸投げ記録表から，1～3位の記録と選手番号を作成する順位表である。L4およびM4に設定する式の空欄を答えなさい。ただし，L6およびM6までコピーするものとする。

	A	B	C	D	E	F	G	H	I	J	K	L	M
1													
2	砲丸投げ記録表										順位表		
3	選手番号	101	102	103	104	105	106	107	108		順位	記録	選手番号
4	記録	13.54	14.08	16.64	12.49	14.37	13.4	15.61	12.97		1位	16.64	103
5											2位	15.61	107
6											3位	14.37	105

L4：＝LARGE($B$4:$I$4, ☐(a)☐)

M4：＝INDEX($B$3:$I$3,1, ☐(b)☐)

(a)	(b)

【1】 次の表は，市民パソコン講座集金計算表である。「一人あたり集金額」は，「合計」を「講座参加者数」で割り，50円単位で切り上げて表示する。B11に設定する式として適切なものを選び，記号で答えなさい。 　[第54回]

ア．=FLOOR(B7/B10,50)
イ．=CEILING(B7/B10,50)
ウ．=ROUNDUP(B7/B10,−2)−50

	A	B
1		
2	市民パソコン講座集金計算表	
3		
4	諸費用	
5	テキスト代(@¥854)	28,182
6	消耗品(用紙・CD代等)	3,165
7	合計	31,347
8		
9	集金計算	
10	講座参加者数	33
11	一人あたり集金額	950

【2】 次の表は，パンケーキ専門店のハワイアンパンケーキ生地量早見表である。C6は，「標準量（g）」をサイズに応じて増量し，10g単位で切り上げて表示する。C6に設定する次の式の(a)，(b)，(c)にそれぞれあてはまる適切なものを選び，記号で答えなさい。ただし，この式をE12までコピーする。 　[第51回]

	A	B	C	D	E
1					
2	ハワイアンパンケーキ生地量早見表				
3			サイズ		
4	商品名	標準量(g)	ミドル	ラージ	エクストラ
5			20%増量	40%増量	80%増量
6	オリジナル	200	240	280	360
7	キャラメル	180	220	260	330
8	ベリー&ベリー	120	150	170	220
9	チョコ&バナナ	100	120	140	180
10	ハワイアンW	250	300	350	450
11	フレンチW	210	260	300	380
12	ブリティッシュW	190	230	270	350

=CEILING($B6*((a) +VALUE(LEFT((b) ,3))), (c))

(a) ア．−1 　　　　イ．0 　　　　ウ．1
(b) ア．$C$5 　　　イ．C$5 　　　ウ．$C5
(c) ア．−1 　　　　イ．0 　　　　ウ．10

(a)		(b)		(c)	

【3】 次の表は，ある研究所の実験結果一覧表である。「結果」は，「基準値」と「測定値」の差がプラスマイナス3以内の場合，合格 を表示し，それ以外の場合は何も表示しない。D4に設定する次の式の空欄をうめなさい。 　[第55回]

=IF(　　　　　　(B4-C4)<=3,"合格","")

	A	B	C	D
1				
2	実験結果一覧表			
3	班番号	基準値	測定値	結果
4	1	994	1,002	
5	2	994	991	合格
6	3	993	1,009	
7	4	995	1,004	
8	5	1,008	1,007	合格
9	6	997	1,006	
10	7	1,002	1,002	合格
11	8	1,008	1,010	合格
12	9	1,008	1,001	
13	10	1,001	1,008	
14	11	992	996	
15	12	1,002	997	

【4】次の表は，売上分析のシミュレーションをするために，乱数を利用し，売上テストデータ作成表の「売上数量」を自動的に生成するものである。B4に設定する次の式の空欄をうめなさい。ただし，「売上数量」は60以上180未満の整数とする。　　　[第50回一部修正]

	A	B
1		
2	売上テストデータ作成表	
3	売上コード	売上数量
4	JH001	179
5	JH002	96
6	JH003	102
7	JH004	152
8	JH005	90
≀	≀	≀
301	JH298	88
302	JH299	60
303	JH300	71

=RANDBETWEEN(　(a)　,　(b)　)

(a)		(b)	

【5】次のシート名「検索表」は，パソコンの性能を表示するものである。「型番」にパソコンデータの型番を入力すると，シート名「データ表」を参照してA6〜D6に該当データを表示する。A6に設定する次の式の空欄にあてはまる適切なものを選び，記号で答えなさい。　　　[第51回一部修正]

シート名「検索表」

	A	B	C	D
1				
2	パソコン性能表示			
3	型番	FVM5440		
4				
5	CPU	RAM	HDD	ドライブ
6	i5-4200U	4GB	1TB	ブルーレイ

シート名「データ表」

	A	B	C	D	E
1					
2	パソコンデータ				
3	型番	CPU	RAM	HDD	ドライブ
4	PCNN750	i7-4700Q	8GB	3TB	ブルーレイ
5	FVM5440	i5-4200U	4GB	1TB	ブルーレイ
6	X55A66P	c-N2800	2GB	320GB	スーパーマルチ
≀	≀	≀	≀	≀	≀
89	LE59325	i-3689Y	8GB	—	SSD128GB

=VLOOKUP($B$3,データ表!$A$4:$E$89,　　　　　(データ表!B3),FALSE)

ア．COLUMN　　　　イ．ROW　　　　ウ．OFFSET

【6】次の表は，ある総菜店におけるサラダの量り売り代金の目安表である。B5には次の式が設定されている。空欄(a)，(b)をうめなさい。ただし，この式をD9までコピーする。　　[第53回]

	A	B	C	D
1				
2	代金の目安表			
3	種類	ポテトサラダ	海鮮サラダ	生ハムサラダ
4	100gあたり	260	550	450
5	200g	520	1,100	900
6	300g	780	1,650	1,350
7	400g	1,040	2,200	1,800
8	500g	1,300	2,750	2,250
9	600g	1,560	3,300	2,700

=VALUE(LEFT(　(a)　,3))/100*　(b)

(a)		(b)	

【7】次の表は，ある会社の新規顧客一覧表である。「フリガナ」を，「置換後フリガナ」のように変換して表示する。C4に設定する式として適切なものを選び，記号で答えなさい。　　［第55回］

	A	B	C
1			
2	新規顧客一覧表		
3	会社名	フリガナ	置換後フリガナ
4	函館産業(株)	ハコダテサンギョウ(カブ	ハコダテサンギョウ
5	(株)木古内林業	カブ)キコナイリンギョウ	キコナイリンギョウ
6	大沼土木	オオヌマドボク	オオヌマドボク
7	(株)五稜郭商事	カブ)ゴリョウカクショウジ	ゴリョウカクショウジ
8	新北斗水産(株)	シンホクトスイサン(カブ	シンホクトスイサン
9	(株)南の大地商事	カブ)ミナミノダイチショウジ	ミナミノダイチショウジ
10	陸高物産(株)	リクタカブッサン(カブ	リクタカブッサン
11	(株)湯ノ川工事設備	カブ)ユノカワコウジセツビ	ユノカワコウジセツビ

ア．=SUBSTITUTE(SUBSTITUTE(B4,"(カブ",""),"カブ)","")

イ．=SUBSTITUTE(SUBSTITUTE(A4,"(株)",""),"","(株)")

ウ．=SUBSTITUTE(SUBSTITUTE(B4,"","(カブ"),"","カブ)")

【8】次の表は，あるレンタカー会社の料金検索表である。C8は，C4〜C6をもとに料金表を参照し，料金を表示する。C8に設定する次の式の空欄(a)，(b)にあてはまる適切なものを選び，記号で答えなさい。　　［第53回］

=IF(OR(C4="",C5="",C6=""),"",

IF(OR(C4<1,C4>3,NOT(OR(C5="T",C5="N",C5="H")),C6<1,C6>24,AND(C4<>2,C5="H")),"NG",

INDEX((　　　　(a)　　　　),MATCH(C6,B13:B15,1),　　　　(b)　　　　,C4)))

ア．(a) B13:E15,B13:H15,B13:J15　　　(b) IF(AND(C4=2,C5="H"),3,C4)

イ．(a) D13:E15,D13:H15,D13:J15　　　(b) MATCH(C5,F12:H12,0)

ウ．(a) D13:E15,F13:H15,I13:J15　　　(b) IF(C5="T",1,IF(C5="N",2,3))

【9】次の表は，あるクラスの選択講座希望表である。「最多希望講座名」は，希望者が最も多い「講座名」を表示する。E4に設定する次の式の空欄にあてはまる適切なものを選び，記号で答えなさい。ただし，希望者が最も多い講座番号は一つしかないものとする。　　　　　　　　　　　　［第61回］

	A	B	C	D	E	F
1						
2	選択講座希望表				最多希望講座名	
3	生徒番号	講座番号	講座名			
4	3101	5	生活デザイン		生活デザイン	
5	3102	2	日本史B			
6	3103	1	古典B		講座一覧表	
7	3104	3	数学Ⅲ		講座番号	講座名
8	3105	5	生活デザイン		1	古典B
9	3106	1	古典B		2	日本史B
10	3107	4	物理		3	数学Ⅲ
11	3108	1	古典B		4	物理
12	3109	5	生活デザイン		5	生活デザイン
13	3110	2	日本史B			
≀	≀	≀	≀			
43	3140	4	物理			

=VLOOKUP(☐☐☐☐(B4:B43),E8:F12,2,FALSE)

ア．MEDIAN　　　　イ．MODE　　　　ウ．ABS

【10】次のシート名「集計表」は，シート名「出張記録」に記録された「交通費」「宿泊費」「その他」を「従業員番号」ごとに集計したものである。シート名「集計表」のD5に設定する次の式の空欄(a)，(b)をうめなさい。ただし，この式をF9までコピーする。　　　　　　　　　　　　［第60回］

シート名「集計表」

	A	B	C	D	E	F
1						
2	集計表					
3	従業員番号	従業員名	支払額計	内訳		
4				交通費	宿泊費	その他
5	1001	古山　夏子	346,990	117,090	165,000	64,900
6	1002	末広　悠斗	461,060	196,550	180,000	84,510
7	1003	谷川　遼介	432,790	207,420	165,000	60,370
8	1004	沢田　麗子	207,380	116,840	30,000	60,540
9	1005	増田　大翔	138,790	64,730	45,000	29,060
10	合計		1,587,010	702,630	585,000	299,380

シート名「出張記録」

	A	B	C	D	E	F
1						
2	出張記録					
3	出張日	従業員番号	従業員名	費目		
4				交通費	宿泊費	その他
5	2018/12/1	1001	古山　夏子	740	0	4,920
6	2018/12/1	1004	沢田　麗子	2,950	0	1,350
7	2018/12/2	1005	増田　大翔	30,060	30,000	930
8	2018/12/2	1002	末広　悠斗	1,740	0	3,060
9	2018/12/2	1003	谷川　遼介	30,050	15,000	2,360
10	2018/12/3	1004	沢田　麗子	6,400	30,000	2,400
11	2018/12/3	1002	末広　悠斗	3,200	15,000	2,940
12	2018/12/4	1001	古山　夏子	9,870	30,000	5,460
13	2018/12/4	1005	増田　大翔	3,260	0	4,020
14	2018/12/5	1005	増田　大翔	2,100	0	3,770
15	2018/12/5	1003	谷川　遼介	9,300	15,000	1,010
16	2018/12/6	1002	末広　悠斗	30,030	0	2,820
≀	≀	≀	≀	≀	≀	≀
999						

=SUMIFS(出張記録!☐☐☐(a)☐☐☐,出張記録!$B$5:$B$999,☐(b)☐)

(a)		(b)	

章末総合問題

【1】次の表は，年中無休で営業しているスーパーのパート社員給与明細票である。作成手順にしたがって，各問いに答えなさい。

シート名「明細票」

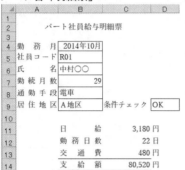

	A	B	C	D
1				
2		パート社員給与明細票		
3				
4	勤 務 月	2014年10月		
5	社員コード	R01		
6	氏　　名	中村○○		
7	勤 続 月 数	29		
8	通 勤 手 段	電車		
9	居 住 地 区	A地区	条件チェック	OK
10				
11		日　　給	3,180	円
12		勤 務 日 数	22	日
13		交 通 費	480	円
14		支 給 額	80,520	円

シート名「社員表」

	A	B	C	D
1				
2	パート社員表			
3	社員コード	氏名	採用年月日	担当
4	R01	中村○○	2012/05/02	レジ係
5	R02	遠藤○○	2012/12/31	レジ係
6	R03	小林○○	2013/08/02	レジ係
7	P01	山根○○	2011/10/01	駐車場係
8	P02	川上○○	2012/03/31	駐車場係
9	P03	三橋○○	2012/10/01	駐車場係

シート名「交通費」

	A	B	C	D	E
1					
2	交通費一覧表				
3				居住地区	
4			A地区	B地区	C地区
5	通勤手段	自動車	200	250	300
6		電車	480	620	730

シート名「休暇表」

	A	B	C
1			
2	パート社員の休暇表		
3	日	レジ係	駐車場係
4	1	R02	
5	2		P03
6	3	R01	
7	4	R01	P02
8	5		P03
9	6	R03	
10	7	R02	P01
11	8	R02	P03
12	9		P02
13	10	R01	
14	11	R01	P03
15	12	R03	
16	13	R02	
17	14		P03
18	15		P02
19	16	R01	P01
20	17	R02	P03
21	18	R03	
22	19	R02	
23	20		P03
24	21		P02
25	22		P01
26	23	R01	P03
27	24	R03	P02
28	25	R02	
29	26		P03
30	27		P02
31	28		
32	29	R01	P03
33	30	R01	P02
34	31		

作成手順

1. シート名「明細票」のB4～B5，B8～B9に適切なデータを順に入力すると，給与の支給額を求めることができる。
2. シート名「明細票」は，次のように作成されている。
   (1) B4の「勤務月」は，その月の末日が入力されていて，年月が表示されている。
   (2) B5の「社員コード」は，該当する社員コードを入力する。
   (3) B6の「氏名」は，B5の「社員コード」をもとに，シート名「社員表」を参照して表示する。
   (4) B7の「勤続月数」は，シート名「社員表」のC列の「採用年月日」からB4の「勤務月」までの月数を表示する。
   (5) B8の「通勤手段」，B9の「居住地区」は，社員が通勤するための手段と居住している地区を入力する。ただし，通勤手段が「自動車」または「電車」以外の場合は，それぞれ 0 を入力する。
   (6) D9の「条件チェック」は，B4～B9に１つでもデータの入力がない場合は 未入力 を表示し，それ以外の場合は OK を表示する。
   (7) C11の「日給」は，時給は780円，勤務時間は１日４時間として「**時給　×　勤務時間**」の式で求める。ただし，B7の「勤続月数」が３年以上の場合は４％増し，２年以上の場合は２％増しとし，10円未満を切り捨てる。また，D9の「条件チェック」が未入力の場合は，0 を表示する。
   (8) C12の「勤務日数」は，シート名「休暇表」から求める。ただし，休暇は各係で１人だけとることができ，シート名「休暇表」のB4～C34には休暇をとった社員コードが入力されている。また，D9の「条件チェック」が未入力の場合は，0 を表示する。
   (9) C13の「交通費」は，B8の「通勤手段」とB9の「居住地区」をもとに，シート名「交通費」を参照して表示する。ただし，D9の「条件チェック」が未入力の場合か，B8の「通勤手段」が0の場合は，0 を表示する。
   (10) C14の「支給額」は，「**（日給　＋　交通費）　×　勤務日数**」の式で求める。

問１．シート名「明細票」のD9に設定する式として適切なものを選び，記号で答えなさい。

　　　　ア．=IF(NOT(COUNT(B4:B9)=6),"未入力","OK")
　　　　イ．=IF(NOT(COUNTA(B4:B9)=6),"未入力","OK")
　　　　ウ．=IF(NOT(COUNTA(B4:B9)=6), "OK","未入力")

問２．シート名「明細票」のC11に設定する式の空欄(a)，(b)にあてはまる適切な組み合わせを選び，記号
　　　で答えなさい。
　　　=IF(D9="未入力",0,
　　　　　IF(B7>=　(a)　,ROUNDDOWN(780＊4＊1.04,－1),
　　　　　　　IF(B7>=　(b)　,ROUNDDOWN(780＊4＊1.02,－1),780＊4)))

　　　　ア．(a)3　　　　　イ．(a)2　　　　　ウ．(a)36
　　　　　　(b)2　　　　　　　(b)3　　　　　　　(b)24

問３．シート名「明細票」のC12に設定する式として適切なものを選び，記号で答えなさい。

　　　　ア．=IF(D9="未入力",0,DATE(B4)－COUNTIFS(休暇表!B4:C34,B5))
　　　　イ．=IF(D9="未入力",0,DAY(B4)－COUNTIFS(休暇表!B4:C34,B5))
　　　　ウ．=IF(D9="未入力",0,DAY(B4)－SUMIFS(休暇表!B4:C34,B5))

問４．シート名「明細票」のC13に設定する式の空欄(a),(b),(c)にあてはまる適切な組み合わせを選び，
　　　記号で答えなさい。
　　　=IF(OR(B8=0,D9="未入力"),0,
　　　　　　INDEX(　　　　(a)　　　　,　　　(b)　　　,　　　(c)　　　))

　　　　ア．(a)交通費!$C$5:$E$6　　　(b)MATCH(B8,交通費!B5:B6,0)　　　(c)MATCH(B9,交通費!C4:E4,0)
　　　　イ．(a)交通費!$C$5:$E$6　　　(b)MATCH(B9,交通費!C4:E4,0)　　　(c)MATCH(B8,交通費!B5:B6,0)
　　　　ウ．(a)MATCH(B8,交通費!B5:B6,0)　　(b)MATCH(B9,交通費!C4:E4,0)　　(c)交通費!$C$5:$E$6

問５．シート名「明細票」が次のように表示されているとき，C14に表示される適切なデータを答え
　　　なさい。

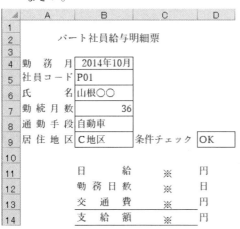

（注）　※印は，値の表記を省略している。

問1		問2		問3		問4		問5	

【2】次の表は，ある劇場でのミュージカル鑑賞にかかる計算書である。作成手順にしたがって，各問いに答えなさい。

シート名「計算書」

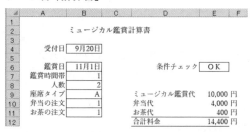

シート名「弁当料金」

	A	B
1		
2	弁当料金表	
3	種類	料金
4	1	2,000
5	2	1,500

シート名「予約状況」

	A	B	C	D	E
1					
2	空席状況表				
3	座席タイプ	鑑賞時間帯			
4		午後	夜		
5	S	×			
6	A				
7	B		×		
8			※ ×は満席を表す		
9	料金・予約状況表				
10	座席タイプ	料金	定員	予約状況	
11				午後	夜
12	S	7,000	60	60	40
13	A	5,000	140	120	85
14	B	4,000	300	280	300

作成手順

1．シート名「計算書」のB6〜B11に適切なデータを順に入力すると，ミュージカル鑑賞にかかる費用を求めることができる。

2．シート名「計算書」は，次のように作成されている。
　⑴　B4の「受付日」は，本日の日付を表示する。
　⑵　B6の「鑑賞日」は，鑑賞する日を入力する。
　⑶　B7の「鑑賞時間帯」は，午後の場合は 1 を，夜の場合は 2 を入力する。
　⑷　B8の「人数」は，鑑賞する人数を入力する。
　⑸　B9の「座席タイプ」は，S，A，Bのいずれかを全角文字で入力する。
　⑹　B10の「弁当の注文」は，弁当が必要ない場合は 0 を，必要な場合はシート名「弁当料金」のA列の「種類」を入力する。
　⑺　B11の「お茶の注文」は，お茶が必要ない場合は 0 を，必要な場合は 1 を入力する。
　⑻　E6の「条件チェック」は，B6〜B11に１つでもデータが入力されていない場合は 未入力 と表示し，下記の条件①，②の両方を満たすデータが入力された場合は ＯＫ ，それ以外の場合は ＮＧ と表示する。
　　　①シート名「予約状況」の空席状況表で希望する座席タイプの鑑賞時間帯のセルが空白である。
　　　②シート名「計算書」のB8の「人数」が30以下である（一度に予約できる人数が30人以下のため）。
　⑼　E9の「ミュージカル鑑賞代」は，B9の「座席タイプ」をもとにシート名「予約状況」の料金・予約状況表を参照して料金を求め，B8の「人数」を乗じて求める。なお，人数が10人以上の場合は団体扱いとし，10％値引きをする。ただし，E6が 未入力 か ＮＧ の場合は 0 を表示する。
　⑽　E10の「弁当代」は，B10の「弁当の注文」が１か２の場合は，シート名「弁当料金」を参照して料金を求め，B8の「人数」を乗じて求める。ただし，E9が０の場合は，0 を表示する。
　⑾　E11の「お茶代」は，B11の「お茶の注文」が１の場合は，B8の「人数」に200円を乗じて求める。ただし，E9が０の場合は，0 を表示する。
　⑿　E12の「合計料金」は，ミュージカル鑑賞代，弁当代およびお茶代の合計を求める。

3．シート名「予約状況」は，次のように作成されている。
　⑴　空席状況表のB5〜C7は，料金・予約状況表のD列の「午後」またはE列の「夜」の「予約状況」にシート名「計算書」のB8の「人数」を加えることによってC列の「定員」を超えてしまう場合は，× を表示し，それ以外の場合は何も表示しない。
　⑵　料金・予約状況表は，現在までの予約状況が入力されている。

問１．シート名「計算書」のE6に設定する式の空欄(a)，(b)にあてはまる適切な組み合わせを選び，記号で答えなさい。

=IF((a) (COUNTA(B6:B11)=6),"未入力",
　　IF((b) (VLOOKUP(B9,予約状況!$A$5:$C$7,B7+1,0)="",B8<=30),"ＯＫ","ＮＧ"))

　ア．(a)NOT　　　　(b)OR
　イ．(a)NOT　　　　(b)AND
　ウ．(a)OR　　　　(b)OR

問２．シート名「計算書」のE9に設定する式の空欄にあてはまる適切なものを選び，記号で答えなさい。

=IF(OR(E6="未入力",E6="ＮＧ"),0,
　　IF(B8>=10,))

　ア．VLOOKUP(B9,予約状況!$A$12:$B$14,2,0)＊0.9,
　　　　VLOOKUP(B9,予約状況!$A$12:$B$14,2,0)
　イ．VLOOKUP(B9,予約状況!$A$12:$B$14,2,0),
　　　　VLOOKUP(B9,予約状況!$A$12:$B$14,2,0)＊0.9
　ウ．VLOOKUP(B9,予約状況!$A$12:$B$14,2,0)＊0.9＊B8,
　　　　VLOOKUP(B9,予約状況!$A$12:$B$14,2,0)＊B8

問３．シート名「計算書」のE10に設定する式の空欄にあてはまる適切なものを選び，記号で答えなさい。

=IF(AND(E9<>0,),VLOOKUP(B10,弁当料金!$A$4:$B$5,2)＊B8,0)

　ア．OR(B10=1,B10=2)
　イ．AND(B10=1,B10=2)
　ウ．NOT(B10=1,B10=2)

問４．シート名「予約状況」のB5に設定する式として適切なものを選び，記号で答えなさい。ただし，この式をC7までコピーするものとする。

　ア．=IF(D12＋計算書!$B$8>C12, "×", "")
　イ．=IF($D12＋計算書!$B$8>C12, "×", "")
　ウ．=IF(D12＋計算書!$B$8>$C12, "×", "")

問５．シート名「計算書」が次のように表示されているとき，E12に表示される適切なデータを答えなさい。

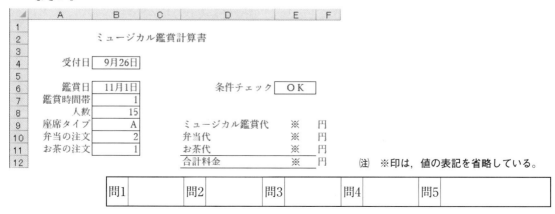

問1		問2		問3		問4		問5	

【3】次の表は，犬と猫専用のペットホテルの料金計算書である。作成手順にしたがって，各問いに答えなさい。

シート名「計算書」

	A	B	C	D	E
1					
2		ペットホテルの料金計算書			
3					
4	チェックイン	12月8日			
5					
6	会員番号	1001			
7	名前	鈴木ラッキー		基本料金	¥6,300
8	誕生日	12月10日		特典①	¥1,890
9	体重	6 kg		特典②	¥945
10	滞在日数	3日		料金計	¥16,065

シート名「利用履歴表」

	A	B	C
1			
2	利用履歴表		
3	No	会員番号	料金
4	1	2005	¥10,500
5	2	1001	¥15,750
6	3	1002	¥12,600
7	4	2001	¥16,800
8	5	2005	¥10,500
9	6	2003	¥15,750
10	7	1004	¥15,750
11	8	1002	¥12,600
12	9	2001	¥36,750
13	10	2002	¥9,450
14	11	1002	¥18,900
15	12	2005	¥21,000
16	13	1001	¥22,680
17	14	2001	¥13,965
18	15	1001	¥18,900
19	16	1004	¥36,750
20	17	1005	¥28,350
21	18	2001	¥9,975
22	19	2003	¥10,500
23	20	2001	¥9,975

シート名「犬」

	A	B	C
1			
2	会員データ（犬）		
3	会員番号	名前	誕生日
4	1001	鈴木ラッキー	12月10日
5	1002	山田ディロン	6月30日
6	1003	松本ジョニー	5月17日
7	1004	中山CoCo	1月15日
8	1005	高橋モモ	10月25日

シート名「猫」

	A	B	C
1			
2	会員データ（猫）		
3	会員番号	名前	誕生日
4	2001	内藤イチ	11月28日
5	2002	池田ケン	1月30日
6	2003	佐々木ミャー	12月26日
7	2004	磯野タマ	3月13日
8	2005	川野小梅	10月21日

シート名「料金表」

	A	B	C
1			
2	料金表		
3	体重（kg）		基本料金
4	0 以上6未満		¥5,250
5	6 以上16未満		¥6,300
6	16 以上26未満		¥7,350
7	26 以上46未満		¥8,400
8	46 以上		¥10,500

作成手順

1．シート名「計算書」のB4，B6，B9〜B10に適切なデータを順に入力すると，ペットホテルの料金を求めることができる。

2．シート名「計算書」は，次のように作成されている。

(1) B4の「チェックイン」は，チェックインする日を入力する。

(2) B6の「会員番号」は，該当する会員番号を入力する。

(3) B7の「名前」は，B6の「会員番号」をもとに，シート名「犬」または「猫」を参照して表示する。

(4) B8の「誕生日」は，B6の「会員番号」をもとに，シート名「犬」または「猫」を参照して表示する。

(5) B9の「体重」は，犬はkg単位で体重を入力し，猫は何も入力しない。

(6) B10の「滞在日数」は，チェックインの日を含めた滞在する日数を入力する。

(7) E7の「基本料金」は，猫の場合はシート名「料金表」のC列の「基本料金」の中で最も安い料金を表示し，犬の場合はB9の「体重」をもとに，シート名「料金表」を参照して表示する。

(8) E8の「特典①」は，チェックインからの滞在期間中に誕生日がきた場合は，E7の「基本料金」にB10の「滞在日数」を乗じた金額の10％を求め，それ以外の場合は 0 と表示する。

(9) E9の「特典②」は，シート名「利用履歴表」のB列の「会員番号」に会員番号が3回以上あるか，C列の会員番号ごとの「料金」の合計が50,000円以上の場合は，E7の「基本料金」にB10の「滞在日数」を乗じた金額の5％を求め，それ以外の場合は 0 を表示する。

(10) E10の「料金計」は，「**基本料金 × 滞在日数 − （特典① ＋ 特典②）**」の式で求める。

第2章

問1．シート名「計算書」のB7に設定する式の空欄にあてはまる式として**適切でないもの**を選び，記号で答えなさい。

=IF([_____],VLOOKUP(B6,犬!A4:C8,2),VLOOKUP(B6,猫!A4:C8,2))

ア．LEFT(B6,1)=1　　　　イ．LEFT(B6,1)="1"　　　ウ．VALUE(LEFT(B6,1))=1

問2．シート名「計算書」のE7に設定する式として，下記の(1)〜(3)の3通りが考えられる。各式の空欄(a)〜(c)にあてはまる適切な組み合わせを選び，記号で答えなさい。

(1)=IF(INT(B6/1000)=2,[(a)](料金表!C4:C8,1),VLOOKUP(B9,料金表!A4:C8,3))

(2)=IF(INT(B6/1000)=2,[(b)](料金表!C4:C8,5),VLOOKUP(B9,料金表!A4:C8,3))

(3)=IF(INT(B6/1000)=2,[(c)](料金表!C4:C8),VLOOKUP(B9,料金表!A4:C8,3))

ア．(a)MAX　　　　　　イ．(a)LARGE　　　　　ウ．(a)SMALL
　　(b)MIN　　　　　　　　(b)SMALL　　　　　　　(b)LARGE
　　(c)SMALL　　　　　　　(c)MIN　　　　　　　　(c)MIN

問3．シート名「計算書」のE8に設定する式の空欄にあてはまる適切なものを選び，記号で答えなさい。

=IF([_____],E7＊B10＊0.1,0)

ア．AND(B8>=B4,B8<B4+B10)

イ．AND(B8>=B4+B10,B8<=B4)

ウ．AND(B8>=B4,B8+B10<=B4)

問4．シート名「計算書」のE9に設定する式の空欄(a)，(b)にあてはまる適切な組み合わせを選び，記号で答えなさい。

=IF(OR([(a)](利用履歴表!B4:B23,B6)>=3,

[(b)](利用履歴表!C4:C23,利用履歴表!B4:B23,B6)>=50000),E7＊B10＊0.05,0)

ア．(a)SUMIFS　　　　イ．(a)COUNTIFS　　　　ウ．(a)COUNT
　　(b)COUNTIFS　　　　　(b)SUMIFS　　　　　　　(b)SUM

問5．シート名「計算書」が次のように表示されているとき，E10に表示される適切なデータを答えなさい。

	A	B	C	D	E
1					
2		ペットホテルの料金計算書			
3					
4	チェックイン	1月13日			
5					
6	会員番号	1004			
7	名　前	中山CoCo	基 本 料 金		※
8	誕 生 日	1月15日	特　典　①		※
9	体　重	6 kg	特　典　②		※
10	滞 在 日 数	2 日	料 金 計		※

(注) ※印は，値の表記を省略している。

問1		問2		問3		問4		問5	

【4】次の表は，秋田空港発の旅客機の発着時刻と料金を示した表である。作成手順にしたがって，各問いに答えなさい。

シート名「予約表」

シート名「時刻・料金表」

便名	到着地	発着時間		一人分の基本料金	座席数
		出発時刻	到着時刻		
AANA872	羽田	0715	0820	22,000	280
AANA874	羽田	1055	1200	22,000	160
AANA876	羽田	1450	1555	22,000	280
AANA878	羽田	1750	1855	22,000	280
IIBX3082	伊丹	0800	0925	29,000	50
IIBX3084	伊丹	1230	1355	29,000	50
JJAL1260	羽田	0950	1055	22,000	290
JJAL1266	羽田	1720	1825	22,000	290
JJAL1268	羽田	1935	2040	22,000	290
JJAL2822	札幌	1055	1150	23,000	130
JJAL2824	札幌	1150	1750	23,000	130

作成手順

1. シート名「予約表」のB6〜B8に適切なデータを順に入力すると，予約人数，到着地，出発時刻，到着時刻，合計金額などを求めることができる。
2. シート名「予約表」は，次のように作成されている。
   (1) B4の「受付日」は，本日の日付を表示する。
   (2) B6の「搭乗日」は，飛行機に搭乗する日を入力する。
   (3) B7の「便名」は，搭乗する便名を入力する。
   (4) B8の「予約コード」は，大人の場合はAを入力後人数を2けたで入力し，子供の場合はCを入力後人数を2けたで入力する。なお，予約人数は最大99名までとする。

      例：大人2人の場合は「A02」，子供10人の場合は「C10」のように入力する。

   (5) E6の「ﾒｯｾｰｼﾞ」は，B6〜B8に1つでもデータの入力がない場合は 未入力 と表示し，B6の「搭乗日」がB4の「受付日」より前の場合，またはB7に入力された「便名」がシート名「時刻・料金表」にない場合は エラー を表示し，それ以外の場合は OK を表示する。
   (6) E8の「予約種別」は，E6が OK で，B8の「予約コード」の左端がAの場合は 大人 と表示し，Cの場合は 子供 と表示し，それ以外の場合は何も表示しない。
   (7) E9の「予約人数」は，E6が OK の場合は，B8の「予約コード」の右端から2文字を数値化して表示し，それ以外の場合は何も表示しない。
   (8) E10の「到着地」は，E6が OK の場合は，B7の「便名」をもとにシート名「時刻・料金表」を参照して表示し，それ以外の場合は何も表示しない。
   (9) E11の「出発時刻」は，E6が OK の場合は，B7の「便名」をもとにシート名「時刻・料金表」を参照して表示し，それ以外の場合は何も表示しない。
   (10) E12の「到着時刻」は，E6が OK の場合は，B7の「便名」をもとにシート名「時刻・料金表」を参照して表示し，それ以外の場合は何も表示しない。
   (11) E14の「一人分の基本料金」は，E6が OK の場合は，B7の「便名」をもとにシート名「時刻・料金表」を参照して表示し，それ以外の場合は何も表示しない。なお，E8の「予約種別」が「子供」の場合は，E14の「一人分の基本料金」に0.7を乗じて求める。
   (12) E15の「値引き額」は，B4の「受付日」がB6の「搭乗日」より35日以前の場合は，E14の「一人分の基本料金」に0.2を乗じて求め，100円未満を四捨五入して表示し，それ以外の場合は 0 を表示する。なお，E14の「一人分の基本料金」が空白の場合は何も表示しない。
   (13) E16の「合計金額」は，「(一人分の基本料金 － 値引き額)× 予約人数」の式で求める。

問1．シート名「予約表」のE6に設定する式の空欄(a), (b)にあてはまる適切な組み合わせを選び，記号で答えなさい。

=IF((a) (B6<>"",B7<>"",B8<>""),
  IF((b) (B6>=B4,B7= VLOOKUP(B7,時刻・料金表!A6:A16,1)),"OK","エラー"),"未入力")

ア．(a)AND　　　　　　　　(b)AND
イ．(a)AND　　　　　　　　(b)OR
ウ．(a)OR　　　　　　　　(b)AND

問2．シート名「予約表」のE8に設定する式の空欄にあてはまる共通のものとして，適切なものを選び，記号で答えなさい。

=IF(AND(E6="OK", [　　　　　] ="A"),"大人",IF(AND(E6="OK", [　　　　　] ="C"),"子供",""))

ア．LEN(B8)
イ．MID(B8,2,1)
ウ．LEFT(B8,1)

問3．シート名「予約表」のE9に設定する式として適切なものを選び，記号で答えなさい。

ア．=IF(E6="OK", MID(B8,2,2),"")
イ．=IF(E6="OK",VALUE(RIGHT(B8,2)),"")
ウ．=IF(E6="エラー", VALUE(RIGHT(B8,2)),"")

問4．シート名「予約表」のE15に設定する式として適切なものを選び，記号で答えなさい。

ア．=IF(AND(E14<>"",B6−B4>=35),ROUND(E14＊0.2,−2),IF(E14<>"",0,""))
イ．=IF(AND(E14<>"",B6−B4>35),ROUND(E14＊0.2,2),IF(E14<>"",0,""))
ウ．=IF(AND(E14<>"",B6−B4>=35),ROUND(E14＊0.2,2),IF(E14<>"",0,""))

問5．シート名「予約表」が次のように表示されているとき，E16に表示される適切なデータを答えなさい。

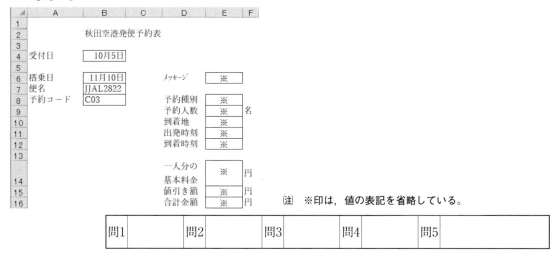

（注）※印は，値の表記を省略している。

問1		問2		問3		問4		問5	

【5】次の表は，ある自転車卸売業者の請求書発行に利用される表である。作成手順にしたがって，各問いに答えなさい。

シート名「請求書」

シート名「色表」

	A	B
1		
2	色表	
3	色コード	色
4	1	ブラック
5	2	ローズ
6	3	ホワイト
7	4	イエロー
8	5	シルバー
9	6	ブルー
10	7	オレンジ

シート名「売上帳」

	A	B	C	D	E
1					
2	売上帳				
3	日付	得意先コード	商品コード	数量	売上抽出
4	12/3	102	240304	10	240304
5	12/5	102	260206	7	260206
6	12/7	101	100507	6	
7	12/10	102	240304	7	240304
8	12/12	102	200103	3	200103
9	12/13	101	260206	7	
10	12/16	102	200103	6	200103
11	12/16	104	240304	7	
12	12/23	104	100507	4	
13	12/27	103	200103	11	
14					
15					

シート名「製品表」

	A	B	C	D
1				
2	製品表			
3	製品コード	製品名	車種	単価
4	1	クロスロード	折りたたみ	15,000
5	2	マウントプロ	マウンテンバイク	25,000
6	3	ママライフ	ママサイクル	13,000
7	4	アシストマミー	電動アシスト	53,000
8	5	チャビー	幼児用	6,000

シート名「得意先表」

	A	B	C
1			
2	得意先表		
3	得意先コード	得意先名	割引率
4	101	品川輪業	20%
5	102	青梅サイクル	15%
6	103	サイクル三田	10%
7	104	チャリンコ屋	10%
8	105	朝日ロード	5%

作成手順

1．シート名「請求書」のA14の「得意先コード」に適切なデータを入力すると，請求金額を求めることができる。

2．シート名「売上帳」のE列の「売上抽出」は，B列の「得意先コード」とシート名「請求書」のA14の「得意先コード」が等しい場合はC列の「商品コード」を表示し，それ以外の場合は何も表示しない。なお，「得意先コード」が空欄の場合は，何も表示しない。

3．シート名「請求書」は，次のように作成されている。

　(1) A14の「得意先コード」は，シート名「得意先表」にある得意先コードを入力する。

　(2) A16〜A20の「商品コード」は次のように作成されている。

　　①A16は，シート名「売上帳」のE列の「売上抽出」の最小値を求める。なお，「売上抽出」が空欄の場合は，何も表示しない。

　　②A17は，シート名「売上帳」のE列の「売上抽出」の2番目に小さい数値を重複しないように求める。なお，2番目に小さい数値がない場合は何も表示しない。また，A16の「商品コード」が空欄の場合は何も表示しない。

　　③A18〜A20は，A17と同様の方法でそれぞれ3番目〜5番目に小さい数値を重複しないように求める。

　(3) B列の「製品名」，D列の「車種」，G列の「単価」は，A列の「商品コード」をもとに，シート名「製品表」を参照して表示する。なお，「商品コード」は左端の2文字がインチ，左端から3文字目から2文字が「製品コード」，右端の2文字が「色コード」を示している。

第2章

(4) C列の「インチ」は，A列の「商品コード」をもとに数値として表示する。

(5) E列の「色」は，A列の「商品コード」をもとに，シート名「色表」を参照して表示する。

(6) F列の「数量」は，シート名「売上帳」のD列の「数量」を商品コードごとに集計する。

(7) H列の「金額」は，「**数量　×　単価**」で求める。

(8) H21の「小計」は，H16～H20の合計を求める。

(9) H22の「割引金額」は，「**小計　×　割引率**」で求める。なお，割引率は，A14の「得意先コード」をもとに，シート名「得意先表」を参照して求める。

(10) H23の「請求金額」は，「**小計　－　割引金額**」で求める。

(11) C11は，H23の「請求金額」に『ご請求金額』と『円』の文字列を組み合わせて表示する。

問1．シート名「請求書」のA16に設定する式として適切なものを選び，記号で答えなさい。

ア． = IF(A14 = "","",MIN(売上帳!$E$4:$E$15))

イ． = IF(COUNT(売上帳!$E$4:$E$15) = 0,"",MIN(売上帳!$E$4:$E$15))

ウ． = IF(COUNTIFS(売上帳!$E$4:$E$15,"") = 0,"",MIN(売上帳!$E$4:$E$15))

問2．シート名「請求書」のA17に設定する式の空欄にあてはまる適切なものを選び，記号で答えなさい。ただし，A17の式をA18～A20にコピーするものとする。

= IF(A16 = "","",

　　IF(A16 = LARGE(売上帳!$E$4:$E$15,1),"",

　　　　SMALL(売上帳!$E$4:$E$15, _____ + COUNTIFS(売上帳!$E$4:$E$15,A16))))

ア． 1

イ． COUNT($A$16:A16)

ウ． RANK(A16,売上帳!$E$4:$E$15,1)

問3．シート名「請求書」のC16に設定する式の空欄をうめなさい。

= IF(A16 = "","",VALUE(_____))

問4．シート名「請求書」のF16に設定する式の空欄(a)～(c)にあてはまる適切な組み合わせを選び，記号で答えなさい。

= IF(A16 = "","", __(a)__ (__(b)__ , __(c)__ ,A16))

ア． (a) SUMIFS　　　(b) 売上帳!$D$1:$D$15　　　(c) 売上帳!$E$4:$E$15

イ． (a) DSUM　　　(b) 売上帳!$D$4:$D$15　　　(c) 売上帳!$A$3:$E$15

ウ． (a) SUMIFS　　　(b) 売上帳!$E$4:$E$15　　　(c) 売上帳!$D$4:$D$15

問5．シート名「請求書」のH22に設定する式の空欄にあてはまる適切なものを選び，記号で答えなさい。

= H21*IFERROR(VLOOKUP(A14,得意先表!A4:C8,3,0), _____)

ア． 0

イ． 1

ウ． 100

問1		問2		問3		問4		問5	

章末検定問題

【1】次の表は，オリジナル紙袋の注文生産を行うある店舗の見積計算書である。作成条件および
作成手順にしたがって，各問いに答えなさい。 ［第54回一部修正］

シート名「見積計算書」

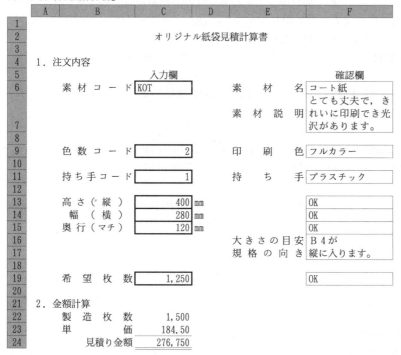

シート名「素材表」

	A	B	C	D	E	F
1						
2	素材表					
3	素材コード		MIZ	SAR	KAT	KOT
4	素材名		みざらしクラフト	さらしクラフト	かたつやクラフト	コート紙
5	素材説明		クラフトの中では最も丈夫です。	最も安価に製作できます。	さらしクラフトにつや加工したものです。	とても丈夫で，きれいに印刷でき光沢があります。
6	素材面積		素材単価			
7	50,000 ～		106	85	98	124
8	128,348 ～		118	95	103	141
9	164,940 ～		125	102	110	153
10	236,346 ～		137	112	123	171
11	306,330 ～		143	121	135	185
12	393,750 ～		150	130	144	198

シート名「目安表」

	A	B	C
1			
2	目安表		単位：mm
3	規格	縦	横
4	B 5	267	192
5	A 4	307	220
6	B 4	374	267
7	A 3	430	307

シート名「枚数単価率表」

	A	B	C
1			
2	枚数単価率表		
3	枚数		単価倍率
4	1 ～100		180%
5	101 ～200		175%
6	201 ～300		150%
7	301 ～500		130%
8	501 ～1,000		100%
9	1,001 ～1,500		90%
10	1,501 ～2,000		75%

作成条件

1. シート名「見積計算書」の入力欄に適切なデータを順に入力すると，見積り金額を求めることができる。
2. 入力欄に入力された値が適切でない場合や，コードが参照する表にない場合は，確認欄に NG を表示し，入力欄が未入力の場合は，確認欄に何も表示しない。また，確認欄が空欄または NG の場合は，その次の入力項目以降の確認欄と，C22〜C24に何も表示しない。
3. この店舗では，顧客の注文に応じて紙袋の製造を行う。顧客は，紙袋の素材，持ち込みロゴ等の印刷に使用する色数，持ち手，大きさ，希望枚数を指定する。
4. 色数は，印刷なし，1色（5円），フルカラー（10円）から選べ，持ち手は，なし，プラスチック（10円），ひも（20円）から選べる。
5. 製造できる大きさは，高さは150〜600㎜，幅は100〜450㎜，奥行きは50〜150㎜の範囲である。
6. 枚数は1〜2,000枚で希望できるが，製造枚数は，100，200，300，500，1,000，1,500，2,000枚に切り上がり，製造枚数分の代金となる。

作成手順

1. シート名「見積計算書」は，次のように作成されている。なお，結合する文字列については<u>アンダーライン</u>が引いてある。
   ⑴ C6は，「素材コード」を入力する。
   ⑵ F6は，C6をもとに，シート名「素材表」を参照して「素材名」を表示する。ただし，C6が空欄の場合は何も表示しない。
   ⑶ F7は，C6をもとに，シート名「素材表」を参照して「素材説明」を表示する。
   ⑷ C9は，「色数コード」を 0〜2 で入力する。また，F9は，C9が 0 の場合，印刷なし を，1の場合，1色 を，2の場合，フルカラー を表示する。
   ⑸ C11は，「持ち手コード」を 0〜2 で入力する。また，F11は，C11が 0 の場合，なし を，1 の場合，プラスチック を，2 の場合，ひも を表示する。
   ⑹ C13〜C15は，それぞれ製造する紙袋の高さ，幅，奥行を入力する。また，F13〜F15は，C13〜C15が，上記作成条件5の範囲の場合，OK を表示する。
   ⑺ F16は，C13〜C14をもとに，シート名「目安表」を参照し，紙袋に入る最大の「規格」を表示するため，次の①と②のうち，小さい「規格」に，<u>が</u> を結合して表示し，紙袋に入る「規格」がない場合は，目安の規格は を表示する。ただし，F13〜F15が空欄または NG の場合は何も表示しない。
      ① C13〜C14の最大値に，シート名「目安表」の「縦」が入る最大の「規格」。
      ② C13〜C14の最小値に，シート名「目安表」の「横」が入る最大の「規格」。
   ⑻ F17は，C13〜C14をもとに，シート名「目安表」を参照して，F16の「規格」が，縦，横どちらの方向でも入る場合は <u>縦横</u> に，縦に入る場合は <u>縦</u> に，横に入る場合は <u>横</u> に <u>に入ります。</u> を結合して表示し，F16が 目安の規格は の場合，入りません。 を表示する。
   ⑼ C19は，希望する紙袋の枚数を入力する。また，F19は，C19が 1〜2,000 の場合，OK を表示する。
   ⑽ C22は，C19をもとに，シート名「枚数単価率表」を参照して「枚数」のB列の文字列から，〜 および，（コンマ）を除き，数値に変換して表示する。ただし，C22の表示形式は桁区切りスタイルが設定されており，F19が空欄または NG の場合は何も表示しない。
   ⑾ C23は，次の①〜③の合計に，C22をもとに，シート名「枚数単価率表」を参照して求めた「単価倍率」を掛けて求める。ただし，C22が空欄の場合は何も表示しない。
      ① C6と，「(高さ×幅＋高さ×奥行) ×2＋幅×奥行」で求めた「素材面積」をもとに，シート名「素材表」を参照して求めた「素材単価」。
      ② C9が 0 の場合は0，1 の場合は5，2 の場合は10 。
      ③ C11が 0 の場合は0，1 の場合は10，2 の場合は20 。
   ⑿ C24は，「製造枚数」に「単価」を掛けて求める。

問1．シート名「見積計算書」のF6に設定する次の式の空欄をうめなさい。

= IF($C$6 = "","",IFERROR(　　　　　　　($C$6,素材表!$C$3:$F$5,ROW(素材表!A4) − 2,FALSE),"NG"))

問2．シート名「見積計算書」のF16に設定する次の式の(a)，(b)をうめなさい。

= IF(OR(F13="",F14="",F15="",COUNTIF(F13:F15,"NG")>=1),"",IFERROR(INDEX(目安表!A4:A7,
　(a)　(MATCH(　(b)　(C13:C14),目安表!B4:B7,1),MATCH(　(a)　(C13:C14),目安表!C4:C7,1)),1)
&"が","目安の規格は"))

問3．シート名「見積計算書」のC22に設定する次の式の空欄にあてはまる適切なものを選び，記号で答えなさい。

= IF(OR(F19="",F19="NG"),"",VALUE(　　　　　　　(
RIGHT(VLOOKUP(C19,枚数単価率表!A4:B10,2,TRUE),
LEN(VLOOKUP(C19,枚数単価率表!A4:B10,2,TRUE))− 1),"," ,""))))

ア． MID　　　　　　　　**イ．** SUBSTITUTE　　　　　**ウ．** SEARCH

問4．シート名「見積計算書」のC23に設定する次の式の空欄にあてはまる適切なものを選び，記号で答えなさい。

= IF(C22="","",
(VLOOKUP((C13*C14+C13*C15)*2+C14*C15,素材表!A7:F12,MATCH(C6,素材表!C3:F3,0)　　,TRUE)
+C9*5+C11*10)*VLOOKUP(C22,枚数単価率表!A4:C10,3,TRUE))

ア． −1　　　　　　　　　**イ．** +1　　　　　　　　　**ウ．** +2

問5．シート名「見積計算書」が次のように表示されているとき，C6，C11に表示される適切なデータを答えなさい。

問1		
問2	(a)	
	(b)	
問3		
問4		
問5	C6	
	C11	

	A	B	C	D	E	F
1						
2			オリジナル紙袋見積計算書			
3						
4		1．注文内容				
5			入力欄			確認欄
6		素 材 コ ー ド	※		素 材 名	※
7					素 材 説 明	※
8						
9		色 数 コ ー ド	1		印 刷 色	1色
10						
11		持 ち 手 コ ー ド	※		持 ち 手	※
12						
13		高 さ （ 縦 ）	300 mm			OK
14		幅 （ 横 ）	300 mm			OK
15		奥 行 （ マ チ ）	100 mm			OK
16					大 き さ の 目 安	※
17					規 格 の 向 き	※
18						
19		希 望 枚 数	450			OK
20						
21		2．金額計算				
22		製 造 枚 数	※			
23		単 価	※			
24		見積り金額	89,050			

(注)　※印は，値の表記を省略している。

第2章

【2】次の表は，首都圏にある遊園地への旅行代金の計算書である。作成条件および作成手順にしたがって，各問いに答えなさい。　　　　　　　　　　　　　　　　　　　　　　　　　　　　　　[第55回]

シート名「計算書」

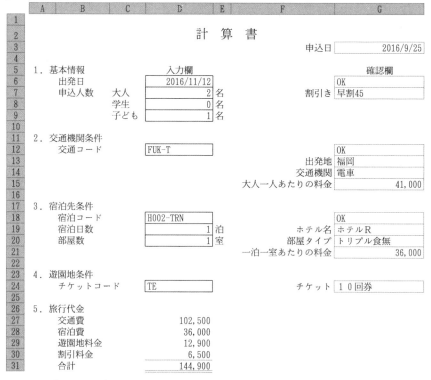

	計算書	
	申込日	2016/9/25

1．基本情報
	入力欄		確認欄	
出発日	2016/11/12		OK	
申込人数	大人	2 名	割引き	早割45
	学生	0 名		
	子ども	1 名		

2．交通機関条件
交通コード	FUK-T		OK	
			出発地	福岡
			交通機関	電車
			大人一人あたりの料金	41,000

3．宿泊先条件
宿泊コード	H002-TRN		OK	
宿泊日数	1 泊		ホテル名	ホテルR
部屋数	1 室		部屋タイプ	トリプル食無
			一泊一室あたりの料金	36,000

4．遊園地条件
チケットコード	TE		チケット	１０回券

5．旅行代金
交通費	102,500
宿泊費	36,000
遊園地料金	12,900
割引料金	6,500
合計	144,900

シート名「交通費表」

交通費表				
出発地コード	交通機関コード	A	T	B
	出発地／交通機関	飛行機	電車	バス
SAP	札幌	36,000	50,000	
SEN	仙台		24,000	8,600
OSA	大阪	24,000	28,000	11,000
FUK	福岡	39,000	41,000	26,000
NAH	那覇	44,000		

シート名「宿泊費表」

宿泊費表							
ホテルコード	部屋コード	TWN	TRN	FON	TWB	TRB	FOB
	部屋タイプ	ツイン食無	トリプル食無	フォース食無	ツイン食有	トリプル食有	フォース食有
	ホテル名／定員	2	3	4	2	3	4
H001	ホテルC	38,000	54,000		42,000	60,000	
H002	ホテルR	28,000	36,000	52,000	31,200	40,800	58,400
H003	ホテルI	24,000		40,000	26,400		44,800
H004	Tホテル	16,000			17,600		

シート名「遊園地料金表」

遊園地料金表				
チケットコード	チケット	大人	学生	子ども
TE	１０回券	5,100	3,900	2,700
ON	1日自由券	7,400	6,400	4,800
TW	2日自由券	13,200	11,600	8,600
TH	3日自由券	17,800	15,500	11,500
FO	4日自由券	22,400	19,400	14,400

第2章

作成条件

1．シート名「計算書」の入力欄に適切なデータを順に入力すると，旅行代金を求めることができる。
2．入力欄が未入力の場合は，確認欄に何も表示せず，入力欄に入力された値が適切でない場合や，コードが参照する表にない場合は，確認欄に NG を表示する。また，確認欄が空欄または NG の場合は，その次の入力項目以降の確認欄と，D27～D31に何も表示しない。
3．この旅行の出発日は月曜日以外である。
4．交通費表は，大人および学生の一人あたりの料金である。また，子どもは，飛行機の場合は大人と同じ料金であり，電車およびバスの場合は大人の半額の料金である。
5．宿泊費表は，一部屋あたりの料金であり，利用人数は定員以下である。
6．交通コードと宿泊コードは，次のように構成されている。

交通コード ──→ 出発地コード　宿泊コード ──→ ホテルコード
　　 FUK－T →　交通機関コード 　　H002－TRN →　部屋コード

作成手順

1．シート名「計算書」は，次のように作成されている。
⑴　G3は，「申込日」として表示するために，TODAY関数が設定されている。
⑵　D6は，「出発日」を入力する。また，D7～D9は，「申込人数」を，それぞれ入力する。
⑶　G6は，D6が月曜日以外であり，かつG3がD6の10日以上前である場合，OK を表示し，それ以外の場合，NG を表示する。
⑷　G7は，G3がD6の90日以上前の場合，早割90 を，45日～89日前の場合，早割45 を，それ以外の場合，なし を表示する。
⑸　D12は，「交通コード」を入力する。
⑹　G12は，D12の左端から3文字と右端から1文字を抽出し，シート名「交通費表」を参照し，該当欄が空欄でない場合，OK を表示する。
⑺　G13は，D12の左端から3文字を抽出し，シート名「交通費表」を参照し，「出発地」を表示する。
⑻　G14は，D12の右端から1文字を抽出し，シート名「交通費表」を参照し，「交通機関」を表示する。
⑼　G15は，G13とG14をもとに，シート名「交通費表」を参照し，料金を表示する。
⑽　D18は，「宿泊コード」を，D19は，「宿泊日数」を，D20は，「部屋数」を入力する。
⑾　G18は，次の条件を満たした場合，OK を表示する。
　①　D18の左端から4文字と右端から3文字を抽出し，シート名「宿泊費表」を参照し，該当欄が空欄でない。
　②　D7～D9の合計が，D18の右端から3文字を抽出し，シート名「宿泊費表」を参照して求めた「定員」とD20を掛けて求めた値以下。
⑿　G19は，D18の左端から4文字を抽出し，シート名「宿泊費表」を参照し，「ホテル名」を表示する。
⒀　G20は，D18の右端から3文字を抽出し，シート名「宿泊費表」を参照し，「部屋タイプ」を表示する。
⒁　G21は，G19とG20をもとに，シート名「宿泊費表」を参照して，料金を表示する。
⒂　D24は，「チケットコード」を入力する。また，G24 は，D24をもとに，シート名「遊園地料金表」を参照し，「チケット」を表示する。
⒃　D27は，次のように求める。
　①　G14が 飛行機 の場合，D7～D9の合計にG15を掛けて求める。
　②　G14が 飛行機 以外の場合，D7～D8の合計にG15を掛けて求めた値と，D9にG15の半額を掛けて求めた値の合計を求める。
⒄　D28は，D19とD20とG21を掛けて求める。
⒅　D29は，G24をもとに，シート名「遊園地料金表」を参照し，料金にD7～D9をそれぞれ掛けて合計して求める。
⒆　D30は，G7が なし の場合，0 を表示し，それ以外の場合，G7の右端から2文字を抽出して求めた値を900で割り，D27とD28の合計を掛けて求める。ただし，500円単位で切り捨てて表示する。
⒇　D31は，D27～D29の合計からD30を引いて求める。

問１．シート名「計算書」のG６に設定する次の式の空欄にあてはまる適切なものを選び，記号で答えなさい。

= IF(D6="","",IFERROR(IF(AND(WEEKDAY(D6,1)<>2, _____),"OK","NG"),"NG"))

(注) WEEKDAY関数の第２引数が 1 の場合，戻り値として， 1(日曜日)～7(土曜日)を返す。

ア．G3>D6　　　　　　　　イ．G3>＝D6－10　　　　　　ウ．G3<＝D6－10

問２．シート名「計算書」のG15に設定する次の式の空欄(a)，(b)にあてはまる適切なものを選び，記号で答えなさい。

= IF(G14 ="","",

(a) (交通費表!C5:E9, (b) (G13,交通費表!B5:B9,0), (b) (G14,交通費表!C4:E4,0)))

ア．(a) HLOOKUP　　　イ．(a) INDEX　　　　ウ．(a) SEARCH
　　(b) FIND　　　　　　　(b) MATCH　　　　　　(b) MATCH

問３．シート名「計算書」のG19に設定する次の式の空欄(a)，(b)をうめなさい。

= IF(OR(G18="",G18="NG"),"", (a) ((b) (D18,4),宿泊費表!A6:B9,2,FALSE))

問４．シート名「計算書」のD30に設定する次の式の空欄にあてはまる適切なものを選び，記号で答えなさい。

=IF(D29="","",IF(G7="なし",0, _____ (VALUE(RIGHT(G7,2))/900＊(D27+D28),500)))

ア．FLOOR　　　　　　　イ．CEILING　　　　　　　ウ．ROUNDDOWN

問５．シート名「計算書」が次のように表示されているとき，D31に表示される適切なデータを答えなさい。

	A	B	C	D	E	F	G
1							
2				計 算 書			
3						申込日	2016/9/25
4							
5		1．基本情報		入力欄			確認欄
6		出発日		2016/12/28			OK
7		申込人数	大人	2	名	割引き	※
8			学生	1	名		
9			子ども	1	名		
10							
11		2．交通機関条件					
12		交通コード		SEN-T			OK
13						出発地	※
14						交通機関	※
15						大人一人あたりの料金	※
16							
17		3．宿泊先条件					
18		宿泊コード		H001-TWB			OK
19		宿泊日数		2	泊	ホテル名	※
20		部屋数		2	室	部屋タイプ	※
21						一泊一室あたりの料金	※
22							
23		4．遊園地条件					
24		チケットコード		TH			
25						チケット	※
26		5．旅行代金					
27		交通費		※			
28		宿泊費		※			
29		遊園地料金		※			
30		割引料金		※			
31		合計		※			

(注) ※印は，値の表記を省略している。

問1		
問2		
問3	(a)	
	(b)	
問4		
問5		

第２章

【3】 次の表は，ある製本会社の見積計算書である。作成条件および作成手順にしたがって，各問い
に答えなさい。

［第56回］

シート名「見積計算書」

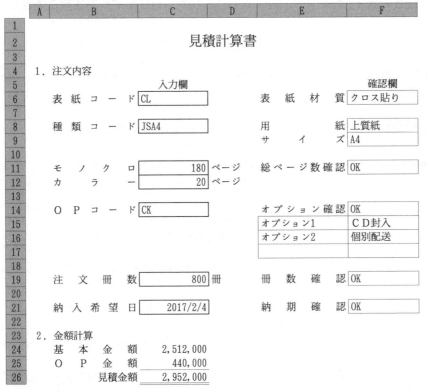

シート名「料金表」

	A	B	C	D	E	F	G	H	I	J	K	L	M	N
1														
2	表紙表		1冊あたり		用紙表						1ページあたり金額			
3	表紙コード	表紙材質	金額			印刷色	モノクロ				カラー			
4	LE	レザー貼り	1,000		用紙コード	用紙＼サイズ	B5	B4	A5	A4	B5	B4	A5	A4
5	CL	クロス貼り	900		JS	上質紙	10	13	9	11	12	15	10	13
6	RZ	レザック	700		KT	コート紙	8	10	6	7	10	13	8	11
7	TG	つむぎ	600		SS	書籍用紙	7	9	5	6	8	10	7	9
8	EK	江戸小染	500											
9														
10	オプション表		1冊あたり											
11	OPコード	OP名	金額											
12	K	個別配送	350											
13	C	CD封入	200											
14	S	しおりひも	15											

シート名「納期表」

	A	B	C
1			
2	納期表		
3	印刷数		納期日数
4	20 ～ 29,999		1
5	30,000 ～149,999		4
6	150,000 ～299,999		6
7	300,000 ～449,999		8
8	450,000 以上		12

作成条件

1．シート名「見積計算書」の入力欄に適切なデータを順に入力すると，見積金額を求めることができる。
2．入力欄に入力された値が適切でない場合や，コードが参照する表にない場合は，確認欄に NG を表示し，入力欄が未入力の場合は，確認欄に何も表示しない。また，確認欄が空欄または NG の場合は，その次の入力項目以降の確認欄と，C24〜C26に何も表示しない。ただし，E15〜F17 は，オプションを利用せずC14のOPコードが未入力になる場合や，入力されたOPコードの数に応じて表示するため，空欄になる場合がある。
3．この会社では，顧客の注文に応じて製本を行う。顧客は，表紙，用紙，サイズ，モノクロページ数およびカラーページ数，必要なオプション，冊数，納入希望日を指定する。
4．受注できるページ数は，モノクロとカラーの合計で，20ページ以上1,000ページ未満である。また，冊数は，1冊以上1,500冊以下である。

作成手順

1．シート名「見積計算書」は，次のように作成されている。
　⑴　C6は，「表紙コード」を入力する。また，F6は，C6をもとに，シート名「料金表」の「表紙表」を参照して「表紙材質」を表示する。
　⑵　C8は，「種類コード」を入力する。なお，種類コードの左端から2桁は「用紙コード」，右端から2桁は「サイズ」である。
　⑶　F8は，C8の「用紙コード」をもとに，シート名「料金表」の「用紙表」を参照して用紙を表示する。
　⑷　F9は，C8の「サイズ」が，B5，B4，A5，A4 のいずれかの場合，そのサイズを表示する。
　⑸　C11，C12は，それぞれページ数を入力する。また，F11は，C11，C12の合計が，上記作成条件4の範囲の場合，OK を表示する。
　⑹　C14は，必要な「OPコード」を入力する。ただし，入力順序は問わない。例えば，CKS や SCK のように順不同に入力される。また，必要なオプションのみ入力されるため，S のみや，SC のように入力される。
　⑺　F14は，F11が OK で，かつC14が未入力の場合，なし を表示する。また，C14が次の①，②の場合，NG を表示し，それ以外の場合，OK を表示する。
　　①　C14が4文字以上か，または同じ「OPコード」が2度以上入力された場合。
　　②　①以外の場合で，「OPコード」以外の文字が入力された場合。
　⑻　E15〜E17は，C14に入力された文字数に応じて，オプション に，行番号を利用して求めた 1〜3 を結合して表示する。
　⑼　F15〜F17は，C14から抽出したOPコードをもとに，シート名「料金表」の「オプション表」を参照して「OP名」を表示する。
　⑽　C19は，「注文冊数」を入力する。また，F19は，上記作成条件4の範囲の場合，OK を表示する。
　⑾　C21は，「納入希望日」を入力する。
　⑿　F21は，本日の日付に，次の①，②により求めた「納期日数」を加え，「納入希望日」以前の場合，OK を表示する。
　　①　「印刷数」として，モノクロページ数とカラーページ数をそれぞれ4の倍数に切り上げたものを合計し，注文冊数を掛けて求める。
　　②　①をもとに，「納期表」を参照して「納期日数」を求める。
　⒀　C24は，「表紙表」の1冊あたりの「金額」と，「用紙表」の「モノクロ」と「カラー」それぞれの1ページあたりの金額にページ数を掛けたものを合計し，「注文冊数」を掛けて求める。
　⒁　C25は，C14に入力された「OPコード」の「金額」を合計し，「注文冊数」を掛けて求める。
　⒂　C26は，C24とC25の合計を求める。

問1．シート名「見積計算書」のF8に設定する次の式の空欄をうめなさい。

=IF(OR(F6="",F6="NG",C8=""),"",

IFERROR(VLOOKUP(　　　　(C8,2),料金表!E5:F7,2,FALSE),"NG"))

問2．シート名「見積計算書」のF9に設定する次の式の空欄(a)，(b)にそれぞれあてはまる適切なものを選び，記号で答えなさい。

=IF(OR(F8="",F8="NG"),"",

IFERROR(　(a)　(料金表!G4:J4,1,　(b)　(RIGHT(C8,2),料金表!G4:J4,0)),"NG"))

ア． (a) INDEX　(b) MATCH　　**イ．** (a) HLOOKUP　(b) SEARCH　　**ウ．** (a) INDEX　(b) FIND

問3．シート名「見積計算書」のE15に設定する次の式の空欄(a)，(b)をうめなさい。ただし，この式をE17までコピーする。

=IF(OR($F$14="",$F$14="NG",$F$14="なし",　(a)　($C$14)<　(b)　(A1)),"",

"オプション"&　(b)　(A1))

問4．シート名「見積計算書」のF21に設定する次の式の空欄にあてはまる適切なものを選び，記号で答えなさい。ただし，空欄には同じものが入る。

=IF(OR(F19="",F19="NG",C21=""),"",

IF(C21>=TODAY()

+VLOOKUP((　　　　(C11,4)+　　　　(C12,4))*C19,納期表!A4:C8,3,TRUE),"OK","NG"))

ア． ROUNDUP　　　　　　**イ．** FLOOR　　　　　　**ウ．** CEILING

問5．シート名「見積計算書」が次のように表示されているとき，C26に表示される適切なデータを答えなさい。

	A	B	C	D	E	F
1						
2			見積計算書			
3						
4		1．注文内容				
5			入力欄			確認欄
6		表 紙 コ ー ド	TG		表 紙 材 質	※
7						
8		種 類 コ ー ド	KTB5		用　　　　紙	※
9					サ イ ズ	※
10						
11		モ ノ ク ロ	200 ページ		総 ページ 数 確 認	OK
12		カ ラ ー	80 ページ			
13						
14		O P コ ー ド	CSK		オ プ シ ョ ン 確 認	OK
15					※	※
16					※	※
17					オプション3	個別配送
18						
19		注 文 冊 数	100 冊		冊 数 確 認	OK
20						
21		納 入 希 望 日	2017/2/8		納 期 確 認	OK
22						
23		2．金額計算				
24		基 本 金 額	※			
25		O P 金 額	※			
26		見積金額	※			

(注)　※印は，値の表記を省略している。

問1		
問2		
問3	(a)	
	(b)	
問4		
問5		

【4】次の表は，日帰り温泉施設の利用料金計算書である。作成条件および作成手順にしたがって，各問いに答えなさい。 ［第57回］

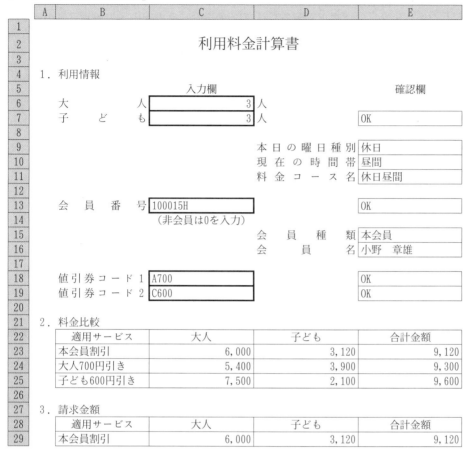

シート名「利用料金計算書」

利用料金計算書

1．利用情報

入力欄　　　　　　　　　　　　　確認欄

大　　　　人	3 人	
子　ど　も	3 人	OK

本 日 の 曜 日 種 別	休日
現 在 の 時 間 帯	昼間
料 金 コ ー ス 名	休日昼間

会 員 番 号	100015H		OK

（非会員は0を入力）

会 員 種 類	本会員
会 員 名	小野　章雄

値 引 券 コ ー ド 1	A700	OK
値 引 券 コ ー ド 2	C600	OK

2．料金比較

適用サービス	大人	子ども	合計金額
本会員割引	6,000	3,120	9,120
大人700円引き	5,400	3,900	9,300
子ども600円引き	7,500	2,100	9,600

3．請求金額

適用サービス	大人	子ども	合計金額
本会員割引	6,000	3,120	9,120

シート名「会員表」

	A	B
1		
2	会員表	
3	会員番号	会員名
4	100001H	高梨　咲
5	100002H	富田　悠生
〜	〜	〜
1185	101182F	浜屋　三晃
1186	101183H	渡辺　由比菜

シート名「祝日表」

	A	B
1		
2	祝日表	
3	日付	祝日名
4	2017/1/1	元日
5	2017/1/2	振替休日
6	2017/1/9	成人の日
7	2017/2/11	建国記念の日
8	2017/3/20	春分の日
9	2017/4/29	昭和の日
10	2017/5/3	憲法記念日
11	2017/5/4	みどりの日
12	2017/5/5	こどもの日
13	2017/7/17	海の日
14	2017/8/11	山の日
15	2017/9/18	敬老の日
16	2017/9/23	秋分の日
17	2017/10/9	体育の日
18	2017/11/3	文化の日
19	2017/11/23	勤労感謝の日
20	2017/12/23	天皇誕生日

シート名「料金表」

	A	B	C
1			
2	料金表		
3		年齢区分コード	
4		A	C
5	料金コース名＼年齢区分	大人	子ども
6	平日昼間	2,300	1,000
7	平日夜間	1,600	800
8	休日昼間	2,500	1,300
9	休日夜間	2,000	900

作成条件

1. シート名「利用料金計算書」の入力欄に適切なデータを順に入力すると，請求金額を求めることができる。

2. 入力欄に入力された値が適切でない場合，確認欄に NG を表示し，入力欄が未入力の場合，確認欄に何も表示しない。また，確認欄が空欄または NG の場合，その次の入力項目以降の確認欄に何も表示しない。ただし，C18および C19は，値引券の枚数に応じて入力するため，空欄になる場合がある。

3. 営業時間は，9時00分から23時00分である。また，22時00分以降は入場の受け付けを行っていない。

4. 1グループは，大人と子どもを合わせて10人以下とする。

5. 本日の曜日が土日か，本日の日付がシート名「祝日表」の日付と一致する場合，休日とし，それ以外の場合，平日とする。また，18時00分までは昼間，18時00分以降は夜間とする。

6. 会員は，本会員と家族会員の二種類である。本会員はグループ全員が料金から20％引き，家族会員は10％引きとなる。なお，会員割引を受けるには，グループ全員が会員登録をする必要はなく，グループの中で一人が会員であればよい。

7. 値引券コードは，次のように4桁で構成されている。2種類まで提示することができるが，利用できるのは1種類のみである。なお，会員割引と値引券コードは同時に利用することができず，値引券コードは非会員であっても利用することができる。

> ───▶年齢区分コード（A：大人のみが値引き対象，C：子どものみが値引き対象）
>
> Ａ300───▶一人あたりの値引き額（100〜900）

作成手順

1. シート名「利用料金計算書」は，次のように作成されている。

   (1) C6とC7は，「大人」と「子ども」の利用人数を入力する。また，E7は，作成条件3と4を満たした場合，OK を表示する。

   (2) E9は，本日の曜日が土日，または本日の日付がシート名「祝日表」の日付と一致する場合，休日を表示し，それ以外の場合，平日を表示する。

   (3) E10は，現在の時刻が18時00分までの場合，昼間を表示し，それ以外の場合，夜間を表示する。

   (4) E11は，E9とE10を文字列結合して表示する。

   (5) C13は，「会員番号」を入力する。また，E13は，「会員番号」が 0 か，または「会員番号」がシート名「会員表」の「会員番号」と一致する場合，OK を表示する。

   (6) E15は，「会員番号」の右端の1文字が H の場合，本会員を，F の場合，家族会員を，それ以外の場合，非会員を表示する。また，E16は，「会員番号」をもとに，シート名「会員表」を参照して「会員名」を表示する。ただし，「会員番号」がシート名「会員表」にない場合，何も表示しない。

   (7) C18とC19は，「値引券コード」を入力する。ただし，「値引券コード」はC18から入力し，C19のみに入力することはない。

   (8) E18とE19は，作成条件7を満たした場合，OK を表示する。

   (9) B23は，E15が 非会員 の場合，会員割引なし を表示し，それ以外の場合，E15に 割引 を文字列結合して表示する。

   (10) B24（B25）は，C18（C19）が未入力の場合，値引券利用なし を表示する。それ以外の場合，①と②を文字列結合し，さらに 円引き を文字列結合して表示する。
   ① C18（C19）の左端から1文字を抽出し，シート名「料金表」を参照した「年齢区分」。
   ② C18（C19）の右端から3文字。

   (11) C23〜D25は，「料金コース名」をもとに，シート名「料金表」を参照し，料金を以下のように求める。
   ・C23〜D23：「人数 × 料金 ×（1 − 割引率）」
   ・C24〜D25：「人数 ×（料金 − 値引き額）」

   (12) E23〜E25は，「大人」と「子ども」の合計を求める。

   (13) B29〜E29は，B28〜E28をもとに，「2．料金比較」を参照し，「合計金額」が最も小さい行を表示する。

問1．シート名「利用料金計算書」のE9に設定する次の式の空欄にあてはまる適切なものを選び，記号で答えなさい。

=IF(E7<>"OK","",

　　IF(OR(WEEKDAY(TODAY(),2)>=6,＿＿＿＿(祝日表!A4:A20,"="&TODAY())=1),"休日","平日"))

（注）　WEEKDAY関数の第2引数が 2 の場合，戻り値として，1(月曜日)～7(日曜日)を返す。

ア．COUNT　　　　　　　　　イ．COUNTIF　　　　　　　　ウ．DCOUNT

問2．シート名「利用料金計算書」のE18に設定する次の式の空欄(a)，(b)にそれぞれあてはまる適切なものを選び，記号で答えなさい。

=IF(OR($E$13<>"OK",C18=""),"",

　　IF(　(a)　(LEN(C18)=4,　(b)　(LEFT(C18,1)="A",LEFT(C18,1)="C"),

　　　IFERROR(AND(VALUE(RIGHT(C18,3))>=100,VALUE(RIGHT(C18,3))<=900),FALSE)),"OK","NG"))

ア．(a) OR　(b) OR　　　　　イ．(a) OR　(b) AND　　　　ウ．(a) AND　(b) OR

問3．シート名「利用料金計算書」のC24に設定する次の式の空欄(a)，(b)をうめなさい。ただし，この式をD25までコピーする。

=IF(OR($E$13<>"OK",$C18="",$E$18="NG",$E$19="NG"),"",IF(C$22="大人",$C$6,$C$7)

　　＊(VLOOKUP($E$11,料金表!$A$6:$C$9,　(a)　(料金表!B5),FALSE)

　　　-IF(C$22=HLOOKUP(LEFT(　(b)　,1),料金表!$B$4:$C$5,2,FALSE),

　　　VALUE(RIGHT(　(b)　,3)),0)))

問4．シート名「利用料金計算書」のB29に設定する次の式の空欄(a)，(b)をうめなさい。ただし，この式をE29までコピーする。

=IF(OR($E$13<>"OK",$E$18="NG",$E$19="NG"),"",

　　HLOOKUP(B28,$B$22:$E$25,MATCH(　(a)　($E$23:$E$25),$E$23:$E$25,0)　(b)　,FALSE))

問5．シート名「利用料金計算書」が次のように表示されているとき，E29に表示される適切なデータを選び，記号で答えなさい。

ア．6,600

イ．6,700

ウ．6,840

問1	
問2	
問3	(a)
	(b)
問4	(a)
	(b)
問5	

	A	B	C	D	E
1					
2			利用料金計算書		
3					
4		1．利用情報			
5			入力欄		確認欄
6		大　　　人	2 人		
7		子　ど　も	3 人		OK
8					
9			本 日 の 曜 日 種 別	平日	
10			現 在 の 時 間 帯	昼間	
11			料 金 コ ー ス 名	平日昼間	
12					
13		会 員 番 号	101182?F		OK
14			(非会員は0を入力)		
15			会 員 種 類	※	
16			会 員 名	浜屋 三晃	
17					
18		値引券コード1	C300		OK
19		値引券コード2	A500		OK
20					
21		2．料金比較			
22		適用サービス	大人	子ども	合計金額
23		※	※	※	※
24		※	※	※	※
25		※	※	※	※
26					
27		3．請求金額			
28		適用サービス	大人	子ども	合計金額
29		※	※	※	※

（注）　※印は，値の表記を省略している。

【5】次の表は，傘の受注製作を行うある店舗の計算書である。作成条件および作成手順にしたがって，各問いに答えなさい。　　　　　　　　　　　　　　　　　　　　　　　　　　　　　　　　[第58回]

シート名「計算書」

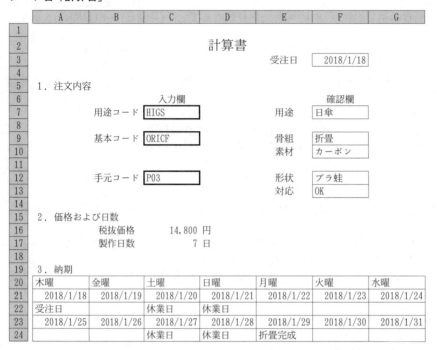

	A	B	C	D	E	F	G
1							
2			計算書				
3					受注日	2018/1/18	
4							
5	1．注文内容						
6			入力欄			確認欄	
7		用途コード	HIGS		用途	日傘	
8							
9		基本コード	ORICF		骨組	折畳	
10					素材	カーボン	
11							
12		手元コード	P03		形状	プラ蛙	
13					対応	OK	
14							
15	2．価格および日数						
16		税抜価格		14,800	円		
17		製作日数		7	日		
18							
19	3．納期						
20	木曜	金曜	土曜	日曜	月曜	火曜	水曜
21	2018/1/18	2018/1/19	2018/1/20	2018/1/21	2018/1/22	2018/1/23	2018/1/24
22	受注日		休業日	休業日			
23	2018/1/25	2018/1/26	2018/1/27	2018/1/28	2018/1/29	2018/1/30	2018/1/31
24			休業日	休業日	折畳完成		

シート名「用途表」

	A	B	C	D
1				
2	用途表			
3	用途コード	用途	価格	日数
4	AMGS	雨傘	2,000	0.5
5	HIGS	日傘	1,500	0.5
6	KENY	雨晴兼用傘	3,000	1.0

シート名「基本価格表」

	A	B	C	D	E
1					
2	基本価格表				
3			骨組コード	NAG	ORI
4			骨組	長傘	折畳
5			素材＼日数	3.0	5.0
6	素材コード	CF	カーボン	11,500	12,500
7		GF	グラス	7,000	8,500
8		AL	アルミ	4,500	5,500

シート名「曜日表」

	A
1	
2	曜日表
3	曜日
4	月曜
5	火曜
6	水曜
7	木曜
8	金曜
9	土曜
10	日曜

シート名「手元表」

	A	B	C	D	E
1					
2	手元表				
3	手元コード	形状	対応	価格	日数
4	B01	竹J型	NAG, ORI	1,000	0.0
5	B02	竹I型	NAG, ORI	1,000	0.0
6	W01	木J型	NAG, ORI	1,000	0.0
7	W02	木I型	NAG, ORI	1,000	0.0
8	W03	木あひる1	NAG	1,500	2.5
9	W04	木あひる2	ORI	1,500	2.5
10	W05	木ねこ1	NAG	1,500	2.5
11	W06	木ねこ2	ORI	1,500	2.5
12	W07	木いぬ	NAG, ORI	1,800	3.0
13	W08	木うま	NAG, ORI	2,000	3.0
14	W09	木うさぎ	ORI	2,000	3.0
15	W10	木ふくろう	NAG	2,000	3.0
16	P01	プラJ型	NAG, ORI	600	0.0
17	P02	プラI型	NAG, ORI	600	0.0
18	P03	プラ蛙	ORI	800	1.5
19	P04	プラねこ	ORI	900	2.0
20	P05	プラいぬ	NAG	900	2.0
21	P06	プラうさぎ	NAG	900	2.0
22	P07	プラ車	ORI	900	2.5
23	P08	プラ新幹線	NAG	900	2.5

作成条件

1. シート名「計算書」の入力欄に適切なデータを順に入力すると，税抜価格，製作日数，納期を求めることができる。

2. 入力欄に入力された値が適切でない場合や，コードが参照する表にない場合，確認欄に NG を表示し，入力欄が未入力の場合，確認欄に何も表示しない。また，確認欄が空欄または NG の場合，その次の入力項目以降の確認欄と，C16，C17，A20～G24に何も表示しない。

3. 顧客は，用途，骨組，骨組の素材，手元形状を指定する。

4. この店舗の営業日は月曜～金曜であり，注文の受け付け，傘の製作作業は月曜～金曜のみ行われ，製作作業は受注日の翌営業日から行われる。

5. 基本コードは次のように5文字で構成されている。なお，手元は形状ごとに対応する骨組が決まっている。

作成手順

1. シート名「計算書」は，次のように作成されている。

⑴ F3は，本日の日付を表示するための関数が設定されている。

⑵ C7は，「用途コード」を入力する。また，F7は，C7をもとに，シート名「用途表」を参照して「用途」を表示する。

⑶ C9は，「基本コード」を入力する。

⑷ F9は，C9の「骨組コード」をもとに，シート名「基本価格表」を参照して「骨組」を表示し，F10は，C9の「素材コード」をもとに，同様に「素材」を表示する。

⑸ C12は，「手元コード」を入力する。また，F12は，C12をもとに，シート名「手元表」を参照して「形状」を表示する。

⑹ F13は，C12をもとに，シート名「手元表」を参照して求めた「対応」に，C9の「骨組コード」がある場合，OK を表示し，それ以外の場合，NG を表示する。

⑺ C16は，次の①～③の「価格」を合計して求める。また，C17は，②の「素材コード」を除いて「日数」の合計を同様に求め，整数未満を切り上げる。

　① C7をもとに，シート名「用途表」を参照して求めた「価格」。

　② C9の「骨組コード」，「素材コード」をもとに，シート名「基本価格表」を参照して求めた価格。

　③ C12をもとに，シート名「手元表」を参照して求めた「価格」。

⑻ A20～G20は，A20にF3の曜日を曜日表を参照して表示し，G20まで曜日を順に表示する。

⑼ A21～G21，A23～G23は，A21にF3を表示し，他のセルは日付を順に表示する。

⑽ A22～G22，A24～G24は，A21～G21，A23～G23の日付について，次の①～③を順に評価する。

　① F3と一致する場合，受注日 と表示する。

　② 曜日が土曜，または日曜の場合，休業日 と表示する。

　③ F3に，C17およびそれまでに経過した土曜，日曜の日数を足した日付と一致した場合，F9に 完成 を文字列結合して表示し，それ以外の場合，何も表示しない。

第2章

問1．シート名「計算書」のF9に設定する次の式の空欄(a),(b)にあてはまる適切な組み合わせを選び，記号で答えなさい。

=IF(OR(F7="",F7="NG",C9=""),"",

　　IF(___(a)___(C9)<>5,"NG",IFERROR(___(b)___(LEFT(C9,3),基本価格表!D3:E4,2,FALSE),"NG")))

　　　ア．(a) MID　(b) ABS　　　**イ．**(a) LEN　(b) HLOOKUP　　　**ウ．**(a) FIXED　(b) FORECAST

問2．シート名「計算書」のF13に設定する次の式の空欄をうめなさい。

=IF(OR(F12="",F12="NG"),"",

　　IF(IFERROR(_____(LEFT(C9,3),VLOOKUP(C12,手元表!A4:C23,3,FALSE),1),0)>=1,"OK","NG"))

問3．シート名「計算書」のA20に設定する次の式の空欄をうめなさい。

=IF($F$13<>"OK","",_____(曜日表!$A$4:$A$10,WEEKDAY($F$3+COLUMN()-1,2),1))

　　(注)　**WEEKDAY関数の第2引数が 2 の場合，戻り値として， 1(月曜日)～7(日曜日)を返す。**

問4．シート名「計算書」のA22に設定する次の式の空欄にあてはまる適切なものを選び，記号で答えなさい。ただし，この式をB22～G22，A24～G24にコピーする。

=IF(A21="","",IF(A21=$F$3,"受注日",IF(WEEKDAY(A21,2)>=6,"休業日",

　　IF(A21=$F$3+$C$17+_____*2+ROW()-22,$F$9&"完成",""))))

　　　ア．COUNTIF($A20:$G20,"土曜")

　　　イ．COUNTIF($A$20:$G$20,"土曜")

　　　ウ．COUNTIF($A20:A20,"土曜")

問5．シート名「計算書」が次のように表示されているとき，長傘完成 と表示されるセル番地として適切なものを選び，記号で答えなさい。

　　　ア．C24

　　　イ．F24

　　　ウ．G24

	問1	
	問2	
	問3	
	問4	
	問5	

	A	B	C	D	E	F	G
1							
2				計算書			
3					受注日	2018/1/17	
4							
5	1．注文内容						
6			入力欄			確認欄	
7		用途コード	※		用途	雨晴兼用傘	
8							
9		基本コード	※		骨組	長傘	
10					素材	グラス	
11							
12		手元コード	※		形状	木ねこ1	
13					対応	OK	
14							
15	2．価格および日数						
16		税抜価格	※	円			
17		製作日数	※	日			
18							
19	3．納期						
20	水曜	木曜	金曜	土曜	日曜	月曜	火曜
21	2018/1/17	※	※	2018/1/20	2018/1/21	※	※
22	受注日	※	※	休業日	休業日	※	※
23	※	※	※	2018/1/27	2018/1/28	※	※
24	※	※	※	休業日	休業日	※	※

　　(注)　※印は，値の表記を省略している。

第3章

コンピュータの関連知識

1 ハードウェア・ソフトウェアに関する知識

1. システムの開発と運用

（1） システムの開発工程

コンピュータシステムの開発工程は，基本的に①要件定義，②外部設計，③内部設計，④プログラム設計，⑤プログラミング，⑥テスト，⑦運用・保守の7つの工程に分かれ，順に開発が進められる。

最初は，ユーザ（依頼者）の要求を明確にし，ベンダ（開発者）がどのようなシステムを開発するか把握する。そして，徐々にシステムの詳細な内容を設計し，開発を進めていく。

| 要件定義 | → | 外部設計 | → | 内部設計 | → | プログラム設計 | → |

| プログラミング | → | テスト | → | 運用・保守 |

① **要件定義**

ユーザとベンダが綿密な打ち合わせを行い，ユーザがシステムとして求めている仕様（機能や性能）を適切に把握する工程。ユーザが自覚している要求だけでなく，打ち合わせを通じて潜在的な要求も把握する。

② **外部設計**

ユーザの立場から見たシステムの仕様を設計する工程。要件定義に基づき，システムの操作方法や帳票（画面や印刷物）などを設計する。

③ **内部設計**

外部設計に基づき，ベンダの立場からシステムの内部構造を設計する工程。機能や表示方法，操作方法などをプログラムとしてどのように実現するかを決める。

④ **プログラム設計**

内部設計に基づき，プログラムを機能単位で構成されたモジュールに分割したり，流れ図の作成やテストケースの設計などを行ったりする工程。

⑤ **プログラミング**

プログラム設計に基づき，プログラミングを行ってモジュールを作成する工程。

⑥　テスト

作成したプログラムにプログラム言語の文法上のエラー（文法エラー）やプログラムは実行できるが意図した結果が得られないエラー（論理エラー）などがないか確認する工程。

ア　単体テスト

モジュールに存在するエラーを探すテスト。単体テストは，ホワイトボックステストの手法を用いて行い，入出力の結果が正しいかだけでなく，プログラムに冗長的な内容はないか，効率的なアルゴリズムを使っているかなど，内部構造まで確認する。

イ　結合テスト

モジュールとモジュールの間で正常にデータのやり取りが行われているかどうかを確認するテスト。

ウ　システムテスト

開発したシステムがユーザに要求された仕様を満たしているかどうかを確認するテスト。システム開発部門で行われる最終的なテストとなる。

⑦　運用・保守

システムの稼働状況を監視し，サービスの提供を維持し続ける活動を運用という。また，システムにトラブルが発生した際にシステムの改修や調整，修理を行い，サービスを再開する活動を保守という。

（2）テスト手法

①　ホワイトボックステスト ［white box test］

アルゴリズムやデータ構造などプログラムの内部構造に着目し，適切に作成されているかを確認するテスト手法。基本的には，プログラム内の全ての命令が最低1回は実行されるようなテストケースを作成する。単体テストや結合テストなどで実施されるテスト手法である。

②　ブラックボックステスト ［black box test］

入力データに対する出力結果が正しいかどうかなど，プログラムの外部から見た機能を検証するテスト手法。システムテストなどで実施されるテスト手法である。

（3）システムの開発手法

①　ウォータフォールモデル ［waterfall model］

要件定義からテストまでを順番に開発する方法である。上流工程から下流工程へ順に進め，原則として，一度通過した工程を後戻りしない。日程管理が容易なために大規模なシステム開発に向く手法である。しかし，開発途中の仕様変更がしにくく，下流工程に行くほど修正に時間と費用がかかる。

第3章

② プロトタイピングモデル ［prototyping model］

　試作品（プロトタイプ）をユーザに提示し，ユーザの要求を確認してから開発を進めていく手法である。試作品を見ることでユーザの隠れた要求を引き出すことができる場合もあり，ユーザが満足するシステムになりやすい。ただし，日程管理が難しく，大規模な開発には向かない手法である。

③ スパイラルモデル ［spiral model］

　システム全体を機能単位で分割し，先に中心的な機能を開発してから，他の機能を開発して完成度を高めていく手法である。各機能を開発するごとに設計，プログラミング，テストを繰り返すことからスパイラル（渦巻き）モデルと呼ばれる。各機能の開発は，ウォータフォールモデルのように順次開発するため，日程管理がしやすく，仕様変更も行いやすい。

（4）開発期間に関する計算

　システム開発では，開発に必要な時間や費用，人員数などを把握するために開発規模を計算する。システム開発に必要な作業量を工数といい，「要員×期間」で計算する。また工数は，人日や人月という単位で示す。

〈工数に関する単位〉

　x人日：x人で作業を行うと1日で完了する作業量。

　x人月：x人で作業を行うと1か月で完了する作業量。

要員×期間＝工数

例1　あるシステムの開発規模を見積もったところ120人月だった。プロジェクトを1年間で完了させるためには，何人の要員が必要か。ただし，要員1人当たりの生産性は1人月とする。

　　120人月÷12か月＝10人

例2　あるプロジェクトの見積工数は120人月である。作業を開始して5か月は15人で作業をしたが，60人月分の作業しか完了していない。残り3か月でこのプロジェクトを完了するためには，最低何人の要員を追加する必要があるか。ここで，追加要員の作業効率は，プロジェクト開始時からいる作業要員と同じであるものとする。

　　一人当たりの生産性：$15x \times 5 = 60$　　$x = 0.8$人月/人

　　今後1か月あたりに行うべき作業量：$(120 - 60)/3 = 20$

　　1か月あたりに必要な人数：$0.8x = 20$　　$x = 25$人

　　よって，10人追加する必要がある。

練習問題 3-1-1

解答 ⇒ P.20

【1】次の文に最も関係の深い語句を解答群から選び，記号で答えなさい。

1．開発するシステムを細分化し，細分化した部分を順番に開発を行い，ユーザに確認後，次の部分の開発に着手する開発手法。

2．入力データに対する出力結果が正しいかどうかを確認するテスト手法。プログラムの内容には着目しない。

3．試作品をユーザに見せながらシステムを開発する開発手法。

4．滝のように上流工程から順に開発を進め，途中で後戻りしない開発手法。

5．モジュール単位で行うテスト。

6．仕様書どおりのシステムが構築されているかを行うテスト。システム開発の最終テストに位置付けられる。

7．システムの内部構造に着目し，プログラムが設計どおりに動いているかを確認するテスト。

```
─ 解答群 ─
ア．ウォータフォールモデル    イ．スパイラルモデル      ウ．結合テスト
エ．プロトタイピングモデル    オ．システムテスト       カ．単体テスト
キ．ホワイトボックステスト    ク．ブラックボックステスト
```

1		2		3		4		5		6		7	

【2】次の下線部が正しいものには○を，誤っているものには正しい語句を書きなさい。

1．要件定義から運用・保守までの工程を順に設計し，原則として後戻りしない開発手法を<u>プロトタイピングモデル</u>という。

2．プログラムすべての内部構造が意図したとおりに動作するかを確認するテストを<u>ホワイトボックステスト</u>という。

3．単体テスト終了後，各モジュールをつなぎ合わせ，モジュール間のインタフェースに誤りがないかを確認するテストを<u>システムテスト</u>という。

1		2		3	

第3章

【3】次のA群の語句に最も関係の深い説明文をB群から選び，記号で答えなさい。

＜A群＞　1．要件定義　　　　2．外部設計　　　3．内部設計　　　4．プログラム設計
　　　　　5．プログラミング　6．テスト　　　　7．運用・保守

＜B群＞
　　ア．入出力画面や帳票のレイアウトなどを，利用者に確認し，設計する工程。
　　イ．入力されたデータの処理方法やプログラムで処理する内容を設計する工程。顧客の要望を受け，操作画面や帳票を設計した次の作業となる。
　　ウ．プログラム言語を使用してコーディングからテストランまで行う工程。
　　エ．内部設計で作成された仕様書や処理の手順に基づき構造設計を行う工程。
　　オ．システム開発の目的を明確にしてシステムに求められる項目を調査・分析・整理する工程。
　　カ．完成したシステムに文法エラーや論理エラーなどがないか確認する工程。
　　キ．完成したシステムを実際の運用環境で稼働させ，トラブルの発生を未然に防いだり，トラブルへの対応を行う工程。

1		2		3		4		5		6		7	

【4】次の各問いに答えなさい。

1．あるソフトウェア開発作業を15人で行った場合，6か月で終了するこの作業の開発工数は何人月か求めなさい。

2．ソフトウェアの開発工数を80人月と見積もり，開発者8人のチームで10か月間作業をする計画を立てた。5か月が経過したところの予定工数は40人月であったが，32人月分しか終了していなかった。開発者1人当たりの作業能力は何人月か求めなさい。

3．あるソフトウェア開発作業の開発工数の見積もりは88人月である。1月から5月までは，この作業を各月10人で行ったが，5月末時点で40人月分の作業しか完了していない。8月末までにこのプロジェクトを完了するためには，6月以降あと何人の追加要員が必要か。ここで，6月以降のすべての要員の作業効率は，5月までの要員と同じであるものとする。

1	人月	2	人月	3	人

2. 性能・障害管理

（1）稼働率

① 平均故障間隔〔MTBF：Mean Time Between Failures〕

　　コンピュータシステムが故障から回復し，次に故障するまでの平均時間。つまり，システムが正常に動作する平均時間を表す。MTBFが長いほど正常に稼働する時間が長く，安定したシステムといえる。

② 平均修復時間〔MTTR：Mean Time To Repair〕

　　故障したコンピュータシステムの復旧にかかる平均時間。MTTRが短いほど復旧までの時間が短く，修復しやすいシステムといえる。

③ 稼働率

　　一定期間内で，コンピュータシステムが稼働していた割合を表したもの。稼働率が大きいほど，システムを利用できる可能性が高いことになる。稼働率は，次の式で求められる。

$$稼働率 = \frac{平均故障間隔（MTBF）}{平均故障間隔（MTBF）＋平均修復時間（MTTR）}$$

例　あるコンピュータシステムの平均故障間隔が20日間，平均修復時間が20時間であった。このシステムの稼働率を計算しなさい。

$$\frac{20日 \times 24時間}{20日 \times 24時間 ＋ 20時間} = 0.96$$

（2）システムの稼働率

　　複数の装置が接続されているシステムの稼働率は，接続の方法により計算方法が異なる。

① 直列システムの稼働率

　　装置が直列に接続されたシステムは，接続されたすべての装置が稼働しているとき，システムが正常に稼働していることになる。1つでも装置が故障するとシステム全体が停止してしまう。直列システムの稼働率は，次の計算式で求められる。

稼働率 ＝ 装置Aの稼働率 × 装置Bの稼働率

② 並列システムの稼働率

　　装置が並列に接続されたシステムは，どちらか一方の装置が稼働していれば，システムが正常に稼働していることになる。並列に接続された全ての装置が故障するとシステム全体が停止してしまう。並列システムの稼働率は，次の計算式で求められる。

稼働率 ＝1－（1－ 装置Aの稼働率）×（1－ 装置Bの稼働率）

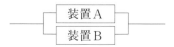

第3章

例 システムAとシステムBの稼働率を計算しなさい。装置A，装置Bの稼働率は，それぞれ0.9，0.8とする。

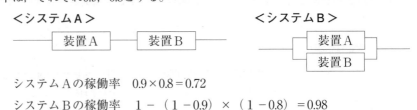

＜システムA＞

──装置A──装置B──

＜システムB＞

──装置A──装置B──

システムAの稼働率 $0.9 \times 0.8 = 0.72$

システムBの稼働率 $1 - (1 - 0.9) \times (1 - 0.8) = 0.98$

（3）RASIS

コンピュータシステムの信頼性を評価するための指標である「**信頼性**」，「**可用性**」，「**保守性**」，「**完全性**」，「**安全性**」の英語の頭文字を集めたもの。

① **信頼性**［Reliability］

システムが故障しにくく，安定して使えることを表す性質。平均故障間隔（MTBF）が長いほど評価が高くなる。

② **可用性**［Availability］

システムが使用できる割合を表す性質。稼働率が高いほど評価が高くなる。

③ **保守性**［Serviceability］

システムが停止したときの修復のしやすさを表す性質。平均修復時間（MTTR）が短いほど評価が高くなる。

④ **完全性**［Integrity］

データに一貫性があり，誤りや欠損がないことを表す性質。データベースにおいて正規化や参照整合性制約を正しく行うことで完全性が高くなる。

⑤ **安全性**［Security］

システムの働きを損ねる犯罪や災害に対する強さを表す。サイバー攻撃や災害への対策を講じることで安全性が高くなる。

（4）スループット［throughput］

与えられた時間内にシステムが処理できる仕事量のこと。

（5）レスポンスタイム［response time］

コンピュータシステムに処理を要求し終わってから，端末に処理結果が出力し始めるまでの時間のこと。

（6）ターンアラウンドタイム［turnaround time］

処理を要求し始めてから，全ての処理結果の出力が終了するまでの時間のこと。

レスポンスタイムとターンアラウンドタイムの対比図			
	ターンアラウンドタイム		
	レスポンスタイム		
処理要求発生	処理要求入力終了	出力開始	出力終了

（7）障害対策

① フォールトトレラント ［fault tolerant］

　障害が発生した際に，性能を落とすことなく処理を継続できるようにするシステム設計思想。例えば，システムを構成する装置を多重化し，主系の装置が停止しても従系の装置に切り替えることで性能を落とさずに処理を継続するしくみがこれにあたる。

② フォールトアボイダンス ［fault avoidance］

　システムを構成する装置の信頼性を高め，障害が発生しないようにするシステム設計思想。例えば，システムを構成する装置を信頼性の高いものに切り替えたり，予防保守を行ったりする。一般的には，フォールトトレラントと組み合わせて運用する。

③ フェールセーフ ［fail safe］

　システムに障害が発生したときに，安全な方向にシステムを制御し，被害を最小限に食い止めるためのシステム設計思想。例えば，ガスコンロが加熱しすぎたときに自動で消火したり，産業用機械の稼働中に人の侵入を検知したときに装置を緊急停止したりするしくみがこれにあたる。

④ フェールソフト ［fail soft］

　システムに障害が発生したときに，性能を低下させてでもシステム全体を停止させず，機能を維持するシステム設計思想。例えば，航空機のエンジンが故障したときに故障したエンジンを停止し，正常に稼働するエンジンのみで飛行を続けるしくみがこれにあたる。

⑤ フールプルーフ ［fool proof］

　システムの利用者が誤った使い方をできないようにしたり，誤った使い方をしても誤作動が起きないようにしたりするシステム設計思想。例えば，電子レンジの扉を閉めないと加熱できないようにするしくみがこれにあたる。

（8）NAS ［Network Attached Storage］

　LANなどのコンピュータのネットワークに直接接続して利用する記憶装置で，OSやネットワークインタフェースなどを一体化したファイルサーバである。LAN経由でやり取りするため，LANにつながった複数のコンピュータでデータの共有ができるようになる。

ルータやハブ　　　　　　NAS

第3章

（9）RAID

複数のハードディスク装置を1台のハードディスク装置のように扱うための技術。処理の高速化や信頼性の向上を図る。RAID0，RAID1などがよく利用される。

① RAID0　ストライピング［striping］

複数のハードディスク装置にデータを分割して書き込み，読み書き速度の高速化を図る。一方，RAID0を構成するハードディスク装置が1台でも故障するとデータを読み出せなくなるため，信頼性は低くなる。

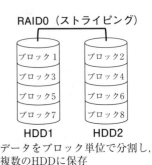

RAID0（ストライピング）

データをブロック単位で分割し，複数のHDDに保存

② RAID1　ミラーリング［mirroring］

複数のハードディスク装置に同じデータを記憶することでデータの信頼性を高める。1つのハードディスク装置が故障しても他のハードディスク装置に同じ情報が保存されているため，信頼性が高くなる。一方，実質的には全記憶容量の2分の1の容量しか記憶できない。

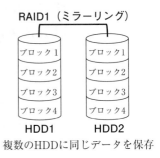

RAID1（ミラーリング）

複数のHDDに同じデータを保存

（10）記憶容量に関する計算

プログラムやデータのファイルをコピーして，別の記録メディアに保存することをバックアップという。重要なプログラムやデータは，不正アクセスによって改ざんされたり，ウイルスの侵入によって破壊されたりしても対応できるように，定期的にバックアップを取る必要がある。バックアップを取るための記憶容量の計算は，次に示すとおりである。

例　1ページあたりの様式が日本語平均1,000文字のファイルがある。4.7GBの片面1層記録のDVD-Rにこのファイルを保存する場合，何万ページまで保存できるか。日本語1文字を表現するのに2B必要とし，文字情報だけを記録するものとする。また，1GB＝1,000MBとする。

① 1ページのデータ容量　　　1,000文字×2B＝2,000B

② 4.7GBの記憶容量　　　　4,700,000,000B

③ 記憶できるページ数　　　4,700,000,000B÷2,000B＝2,350,000ページ

練習問題 3-1-2　　　　　　　　　　　解答 ➡ P.20

【1】次のA群の語句に最も関係の深いものをB群の中から選び，記号で答えなさい。

＜A群＞　1．RASIS　　　2．フェールソフト　　3．フォールトトレラント

　　　　　4．フェールセーフ　5．フールプルーフ　　6．フォールトアボイダンス

　　　　　7．MTTR　　　　8．MTBF

＜B群＞

ア．システムに障害が発生してから修復が完了するまでの平均時間。値が小さいほど，保守性が高いとされる。

イ．システムに障害が発生してから次に障害が発生するまでの平均時間。値が高いほど，信頼性が高いとされる。

ウ．システムに障害が発生した際，利用者の安全を確保し被害を最小限に抑える考え方。

エ．利用者が誤った操作をする可能性があることを前提として，誤った操作をしても，システム全体に致命的な影響が起きないようにする考え方。

オ．システムの構成要素の品質を高めるなどして，障害の原因を極力取り除き，障害を発生させないようにする考え方。

カ．システムに障害が発生した際，障害が発生した部分を切り離し，性能を落としてでもシステムが稼働し続けるようにする考え方。

キ．コンピュータシステムの評価指標である「信頼性」，「可用性」，「保守性」，「完全性」，「安全性」の英語の頭文字をとったもの。

ク．システムに障害が発生した際，予備のシステムに切り替えるなどして，性能を落とさずにシステムが稼働し続けるようにする考え方。

1		2		3		4	
5		6		7		8	

【2】RASISの各項目を日本語としたものをA群の中から選び，記号で答えなさい。また，その評価の内容をB群の中から選び，記号で答えなさい。

＜A群＞　ア．安全性　　＜B群＞　カ．修復時間の短さを評価する。

　　　　　イ．信頼性　　　　　　　キ．常にシステムが利用できる状態であるかを評価する。

　　　　　ウ．可用性　　　　　　　ク．外部からの不正アクセスなどにどれだけ強いかを評価する。

　　　　　エ．保守性　　　　　　　ケ．誤操作によりデータが消失することがないかを評価する。

　　　　　オ．完全性　　　　　　　コ．どれだけ長期間正常に稼働するかを評価する。

頭文字	R	A	S	I	S
日本語での項目名					
評価の内容					

【3】次の文の下線部が正しいものには○印を，誤っているものには正しい語を書きなさい。

1．MTBF÷（MTBF＋MTTR）で求められるのは稼働率である。

2．一定時間内に処理できる仕事量をレスポンスタイムという。

3．処理を要求してから完全な結果が得られるまでの時間をターンアラウンドタイムという。

4．Webページを閲覧している時，リンクをクリックし終わり，次のページが表示されるまでの時間をスループットという。

5．RASISのうち，稼働率が高いほど評価が高くなるのは，安全性である。

6．RAID0の機能のように，複数のハードディスク装置にデータを分割して保存することで，読み書き速度の高速化を図る技術をミラーリングという。

7．システムの定期点検や予防保守などを行って信頼性を高め，故障や障害が発生しないようにシステムを設計する考え方をフォールトトレラントという。

8．システムの一部に障害が発生した際に，故障した箇所を切り離すなどして，主要な機能を維持して，システムを運転し続けるシステムをフールプルーフという。

9．コンピュータのネットワークに直接接続して利用する記憶装置をRAIDという。

1		2		3	
4		5		6	
7		8		9	

【4】次の計算を行いなさい。

1．MTBF が 900 時間，MTTR が 100 時間のときの稼働率を求めなさい。

2．装置Aと装置Bが並列に配置されているシステムにおいて，システム全体の稼働率が0.97のとき，装置Bの稼働率を求めなさい。ただし，装置Aの稼働率は0.8とする。

3．デジタルカメラで，解像度 4,000 × 3,000 ドット，1 ドットあたり 24 ビットの色情報で 100 枚撮影した場合の最低限必要な記憶容量（MB）を求めなさい。なお，すべて同じ条件で撮影され，データは撮影時に，カメラが自動的に 4 分の 1 に圧縮するものとする。

1		2		3	MB

通信ネットワークに関する知識

1. ネットワークの構成

（1） OSI参照モデル

コンピュータ同士がネットワークを介してデータ通信を行うための手順や規約のことを**プロトコル**という。国際標準化機構（ISO）では，ネットワークを7つの階層に分け，各階層で必要とされるプロトコルを**OSI参照モデル**として標準化している。

階層	階層名	説明
第7層	アプリケーション層	アプリケーションソフト間での通信に関する規約を規定。
第6層	プレゼンテーション層	データの圧縮や暗号化，文字コードなどのデータに関する規約を規定。
第5層	セッション層	通信経路の確立や切断までの通信方法に関する規約を規定。
第4層	トランスポート層	データの転送や通信管理など通信の信頼性を確保するための規約を規定。
第3層	ネットワーク層	ネットワーク上の目的端末までの通信経路を提供する規約を規定。
第2層	データリンク層	通信回線で結ばれたノード（端末）間の経路の接続方式や誤り制御などに関する規約を規定。
第1層	物理層	通信回線を流れる電気信号に関する取り決めや，通信ケーブルの規格など物理的な要素に関する規約を規定。

第3章

（2）LANの構成装置

① ハブ［hub］

ネットワーク上でケーブルを分岐，中継するための集線装置。ハブを使用することで，より多くの機器をネットワークに接続することができる。ハブには，接続されているすべてのケーブルにデータを送信するリピータハブと，MACアドレスを識別して転送先のケーブルだけにデータを送信するスイッチングハブがある。

株式会社バッファロー

② ルータ［router］

異なるネットワーク同士を中継する装置で，パケットの通信経路を選択・制御する機能（ルーティング機能）を持つ。パケットには，送信元IPアドレスや宛先IPアドレスなどの情報が記録されたIPヘッダ情報があり，この情報と経路選択表を参照し，適切な経路へパケットを転送する。

③ ゲートウェイ［gateway］

現在接続しているネットワークから，プロトコル（通信規約）が異なるネットワークなどに接続するために使われるハードウェアやソフトウェア。双方のネットワーク間のプロトコルの違いを調整して接続を可能にする。

（3）パケットフィルタリング［packet filtering］

ルータやファイアウォールが持つセキュリティ機能で，不正なパケットを遮断する機能。パケットのIPヘッダ情報とパケットフィルタリングで設定された遮断すべき（あるいは，通過させるべき）IPアドレスを比較し，通過の可否を判断する。

（4）プロトコル ［Protocol］

プロトコルとは**通信規約**ともいい，データの送受信を行うためのさまざまな取り決めのことである。インターネットで通信を実現するための標準プロトコルとして，**TCP/IP**（Transmission Control Protocol /Internet Protocol）が使用されている。TCP/IPは，多数のプロトコルから成り立っている。

① HTTP ［Hyper Text Transfer Protocol］

Webサーバとブラウザ間でWebデータを転送するためのプロトコル。WebページのURLはhttp://で始まることがあるが，これは，HTTPでWebサーバと通信することを表している。

② FTP ［File Transfer Protocol］

インターネットで他のコンピュータとファイルを送受信するためのプロトコル。

③ POP ［Post Office Protocol］

メールサーバからメールを受信するためのプロトコル。メールをダウンロードして端末に保存するため，オフラインでもメールを確認することができる。一方，メールをダウンロードするとメールサーバのデータは削除されるため，複数の端末で同じメールを確認することができない。

④ IMAP ［Internet Message Access Protocol］

Webメールで，受信メールをサーバ上で管理し，内容を端末に表示するためのプロトコル。メールに関する情報をメールサーバに保存したまま利用するため，複数のパソコンで同じメールにアクセスすることができる。

⑤ SMTP ［Simple Mail Transfer Protocol］

メールサーバへメールを送信するためのプロトコル。また，メールサーバ間でメールを転送するためにも使われる。

⑥ DHCP ［Dynamic Host Configuration Protocol］

LANに接続されたコンピュータにIPアドレスを自動的に割り振るためのプロトコル。

（5）MACアドレス（マックアドレス）［Media Access Control address］

ネットワークに接続される各コンピュータを一意に特定するために割り振られる48ビットの固有の番号のこと。同じ番号のMACアドレスを持つコンピュータは世界に存在しない。MACアドレスは，下表のように定められている。

製造メーカー番号	製造番号
24ビット	24ビット

第3章

（6） IPアドレス（アイピーアドレス）[Internet Protocol address]

TCP/IP上でコンピュータに割り振られるアドレスで，ネットワーク上の住所にあたる情報である。IPアドレスは，32ビットで構成し，「192.168.10.20」のように8ビットずつ4つに区切って10進数で表現することがある。このように32ビットで管理するアドレスを**IPv4**（Internet Protocol version 4）という。IPv4で識別できるコンピュータの最大数は約42億台である。

しかし，インターネットに接続する通信機器の増加により，IPアドレスが不足するおそれが出てきた。そこで，IPアドレスを128ビットで構成する**IPv6**（Internet Protocol version 6）が開発された。

IPアドレスは，使用する場所によって次の2つに分かれる。

① **プライベートIPアドレス**

LANなどの限定的な範囲のネットワークで使用されるIPアドレス。同じLAN内でIPアドレスが重複することは許されないが，他のLANには同じIPアドレスの端末が存在することもある。

② **グローバルIPアドレス**

インターネットに接続された端末に使用されるIPアドレス。インターネット上に同じIPアドレスの端末は存在しない。

（7） IPアドレスの構成

IPアドレスは，**ネットワークアドレス**部と**ホストアドレス**部から構成されている。ネットワークアドレスは，そのコンピュータが所属するネットワークを特定し，ホストアドレスは，そのコンピュータ自体を特定することができる。

ネットワークアドレスとホストアドレスをどこで区切るかによって，ネットワークの規模が決まり，クラスA～Cの3つの**アドレスクラス**に分類される。

クラスA：先頭の8ビット（先頭ビットが0で始まる）がネットワークアドレス，後ろの24ビットがホストアドレスであり，大規模ネットワーク向きである。

クラスB：先頭の16ビット（先頭ビットが10で始まる）がネットワークアドレス，後ろの16ビットがホストアドレスであり，中規模ネットワーク向きである。

クラスC：先頭の24ビット（先頭ビットが110で始まる）がネットワークアドレス，後ろの8ビットがホストアドレスであり，小規模ネットワーク向きである。

クラスA	ネットワークアドレス	ホストアドレス	
	（8ビット）	（24ビット）	
クラスB	ネットワークアドレス	ホストアドレス	
	（16ビット）	（16ビット）	
クラスC	ネットワークアドレス	ホストアドレス	
	（24ビット）	（8ビット）	

（8）サブネットマスク［subnet mask］

　　TCP/IPでは，ネットワークはサブネット（複数の小さなネットワーク）に分割されて管理される。サブネットマスクは，IPアドレスからサブネットのネットワークアドレスを求める場合に使用する32ビットの数値のこと。2進数のIPアドレスとサブネットマスクをAND演算した結果が同じ値になると同一のネットワークに属するIPアドレスであることを意味する。AND演算とは，2つの入力値がともに1のときだけ1を出力する演算である。

　　例　2台のコンピュータA，Bが同一ネットワークかを確認する。
　　・コンピュータAのIPアドレス　　　172. 16. 11.　1
　　・コンピュータBのIPアドレス　　　172. 16. 15.　1
　　・サブネットマスク　　　　　　　　255.255.　0.　0

❶コンピュータAのIPアドレスとサブネットマスクを2進数に変換してAND演算する。

```
        172. 16. 11.  1 = 10101100 00010000 00001011 00000001
AND     255.255.  0.  0 = 11111111 11111111 00000000 00000000
                          10101100 00010000 00000000 00000000
```

❷コンピュータBのIPアドレスとサブネットマスクを2進数に変換してAND演算する。

```
        172. 16. 15.  1 = 10101100 00010000 00001111 00000001
AND     255.255.  0.  0 = 11111111 11111111 00000000 00000000
                          10101100 00010000 00000000 00000000
```

❸演算結果がどちらも同じなので，同一ネットワークである。

（9）CIDR（サイダー）［Classless Inter Domain Routing］

　　サブネットマスクにより1ビット単位でネットワークアドレス部の長さを識別し，必要とされる適切な数のアドレス数を管理する方式。ネットワーク規模に応じて1ビット単位でサブネットマスクを管理することにより，不必要なIPアドレスを作ることなく有効活用することができる。

　　例　2台のコンピュータA，Bが同一ネットワークかを確認する。
　　・コンピュータAのIPアドレス　　　172. 16. 11.　1
　　・コンピュータBのIPアドレス　　　172. 16. 15.　1
　　・サブネットマスク　　　　　　　　255.255.252.　0

❶コンピュータAのIPアドレスとサブネットマスクを2進数に変換してAND演算する。

```
        172. 16. 11.  1 = 10101100 00010000 00001011 00000001
AND     255.255.252.  0 = 11111111 11111111 11111100 00000000
                          10101100 00010000 00001000 00000000
```

❷コンピュータBのIPアドレスとサブネットマスクを2進数に変換してAND演算する。

```
        172. 16. 15.  1 = 10101100 00010000 00001111 00000001
AND     255.255.252.  0 = 11111111 11111111 11111100 00000000
                          10101100 00010000 00001100 00000000
```

❸演算結果が異なるので，異なるネットワークである。

第3章

(10) ネットワークアドレス

ネットワークに割り当てられたIPアドレスのうち，そのネットワーク自体を示すアドレス。ホストアドレス部の値がすべて0となる。

> 例 IPアドレス　　　　172. 16. 12. 0 = 10101100 00010000 00001100 00000000
> サブネットマスク　255.255.252. 0 = 11111111 11111111 11111100 00000000

(11) ブロードキャストアドレス

ネットワークに接続されているすべてのホストに一斉送信するためのアドレス。ホストアドレス部の値がすべて1となる。

> 例 IPアドレス　　　　172. 16. 15.255 = 10101100 00010000 00001111 11111111
> サブネットマスク　255.255.252. 0 = 11111111 11111111 11111100 00000000

(12) ホストアドレス

ネットワークに接続されている個々のホストに割り当てられるIPアドレス。ネットワークアドレスとブロードキャストアドレス以外のIPアドレスが割り当てられる。

(13) ポート番号

TCP/IP通信において，コンピュータが通信に使用するプログラムを識別するための番号。主にプロトコルや各種サービスなどに付けられている番号であり，ポート番号は16ビットの整数である0～65535まで存在する。主なポート番号には次のようなものがある。

ポート番号	サービス名など
25	SMTP
53	DNS
80	HTTP
443	HTTPS

(14) NAT [Network Address Translation]

プライベートIPアドレスとグローバルIPアドレスを1対1で変換する技術。インターネットに接続する端末に空いているグローバルIPアドレスを適用して通信を行う。端末の台数分のグローバルIPアドレスを用意する必要がないためアドレス資源の有効利用が図れるが，同時にインターネットに接続できる台数は，NATに登録されているグローバルIPアドレスの数までとなる。

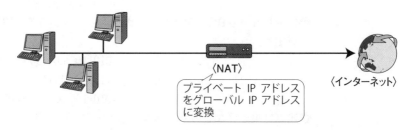

〈NAT〉

〈インターネット〉

プライベート IP アドレスをグローバル IP アドレスに変換

(15) DMZ ［DeMilitarized Zone］

　　非武装地帯の意味で，ファイアウォールの設定により，外部のインターネットからも，内部のネットワーク（企業や学校などのLAN）からも隔離されたネットワーク上の領域。

　　内部ネットワークのセキュリティを維持するために，インターネットと内部ネットワークの直接通信を遮断し，外部と通信する必要のあるWebサーバやプロキシサーバなどをDMZに配置する。これにより，外部から不正アクセスが発生した場合でも，内部のネットワークへの被害の拡大を食い止められる。

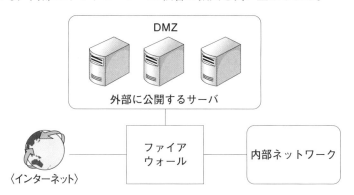

(16) DNS ［Domain Name System］

　　IPアドレスとドメイン名を相互に変換するためのしくみ。数字の羅列であるIPアドレスは，人にとっては扱いにくいため，ドメイン名を使ってWebサイトやメールなどを利用している。DNSにより，IPアドレスとドメイン名を対応付けて管理している。

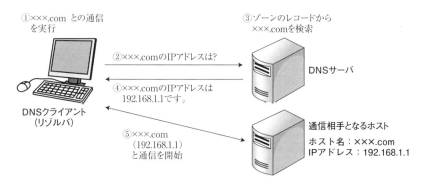

(17) VPN ［Virtual Private Network］

　　インターネットなどの公衆回線を経由して構築された仮想の専用回線のこと。VPNは，通信データを全て暗号化するため，公衆回線をあたかも当事者間の専用回線を使うかのように通信することができる。

(18) 通信速度（bps）に関する計算

インターネットやLANなどで，データを送受信する速度を**通信速度**という。単位は**bps**（bits per second）を使う。これは1秒間に送受信することのできるビット数を表す単位である。LANでは10Mbpsから1Gbps程度，インターネットでは，光回線で10Mbpsから1Gbps程度である。

ネットワーク回線は共同で使用していることが多く，100％の通信速度が出ない。そこで実際に出せる速度をパーセントで表したものを**伝送効率**という。

あるデータ量の送受信にかかる時間を**転送時間**といい，次の式で計算する。

転送時間（秒）＝ データの容量÷（通信速度×伝送効率）

例　900バイトのデータを2,000bpsで送信する場合，何秒かかるか。伝送効率は60％とする。

① 送信するデータをビットに換算する。　900バイト×8ビット＝7,200ビット
② 転送時間を計算する。　　　　　　　　7,200ビット÷（2,000bps×0.6）＝6秒

練習問題 3-2-1

解答 ➡ P.20

【1】次の文にあてはまる用語を解答群から選び，記号で答えなさい。

1．IPアドレスのネットワークアドレス部とホストアドレス部を区別するための数値。

2．LANケーブルを分岐，中継するための集線装置。

3．プロトコルの異なるネットワーク同士を接続するために，プロトコル変換などを行う装置やソフトウェア。

4．ルータやファイアウォールが持っている機能の1つで，ルータやコンピュータが通過できるパケットの条件を設定し，ふるいにかけること。

5．データの経路選択を行う中継装置でLANとインターネットの中継点に設置されることが多い。

6．TCP/IPにおいて，コンピュータが通信に使用するプログラムを識別するための番号。

解答群

| ア．ルータ | イ．パケットフィルタリング | ウ．ゲートウェイ |
| エ．ハブ | オ．サブネットマスク | カ．ポート番号 |

1		2		3		4		5		6	

【2】次のA群の語句に最も関係の深いものをB群の中から選び，記号で答えなさい。

＜A群＞　1．IMAP　　　　2．DHCP　　　　3．SMTP
　　　　　4．DNS　　　　5．FTP

＜B群＞

　　ア．TCP/IPネットワークにおいて，電子メールをサーバ上で管理し，様々な端末からメール
　　　の内容の確認や削除することができるプロトコル。

　　イ．TCP/IPネットワークにおいて，電子メールを送信・転送するために用いるプロトコル。

　　ウ．IPアドレスとドメイン名を1対1で対応させることにより，IPアドレスを知らなくても，
　　　ドメイン名で Web サーバやメールサーバなどにアクセスできるようにするしくみ。

　　エ．ネットワークにコンピュータを接続する際，コンピュータにIPアドレスを自動的に割り当
　　　てるプロトコル。

　　オ．TCP/IPネットワークにおいて，ファイルを転送するためのプロトコル。

1		2		3		4		5	

【3】次の計算を行いなさい。

　1．10MBのデータを通信速度50Mbpsで送信する場合，何秒かかるか求めなさい。ただし，伝送
　　効率は50%とする。

　2．構内のファイルサーバから50MBのデータをダウンロードするのに5秒かかった。通信速度
　　100Mbpsの回線を用いている場合，この回線の伝送効率を求めなさい。

1		秒	2		%

【4】コンピュータAと同じネットワークに属するコンピュータはどれか。コンピュータB〜Dの中か
　　ら選びなさい。

コンピュータ	IPアドレス
コンピュータA	172. 16.192.127
コンピュータB	172. 16.176.127
コンピュータC	172. 16.200.127
コンピュータD	172. 16.224.127

サブネットマスク：255.255.240.0

コンピュータ [　　　]

第3章

【5】次の下線部が正しいものには○を，誤っているものには正しい語句を書きなさい。

1. 1つのグローバルなIPアドレスを複数のコンピュータで共有する技術で，<u>DMZ</u>はプライベートIPアドレスとグローバルIPアドレスを1対1で変換できる。

2. ネットワークに接続するコンピュータに割り当てられた，世界で一意となる48ビットのアドレスを<u>MACアドレス</u>という。

3. インターネットに接続された端末で使用されるIPアドレスを<u>プライベートIPアドレス</u>という。

4. ネットワーク接続時に自動的にIPアドレスを割り当てるプロトコルを<u>DNS</u>という。

5. ネットワークに接続された全ての端末にデータを転送するためのアドレスを<u>ネットワークアドレス</u>という。

6. IPアドレスは，<u>グローバルIPアドレス</u>とホストアドレスに分けられる。

7. サーバ上で，メールを保存したまま管理できる受信用プロトコルを<u>IMAP</u>という。

1		2		3	
4		5		6	
7					

【6】次の表はOSI参照モデルの第1層～第7層までを表した表である。＜A群＞から各層の名称を，＜B群＞から規定されている内容を記号で答えなさい。

第7層	① 層	通信サービスを提供	⑦
第6層	② 層		⑧
第5層	③ 層		⑨
第4層	④ 層	データ転送機能を提供	⑩
第3層	⑤ 層		⑪
第2層	⑥ 層		⑫
第1層	物理層		コネクタや電気信号など接続のための物理的レベルの規約を規定。

＜A群＞　ア．セッション　　　　イ．ネットワーク　　　　ウ．プレゼンテーション
　　　　エ．データリンク　　　オ．トランスポート　　　カ．アプリケーション

＜B群＞
　ア．同じネットワーク内の通信（誤り検出など）に関する規約を規定。
　イ．メールやWebなどの様々なアプリケーションソフト間での通信に関する規約を規定。
　ウ．通信の開始から終了までの規約を規定。
　エ．異なるネットワーク内の通信（通信ルート選定など）に関する規約を規定。
　オ．データの転送や通信管理など通信の信頼性を確保するための規約を規定。
　カ．データの圧縮，暗号化，文字コード，画像の送信形式などのデータ形式に関する規約を規定。

A群	①		②		③		④		⑤		⑥	
B群	⑦		⑧		⑨		⑩		⑪		⑫	

2. ネットワークの活用

（1）シンクライアント　［thin client］

　　クライアント用のコンピュータには，ディスプレイやキーボード，マウスなど，必要最小限の機能のみを備え，ソフトウェアやデータなどはネットワークを経由してサーバ側で管理をするシステム。クライアント側にデータを残さないことで情報漏えいを防ぐことができる。

第3章

（2）Cookie

　　Webサイトを閲覧しているユーザの情報などを，一時的にユーザのコンピュータに保存させるしくみ。Cookieに保存されたログイン情報により，IDやパスワードの入力を一時的に省略したり，ショッピングサイトでカートに入れた商品情報を一定時間保存したりすることができる。

（3）MIME　［Multipurpose Internet Mail Extensions］

　　電子メールで文字以外のデータを送受信するための規格。通常，電子メールはテキストデータしか送受信できないため，MIMEを利用し，画像や音声などのデータをメールで送受信できるようにする。

（4）VoIP　［Voice over Internet Protocol］

　　インターネットなどのネットワークを利用して音声データを送受信するしくみ。VoIPを利用した電話をIP電話という。通話料金のコスト削減にも有効なため広く普及している。

【1】 次の説明文に最も適した答えを解答群から選び，記号で答えなさい。

1．ネットワーク上で音声データを送受信するための技術。音声データをリアルタイムに送受信することでIP電話を実現している。

2．電子メールにおいて，画像や音声など文字以外のデータを送信するための技術。

3．表示用のディスプレイと入力用のキーボードやマウスなど，必要最小限の機能に特化したクライアント用のコンピュータ。

4．Webページの閲覧者のコンピュータに，閲覧したURLなどを一時的に保存するしくみ。

```
─ 解答群 ─
ア．Cookie        イ．VoIP        ウ．MIME        エ．NAT
オ．DMZ          カ．シンクライアント  キ．ポート番号     ク．DNS
```

1		2		3		4	

【2】 次のA群の語句に最も関係の深い説明文をB群から選び，記号で答えなさい。

＜A群＞　1．Cookie　　　2．VoIP　　　3．シンクライアント　　　4．MIME

＜B群＞

ア．電子メールでテキスト以外のデータをやり取りできるようにするための拡張規格。

イ．クライアント用のコンピュータは必要最小限の機能のみを備え，データなどはサーバ側で管理をするシステム。

ウ．Webサイトによって閲覧者のコンピュータに一時的に個人設定やURL，サイトの訪問回数などを保存し，利便性を向上させるしくみ。

エ．IPネットワークで音声データを送受信し，電話のような双方向の音声通話を実現する技術。

1		2		3		4	

第3章

情報モラルとセキュリティに関する知識

1．セキュリティ

（1）共通鍵暗号方式

　　送信者と受信者で暗号化と復号に共通の鍵（**秘密鍵**）を使用する暗号方式。通信相手ごとに秘密鍵を用意し，共有する必要がある。特定の相手とのやり取りに向いている。

（2）公開鍵暗号方式

　　暗号化と復号に異なる鍵を使用する暗号方式。送信者は受信者が公開した**公開鍵**を使って暗号化し，受信者は，公開鍵と対をなす**秘密鍵**を使って復号する。公開鍵で暗号化したデータは，秘密鍵でしか復号できない。不特定多数とのやり取りに向いている。

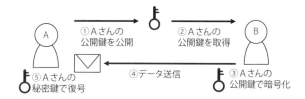

（3）電子署名（デジタル署名）

　　公開鍵暗号方式の性質を利用し，送信者のなりすましやデータの改ざんを検知するしくみ。送信者は，データを秘密鍵で暗号化し，受信者は，送信者が公開している公開鍵で復号する。秘密鍵で暗号化したデータは公開鍵でしか復号できないため，送信者の公開鍵で復号できれば送信者の秘密鍵で暗号化したことが証明できる。なお，電子署名は送信者の真正性を確認するものであり，暗号通信を行うことが目的ではない。

　　また，公開鍵の所有者が実在する本人であるかどうかの身元の正当性は，**認証局**（**CA**：Certification Authority）によって発行されるデジタル証明書によって証明される。

（4） SSL／TLS［Secure Sockets Layer／Transport Layer Security］

　　Webページからのデータ送信を暗号化し，安全にデータ送信ができるプロトコル。通常のWebページから個人情報を送信した場合，インターネット上を暗号化されずにデータが送信されるため，個人情報を第三者に盗み見される可能性がある。SSLのバージョンが上がり，名称が変更されたため「SSL／TLS」と併記されることがある。

（5） HTTPS［Hyper Text Transfer Protocol Secure］

　　Webデータの転送に使われるHTTPというプロトコルに，SSLによる暗号化機能を追加したプロトコル。WebページのURLは，通常httpから始まるが，SSLを採用したWebページのURLはhttpsから始まる。また，暗号化機能にTLSを利用したものを「HTTP over TLS」という。

（6） ログファイル

　　誰が，いつ，どのような操作を行ったかを記録するファイル。履歴ファイルともいう。サーバ上にはさまざまなログファイルがあり，各利用者のログイン時間や印刷したファイルの一覧を記録するものや，どのWebページにアクセスしたかを記録するものなどがある。ログファイルには，ハッキングなどの不正アクセスの記録も残るので，セキュリティ上も有用なファイルである。

① システムログ

　　システムの動作状況やメッセージなどを記録したもの。

② アクセスログ

　　システムへのアクセス状況を記録したもの。Webサーバのアクセスログでは，アクセスしてきた時間や接続元IPアドレス，閲覧端末情報，送受信データ量などを記録している。

（7）　インシデント

　　システムを運用して提供していたサービスが中断したり，サービス品質を低下させたりする出来事のこと。インシデントが発生した場合，迅速に対応し，できる限り速やかにサービスを再開する。その後，根本的な原因を調査し，再発防止措置を施す。

（8）　リスクマネジメント

　　リスクを組織的に管理し，損失の回避や低減を図る活動のこと。リスクマネジメントの手順は，次のとおりである。
　①　**リスク特定**　どのようなリスクがあるかを発見すること。
　②　**リスク分析**　特定したリスクの脅威や脆弱性を分析すること。
　③　**リスク評価**　リスクに対する対策を検討すること。
　④　**リスク対応**　リスクを回避・低減するための対策を実施すること。

（9）　リスクアセスメント

　　リスクに伴って起こり得る影響を評価すること。また，リスクマネジメントのうち，リスク特定，リスク分析，リスク評価のプロセスのことを指してリスクアセスメントという。

（10）　クロスサイトスクリプティング

　　脆弱性があるWebサイトに攻撃者がスクリプト（罠）を仕掛け，サイト訪問者を偽サイトへ誘導したり，個人情報を盗んだりするなどの被害をもたらす攻撃のこと。スクリプトとは，コンピュータが即座に実行できる簡易的なプログラムのこと。

（11）　ソーシャルエンジニアリング

　　人の心理的な油断や行動のミスに付け込んで機密情報などを盗み出す攻撃のこと。社員になりすまし，電話で情報を聞き出したり，ゴミ箱の廃棄物を回収して，情報を盗んだりするなどの方法がある。

（12）　SQLインジェクション

　　Webサイトなどの書き込み欄にデータベースを操作する命令を入力して送信することで，データを改ざんしたり，不正に取得したりする攻撃のこと。

第3章

【1】次の説明文に最も適した答えを解答群から選び，記号で答えなさい。

1．暗号化を行う際，暗号化と復号に同一の鍵を使用する暗号方式。

2．暗号化を行う際，暗号化の鍵と，対になる復号の鍵を使用する暗号方式。

3．サーバの利用状況などを記録したファイル。

4．公開鍵が本人のものであることを，デジタル証明書を発行して保証する機関。

5．公開鍵暗号方式を応用し，本人が送信した情報であることを保証したり，改ざんされていないことを確認したりするための技術。

6．インターネット上から送信する個人情報などが第三者に漏れないよう暗号化してサーバへ送信するプロトコル。

7．システムの稼働状況やメッセージなどを記録したもの。

解答群

ア．システムログ	イ．ログファイル	ウ．SSL / TLS
エ．デジタル署名	オ．公開鍵暗号方式	カ．共通鍵暗号方式
キ．認証局	ク．アクセスログ	

1		2		3		4		5		6		7	

【2】次のA群の語句に最も関係の深い説明文をB群から選び，記号で答えなさい。

＜A群＞　1．リスクマネジメント　　2．インシデント　　3．SQLインジェクション
　　　　　4．クロスサイトスクリプティング　　5．ソーシャルエンジニアリング

＜B群＞

ア．運用中のシステムを中断してしまい，サービスの停止や質を低下させる突発的な不具合のこと。

イ．組織が抱えるリスクを特定し，影響を分析，評価をして，対策を講じる一連の活動のこと。

ウ．Webアプリケーションの脆弱性を利用して，データベースに悪意のある問合せや操作を行う命令文を送信し，データベースのデータを改ざんしたり不正に取得したりする攻撃。

エ．人間の心理的な隙や行動のミスなどにつけ込み，個人や組織が持つ個人情報や機密情報などを盗み出す手法のこと。

オ．攻撃者が罠（わな）を仕掛けたWebページを利用者が閲覧し，当該ページ内のリンクをクリックしたときに，不正スクリプトを含む文字列が脆弱なWebサーバに送り込まれ，レスポンスに埋め込まれた不正スクリプトの実行によって，情報漏えいをもたらす。

1		2		3		4		5	

第3章

章末総合問題

【1】 次の説明文に最も適した答えを解答群から選び，記号で答えなさい。

1. RAID0が持つ機能で，データを複数のハードディスク装置に分割して記憶することで，書き込み速度や読み込み速度の高速化を図る機能。

2. 与えられた時間内にシステムが処理できる仕事量。

3. コンピュータの性能を測る指標の一つで，データに誤りや矛盾がなく，整合性がとれた状態が保たれる性質のこと。

4. 処理手順やアルゴリズムなど，プログラムの内部構造には着目せず，入力データと出力結果の整合性に着目したテスト。

5. 公衆回線で送受信するデータを暗号化することで，あたかも専用回線を利用するかのように通信を行うしくみ。

解答群

ア. RASIS	イ. RAID	ウ. スループット
エ. シンクライアント	オ. ミラーリング	カ. ストライピング
キ. ホワイトボックステスト	ク. ブラックボックステスト	ケ. VPN
コ. 信頼性	サ. 完全性	シ. 安全性

1		2		3		4		5	

【2】 次の文章の空欄（ 1 ）から（ 6 ）に最も適した答えを解答群から選び，記号で答えなさい。

　システム開発では，開発規模やシステムの特性に応じて開発手法を選ぶ必要がある。大規模なシステムを開発するためには，開発工程の最初に顧客の要望を適切に把握し，開発が始まってから工程を後戻りしないようにすることが大切であり，（ 1 ）での開発が適している。また，顧客が情報システムに求める潜在的・顕在的な要望を引き出すためには，試作品を操作して要件定義を進める（ 2 ）での開発が行われる。さらに，独立性の高い機能ごとに要件定義やプログラミング，テストを繰り返して開発する（ 3 ）は，工程管理がしやすく，顧客の要望変更にも柔軟に対応できる特徴がある。

　プログラムのテストでは，モジュールが仕様書で要求された機能や性能を満たしているかといったことを確認する（ 4 ）を行う。その後，モジュール同士を結合し，データの受け渡しなどが正しく行われているかを確認する（ 5 ）を行う。最後に開発した全てのモジュールを結合し，システムが仕様書の要求を満たしているかを確認する（ 6 ）を行う。

解答群

ア. ウォータフォールモデル	イ. 結合テスト	ウ. ホワイトボックステスト
エ. プロトタイピングモデル	オ. システムテスト	カ. ブラックボックステスト
キ. スパイラルモデル	ク. 単体テスト	ケ. プログラム設計
コ. 要件定義	サ. 外部設計	シ. 内部設計

1		2		3		4		5		6	

第3章

【3】次の説明文に最も適した答えを解答群から選び，記号で答えなさい。

1．システムを構成する機器の信頼性を高め，システムが停止しないようにする設計思想。定期点検や予防保守などを行う。

2．システムに障害が発生した際，予備のシステムに切り替えるなどして性能を落とさずに運転を続ける設計思想。

3．企業などが抱えるリスクを把握し，リスクの影響を分析，評価すること。

4．攻撃者が用意したWebサイトに訪問した人のブラウザを経由して，脆弱性のあるWebサイトに不正プログラムを送信・実行することで，偽サイトを表示したり，Cookieを漏洩させたりするなどの被害をもたらす攻撃。

5．システムの運用やサービスの提供が停止してしまう突発的なトラブルや事故のこと。

```
┌─ 解答群 ─────────────────────────────────────────┐
│ ア．フォールトアボイダンス  イ．インシデント      ウ．ソーシャルエンジニアリング │
│ エ．フェールソフト      オ．フェールセーフ    カ．フォールトトレラント    │
│ キ．リスクアセスメント    ク．VPN         ケ．SQL インジェクション    │
│ コ．フールプルーフ      サ．リスクマネジメント  シ．クロスサイトスクリプティング │
└──────────────────────────────────────────────┘
```

1		2		3		4		5	

【4】次の文章の（　）について最も適した方を選び，〇で囲みなさい。

　暗号化は，データを安全にやり取りするための技術である。特定の人と暗号通信を行う場合などには，対をなす1.（　秘密鍵・公開鍵　）を当事者の間で事前に受け渡し，それを使って暗号化・復号を行う2.（　共通鍵暗号方式・公開鍵暗号方式　）を利用する。一方，不特定多数の人と暗号通信を行う場合，暗号化に3.（　秘密鍵・公開鍵　）を用い，復号に4.（　秘密鍵・公開鍵　）を用いる5.（　共通鍵暗号方式・公開鍵暗号方式　）を利用する。

　また，送信されてきたデータが第三者によって改ざんされていないか，なりすましをした第三者が送ったデータではないかを確認するために6.（　電子署名・SSL　）という技術を利用する。これは，公開鍵暗号方式の性質を利用している。まず，送信者が7.（　秘密鍵・公開鍵　）で暗号化し，受信者が8.（　秘密鍵・公開鍵　）で復号する。秘密鍵を持っているのは，正当な送信者だけなので，公開鍵で復号することができれば，秘密鍵で暗号化されたことがわかり，正当な送信者が送ったことや途中で改ざんされていないことが証明される。

【5】次のＡ群の語句に最も関係の深い説明文をＢ群から選び，記号で答えなさい。

＜Ａ群＞　　1．VPN　　　　　　　　2．RASIS　　　　　　　3．ゲートウェイ
　　　　　　4．ミラーリング　　　　　5．パケットフィルタリング

＜Ｂ群＞

ア．内部ネットワークと外部ネットワークの間にファイアウォールを設定することで，双方の
　　ネットワークから隔離された安全なネットワーク領域。

イ．公衆回線で通信されるデータを暗号化技術を使ってやりとりすることで，仮想の専用回線
　　として安全な通信を実現するためのしくみ。

ウ．複数台のハードディスク装置を組み合わせて全体を1つのディスク装置のように使用し，
　　信頼性や処理速度を高める技術。

エ．コンピュータシステムの信頼性を評価するときにチェックする項目の頭文字を集めたもの。

オ．プロトコルが異なるネットワーク同士を接続する場合に使われるハードウェアやソフト
　　ウェア。

カ．プロトコルが同じネットワーク同士を接続する場合に使われるハードウェア。経路選択機
　　能を持つ。

キ．パケットに付加された送信元・受信先などのIPアドレスをもとに，データを通過させるかどう
　　か，ふるいにかける機能。

ク．コンピュータで送受信されるソフトウェアやサービスを特定する番号。

ケ．データをブロック単位に分割し，複数のハードディスク装置に分割して保存することで処
　　理速度の高速化を図る技術。RAID0で利用されている。

コ．データをブロック単位に分割し，複数のハードディスク装置に同一のデータを保存するこ
　　とで信頼性を高める技術。RAID1で利用されている。

1		2		3		4		5	

【6】次の説明文に最も適した答えをア，イ，ウの中から選び，記号で答えなさい。

1．RASISの評価指標の一つであり，データに一貫性があり，欠損や不整合がないことを表す性質。

　　　　ア．信頼性　　　　　　　　イ．完全性　　　　　　　　ウ．安全性

2．グローバルIPアドレスとプライベートIPアドレスを相互に変換することで，LANに接続され
　たコンピュータをインターネットに接続することができるようにする技術。

　　　　ア．NAS　　　　　　　　　イ．NAT　　　　　　　　　ウ．DHCP

3．ネットワークに接続されている全ての通信機器を表すアドレス。ホストアドレス部の値が全て
　1になる。

　　　　ア．ネットワークアドレス　イ．ブロードキャストアドレス　　ウ．ホストアドレス

4．メールサーバに保存された電子メールのデータを管理するためのプロトコル。複数の端末で同
　一のデータを参照することができる。

　　　　ア．POP　　　　　　　　　イ．SMTP　　　　　　　　ウ．IMAP

5．TCP/IPにおいて，コンピュータが通信に使用するプログラムを識別するための番号。

　　　　ア．IPアドレス　　　　　　イ．MACアドレス　　　　　ウ．ポート番号

1		2		3		4		5	

章末検定問題

【1】 次の説明文に最も適した答えを解答群から選び，記号で答えなさい。［第59～62回より一部修正］

1．ネットワーク機器に製造段階で設定される，48ビットの固有の識別番号。全世界で一意の番号とされ，上位24ビットをIEEEが管理して製造業者に割り振り，下位24ビットを製造業者が個々の製品に設定する。

2．同じプロトコルで通信するネットワーク同士を中継する通信機器。受け取ったデータの転送経路を選択する機能を持つ。

3．OSの稼働中に起こった様々な出来事の記録。エラーや障害の発生などを記録することにより，原因究明などに利用する。

4．プログラムの内部構造に着目し，条件分岐や例外処理など，すべての処理が意図したとおりに動作しているかを確認するテスト。

5．利用者が誤った操作や取り扱いをしても，利用者の安全を確保したり，システム全体に重大な障害が起きないようにする設計思想。

解答群

ア．システムログ	**イ**．アクセスログ	**ウ**．ホワイトボックステスト
エ．MACアドレス	**オ**．IPアドレス	**カ**．ブラックボックステスト
キ．ルータ	**ク**．ゲートウェイ	**ケ**．ハブ
コ．フォールトトレラント	**サ**．フェールセーフ	**シ**．フールプルーフ

1		2		3		4		5	

【2】 次のA群の語句に最も関係の深い説明文をB群から選び，記号で答えなさい。［第59・60回より抜粋］

＜A群＞ 　1．MTBF　　　　　　2．HTTP　　　　　　3．グローバルIPアドレス
　　　　　　　4．ポート番号　　　　5．公開鍵暗号方式

＜B群＞

　ア．ネットワーク機器に割り当てる，一意に設定された48ビットで表現される符号。物理アドレスともいわれる。

　イ．企業や家庭などのネットワーク内において，コンピュータ機器を特定するためのIPアドレス。同じネットワーク内では重複してはならないが，他のネットワークにおいては，同じIPアドレスが利用できる。

　ウ．Webブラウザが，WebサーバからHTMLで記述されたデータを受信するために利用するプロトコル。

　エ．暗号化されたデータを送受信する際，暗号化と復号に異なる鍵を使用する方式。

　オ．コンピュータシステムが故障してから次に故障するまでの平均時間。この値が大きいほどシステムの信頼性が高い。

　カ．電子メールを，メーラがメールサーバへ送信するために利用するプロトコル。

　キ．コンピュータシステムが故障してから修復が完了するまでの平均時間。この値が小さいほどシステムの保守性が高い。

　ク．インターネットで通信するために必要となる，コンピュータや通信機器に割り振られた重複しないIPアドレス。インターネット上の住所に相当する。

　ケ．TCP/IPにおいて，コンピュータが通信に使用するプログラムを識別するための値。

　コ．暗号化されたデータを送受信する際，暗号化と復号に同一の鍵を使用する方式。

1		2		3		4		5	

【3】 次の説明文に最も適した答えを解答群から選び，記号で答えなさい。　　　[第58回一部修正]

1．複数台のハードディスクを仮想的な1台のハードディスク装置として運用し，その構成により
システムの信頼性や可用性などを向上させる技術。

2．プログラムの処理の流れに着目し，処理手順が意図したとおりに動作しているかを確認するテ
スト。

3．システムの障害発生時にシステム全体が停止しないよう，性能を落としてでも正常に稼働する
部分のみでシステムを運用し続ける設計思想。

4．家庭や企業などのLANにおいて，コンピュータ機器を識別するためのIPアドレス。LAN内で
は，管理者がIPアドレスを自由に割り振ることができるが，一意でなければならない。

5．ネットワークの利用状況を記録したファイルの一種で，Webサイトを閲覧した日時や内容な
どを記録したもの。

```
解答群
ア．フォールトトレラント        イ．RAID              ウ．システムログ
エ．RASIS                   オ．ブラックボックステスト   カ．フェールソフト
キ．プライベートIPアドレス       ク．グローバルIPアドレス     ケ．MACアドレス
コ．ホワイトボックステスト       サ．アクセスログ          シ．フェールセーフ
```

1		2		3		4		5	

【4】 次のA群の語句に最も関係の深い説明文をB群から選び，記号で答えなさい。　　　[第57回一部修正]

＜A群＞　　1．要件定義　　　　　2．MTTR　　　　　3．ルータ
　　　　　　4．POP　　　　　　5．結合テスト

＜B群＞

　　ア．コンピュータシステムが正常に稼働を開始してから，障害が発生するまでの平均時間。

　　イ．インターネット上で，クライアントが，電子メールを送信するために用いるプロトコル。

　　ウ．システム開発において，実装すべき機能や機器の構成などを明確にする開発工程。

　　エ．開発工程におけるテスト作業の一つで，分割して作成したモジュールを組み合わせて，モ
ジュール間のインタフェースに着目して行うテスト。

　　オ．ネットワークにおいて，異なるプロトコルであっても接続でき，相互に通信を可能にする
通信機器。

　　カ．インターネット上で，クライアントが，電子メールを保存しているサーバからメールを受
信するために用いるプロトコル。

　　キ．システム開発において，詳細設計に基づいて，各プログラムを設計する開発工程。

　　ク．開発工程におけるテスト作業の一つで，開発したシステム全体が，当初の設計どおりの機
能を備えているかを確認するテスト。

　　ケ．ネットワークにおいて，受け取ったデータをどの経路に転送すべきか，選択する機能を持
つ通信機器。

　　コ．コンピュータシステムに障害が発生してから，修復が完了するまでの平均時間。

1		2		3		4		5	

第3章

【5】次の説明文に最も適した答えをア，イ，ウの中から選び，記号で答えなさい。なお，5．については数値を答えなさい。 ［第63・64回より一部修正］

1．システム開発を行う際，要件定義からテストまでの工程を上位から順に進め，原則として前の工程に戻らない開発手法。比較的大規模なシステム開発に向いている。

ア．スパイラルモデル　　イ．プロトタイピングモデル　　ウ．ウォータフォールモデル

2．ファイアウォールの機能の一つで，OSI参照モデルのネットワーク層で，送信元IPアドレス，宛先IPアドレスなどをもとに不正なアクセスを制限するもの。

ア．HTTPS　　　　　　イ．アクセスログ　　　　　ウ．パケットフィルタリング

3．次のような処理が行われた際，(a)が示す経過時間。

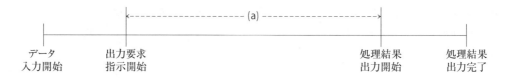

ア．レスポンスタイム　　イ．ターンアラウンドタイム　　ウ．スループット

4．次の表の仕様である磁気ディスク装置の記憶容量は何GBか。ただし，$1GB=10^9B$とする。

1シリンダあたりのトラック数	10
1面あたりのトラック数	2,000
1トラックあたりのセクタ数	右表のとおり
1セクタあたりの記憶容量	3,000B

トラック番号	セクタ数
0～1,499	300
1,500～1,999	200

ア．12.0GB　　　　　　イ．16.5GB　　　　　　ウ．18.0GB

5．200Mbpsの通信回線を使用して2.7GBのファイルをダウンロードするのに2分かかった。この通信回線の伝送効率を求めなさい。なお，その他の外部要因は考えないものとする。ただし，$1GB=10^9B$とする。

1		2		3		4		5	%

第4章

ビジネス情報の関連知識

 1 問題解決の手法

 2 経営計画と管理

章末総合問題

章末検定問題

問題解決の手法

1. 情報の収集・分析・整理

（1）ブレーンストーミング

グループでアイデアを出し合う手法の1つである。通常の会議とは異なり，他者の発言にはいっさいの批判を加えないことで，発言者が自由に自分の意見を述べることができ，斬新なアイデアが生まれる可能性が高まる。参加者は，批判禁止・自由奔放・質より量・便乗歓迎というルールに則って議論を進めていく。

（2）KJ法

1つの問題に対し，多くの情報が集められ，それを整理・分析する方法である。多くの情報をグループ化しながら相互に関連付けていく。一般的な手順は，次のとおりである。

① アイデアや情報を1枚のカードに1件ずつ記入する。
② そのカードを関連するグループでまとめる。
③ そのカードグループにタイトルを付ける。
④ 再びそのグループの関連を考えてまとめていく。

このような作業を繰り返し，グループ数が少なくなったら，図にしてまとめる。

（3）決定表（デシジョンテーブル）

関係する条件とその行動を表にまとめたもの。複雑な条件の組み合わせを明確に表現できる手法である。

決定表の代表的な例

条件	資格手当	Y	Y	Y	Y	N	N	N	N
	皆勤手当	Y	Y	N	N	Y	Y	N	N
	住宅手当	Y	N	Y	N	Y	N	Y	N
行動	3,000円支給	X	X	−	−	X	X	−	−
	5,000円支給	X	−	X	−	X	−	X	−
	10,000円支給	X	X	X	X	−	−	−	−

条件に該当する場合は「Y」，そうでない場合は「N」で表す。

条件の組み合わせが満たされた場合は「X」など，そうでない場合は「−」で表す。

（4） DFD ［Data Flow Diagram］

データの流れと処理（プロセス）の関係を図示したものである。次の4つの構成要素を表す記号からなる。

	名　称	説　明	記　号
①	データの源泉と吸収	データの発生源や受け渡し先	▭
②	プロセス	データの処理内容	○
③	データストア	ファイルやデータの格納場所	＝
④	データフロー	データの流れ	→

例　取引先からの注文を登録し，在庫がない場合は購買部門に依頼する図

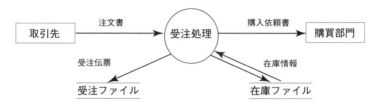

（5） パート図（PERT）［Program Evaluation and Review Technique］

プロジェクトの工程管理を行うための技法。パート図は，**アローダイアグラム**ともいい，作業の順序を矢印で結び，それに所要日数などを書いたもので，作業順序がわかりやすく，各作業の持つ余裕日数を計算できるといった特徴がある。

作業開始から作業終了までに最も長い期間を必要とする工程を**クリティカルパス**といい，余裕のない経路であるため，重点的な管理を必要とする。下の図では，①→②→④→⑤→⑥の経路がクリティカルパスとなる。

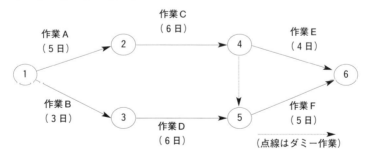

第4章

（6）パレート図とABC分析

　項目をデータ件数の多い順に並べて棒グラフにしたものと，その累計比率を折れ線グラフにしたものとを結合した複合グラフを**パレート図**という。

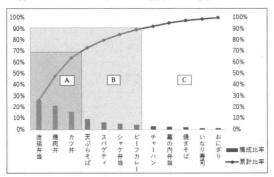

　パレート図は**ABC分析**で利用される。ABC分析は「売上の80％を生み出すのは，20％の売れ筋商品である。」という80：20の法則から導き出された手法である。対象商品などを売上金額の大きい順に並べ替え，累計金額の70％以内の商品をAランク，71〜90％までの商品をBランク，91〜100％までの商品をCランクとして，3つのランクに分け，売れ筋商品の把握や在庫管理に役立てる。Aランクの商品は在庫切れを起こさないように重点的に管理するなど，各ランクごとに適切な商品管理を行うようにする。

（7）Zグラフ

　月別の売上高，月別の売上高の累計，過去12か月の移動合計を折れ線グラフにしたもの。

　Zグラフの移動合計を分析することで売上高の傾向を分析することができる。

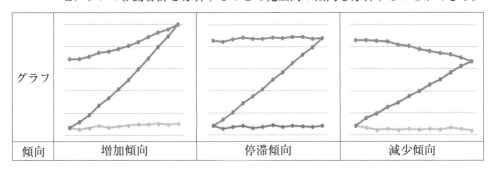

グラフ			
傾向	増加傾向	停滞傾向	減少傾向

（8）散布図と回帰分析

①　散布図

2種類のデータを縦軸，横軸にとり，データを点の分布で表したもの。2種類のデータにどのくらい強い関係があるかを示す相関関係を視覚的に見ることができる。

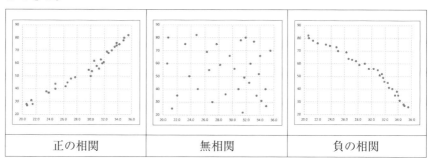

| 正の相関 | 無相関 | 負の相関 |

2種類のデータの関係の強さを**相関係数**という。相関係数 r の絶対値は相関の強さを示し，強い相関は0.7以上を目安とする。

相関係数r	r<0.3	0.3≦r<0.7	0.7≦r
分析の目安	相関なし	弱い相関	強い相関

a　正の相関

右上がりのグラフは，一方の値が大きくなると，もう一方の値も大きくなることを示し，正の相関関係があるという。気温とアイスの売上高などがこれにあたる。

b　無相関

円のように描かれ，右上がりでも右下がりでもないものを無相関という。

c　負の相関

右下がりのグラフは，一方の値が大きくなると，もう一方の値は小さくなることを示し，負の相関関係があるという。気温とおでんの売上高などがこれにあたる。

②　回帰直線（近似曲線）

2種類のデータの関係を1次方程式で表す直線を求める手法を**回帰分析**という。また，なるべくすべての点からの距離が近くなるように引いた直線を**回帰直線（近似曲線）**という。回帰直線は，$y = ax + b$で表される。

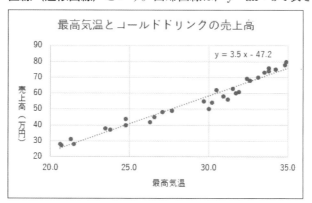

$y = 3.5x - 47.2$という回帰直線は，x に値を代入することで，y を予測することができる。x が30のときには，y が57.8と予測できる。

（9）線形計画法

制約条件の中で利益や効果などが最大となる組み合わせを分析したり，時間やコストを最小にしたりするために使われる手法である。

例 ある工場では，製品A，Bを生産している。製品Aを1kg製造するには，原料Eを2kg，原料Fを3kg必要とし，利益は2,000円になる。製品Bを1kg製造するには，原料Eを4kg，原料Fを3kg必要とし，利益は3,000円になる。使用できる原料は，原料Eが400kg，Fが540kgである。最大の利益を生むためには，製品A，Bを何kg生産すればよいか，また，利益はいくらになるか。

①製品A，Bの生産量をそれぞれx，yとする。

条件 （原料Eは400kg以下である） $2x+4y\leqq400$

（原料Fは540kg以下である） $3x+3y\leqq540$

（製品A，Bは正の数である） $x\geqq0,\ y\geqq0$

目的関数（最大利益） $2,000x+3,000y$

②生産可能範囲の中で，目的関数の値を最大にする生産量の組み合わせを求めるためには次の連立方程式の解を求める。

$2x+4y=400$　　$3x+3y=540$

解は，xが160kg，yが20kgとなる。

③生産量から利益を求める。

$2,000\times160+3,000\times20=380,000$

製品A160kg，製品B20kgを生産したときに，利益が38万円で最大となる。

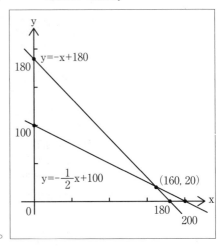

（10）ヒストグラム

個々のデータから度数分布表を作成し，棒グラフにしたもの。ヒストグラムは，データの分布状況や傾向を知るために使用される。

ヒストグラムの分析の視点は，データの中心の位置・ばらつきの大きさ・分布の形状などがある。

ヒストグラムは，製品の品質管理に用いられ

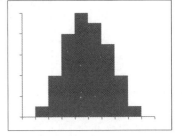

ている。一般的な形状でない場合には，工程に何らかの問題が発生していることが推測できるので，何らかの対策が必要になると判断できる。

(11) 特性要因図

特性（結果）とそれに影響を及ぼすと思われる要因（原因）との関連を整理して，体系的にまとめたものである。形状が魚の骨に似ているためフィッシュボーンチャートとも呼ばれる。課題の要因を明らかにしたり，成功要因を分析したりすることができる。

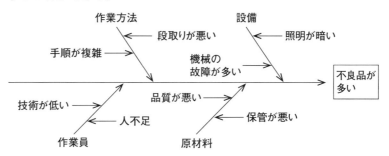

(12) ファンチャート

ある時点のデータを基準に，その後のデータの変動（成長や落ち込み）を指数で表した折れ線グラフ。グラフが扇（fan）に似ていることから，ファンチャートと呼ばれている。たとえば，各個人の4月の営業成績をそれぞれ100％とした場合に，5月の営業成績を4月と比較し，その成長率が分析できる。

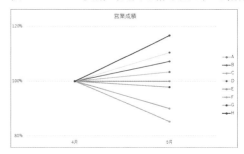

(13) SWOT分析

SWOT分析は，自社の強み（Strength）や弱み（Weakness），自社を取り巻く経営環境の機会（Opportunity）や脅威（Threat）などを分析し，市場での立ち位置や経営戦略の方向性などを検討するための分析手法。自社の技術力や資金力などの内的要因を強み・弱みとして分析する。さらに競合他社の動向や法律の改正などの外的要因を機会・脅威として分析し，表（ポートフォリオ）にまとめる。

	強み（Strength）	弱み（Weakness）
機会 （Opportunity）	自社の強みを最大限に生かす機会は何か。	自社の弱みでせっかくの機会を逃さないようにするためにはどうするか。
脅威 （Threat）	自社の強みを生かして他社の脅威に対抗するためにはどうするか。	自社の弱みと他社の脅威で最悪の状況に陥らないためにはどうするか。

第4章

（14）PPM分析 ［Product Portfolio Management］

　　PPMは，自社製品や事業領域の戦略的な位置づけを明確にすることによって，最適な経営資源の配分を考えようとする手法である。次のように，相対的な市場占有率を横軸に，市場成長率を縦軸にとり，**花形・金のなる木・問題児・負け犬**の４つに分類した表（ポートフォリオ）を作成して経営（マネジメント）に活用する。

高 ↑ 市場成長率 ↓ 低	花形	問題児
	金のなる木	負け犬

高　←　市場占有率　→　低

① **花形**：市場成長率・市場占有率がともに高い。

　　市場成長率が高いため，収益が大きくなる傾向がある。ただし，市場占有率を維持・拡大するために多額の投資が必要である。

② **金のなる木**：市場成長率は低く，市場占有率は高い。

　　市場占有率が高いため，大きな収益を生み出している。しかし，市場成長率が低いため，過度な投資は避ける。

③ **問題児**：市場成長率は高く，市場占有率は低い。

　　市場成長率が高いため，市場占有率の維持や成長に多額の投資が必要になる。今後の成長が見込める場合は投資を続け，見込めない場合は撤退する。

④ **負け犬**：市場成長率・市場占有率がともに低い。

　　市場成長率・市場占有率がともに低いため，投資以上の収益が見込めなければ，撤退も考える。

　　企業では，いかに「問題児」から「花形」へ，「花形」から「金のなる木」へと育てていくかが重要で，必要な資金は「金のなる木」から投入されることになる。

練習問題 4-1　　　　　　　　　　解答 ➡ P.22

【1】次の説明文に最も適した答えを解答群から選び，記号で答えなさい。

1．自社の製品や事業領域の戦略的な位置づけを明確にすることによって，最適な経営資源の配分を考えようとする手法。

2．結果とそれに影響を及ぼすと思われる原因との関連を整理して，図としてまとめたもの。

3．ある時点でのデータを基準に，その後のデータの変動を指数で表した折れ線グラフ。

4．企業環境における自社の現状について，強み，弱み，機会，脅威の4つの要素を表にまとめ，マーケティング戦略などを考える手法。

5．2つのデータの間にどれくらいの強さの相関関係があるかを分析することで，結果を予測する分析。

1	
2	
3	
4	
5	

解答群

ア．PPM分析	イ．DFD	ウ．ABC分析
エ．特性要因図	オ．ヒストグラム	カ．回帰分析
キ．SWOT分析	ク．ファンチャート	ケ．パレート図
コ．散布図	サ．線形計画法	シ．Zグラフ

第4章

【2】下図は，あるプロジェクトのスケジュール管理のためのアローダイアグラムである。次の各問いに答えなさい。

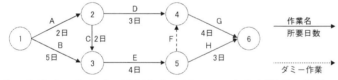

1．クリティカルパスはどれか。ア〜エの中から選び，記号で答えなさい。

　　ア．A→D→G　　　イ．B→E→H　　　ウ．B→E→F→G　　　エ．A→C→E→H

2．このプロジェクトの所要日数は何日か。

1		2	日

【3】下表は，ある保育園の保育料金を決定表で表したものである。この保育園で1歳児を9時から14時まで預けたときの保育料はいくらか。ただし，預かっている時間の昼食やおやつは，食べるものとする。

0〜2歳である	Y	Y	Y	Y	N	N	N	N
3〜6歳である	N	N	N	N	Y	Y	Y	Y
12時に昼食を食べる	Y	Y	N	N	Y	Y	N	N
15時におやつを食べる	Y	N	Y	N	Y	N	Y	N
保育料800円/時間	X	X	X	X	−	−	−	−
保育料600円/時間	−	−	−	−	X	X	X	X
昼食費300円	X	X	−	−	X	X	−	−
おやつ150円	X	−	X	−	X	−	X	−
保険料100円	X	X	X	X	X	X	X	X

　　ア．4,000円　　　　イ．4,250円　　　　ウ．4,400円　　　　エ．4,550円

【4】 次のグラフは，今年度の売上高，売上高累計，移動合計を表したものである。次の各問いに答え
なさい。

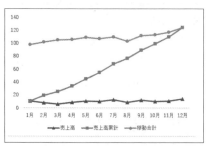

(1) グラフの名称を答えなさい。

(2) 移動合計の線を分析した結果を，増加傾向，停滞傾向，
減少傾向で答えなさい。

(1)	
(2)	

【5】 次の表とグラフは，交通事故原因別に件数を集計したものである。次の各問いに答えなさい。

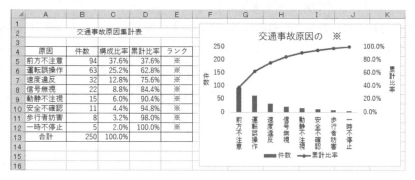

(1) E列の「ランク」に表示されるCの数を答えなさい。ただし，ABC分析を行い，累計比率が
90％を超える原因をCとする。

(2) グラフのタイトルの※印は，ABC分析に用いるグラフの名称が表示される。グラフの名称を
答えなさい。

(1)		(2)	

【6】 次のグラフは，車の交通量とレストランの売上高を表したものである。次の各問いに答えなさい。

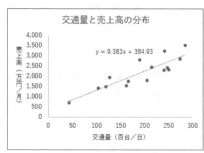

(1) グラフの名称を答えなさい。

(2) 相関関係を分析した結果を，正の相関，負の相関，無
相関で答えなさい。

(3) 交通量が200（百台）の場合，売上高は約何万円と予
測できるかを小数第1位を四捨五入して答えなさい。

(1)	
(2)	
(3) 約	万円

経営計画と管理

1. 経営計画

（1）コンプライアンス

社内ルールやチェック体制などを制定し，経営活動において法令や社会規範を遵守すること。社員教育などを行い従業員に周知徹底するとともに，利害関係者に公表して企業としての情報セキュリティに対する考え方や取り組みの姿勢を示し，信頼性を高める。

（2）セキュリティポリシー

企業や組織における情報セキュリティの理念や基本方針を表したもの。社員に周知徹底することで情報セキュリティを強化するとともに，外部に公表することで情報セキュリティに適切に取り組む組織であることを示し，利害関係者から信頼を得ることができる。

（3）ERP（経営資源計画）［Enterprise Resource Planning］

基幹業務を統合的に管理して，生産・販売・経理・人事などの企業の経営資源を活用し，経営の効率化を図るための手法。

財務管理や販売管理など，これまで個別に管理してきた業務を統合管理するための手法であり，企業全体を統合管理することによって，異なる部署や業務を超えて情報の共有を促進し，経営資源の最適化を図る。ERPシステムを実現するためのパッケージソフトウェアをERPパッケージという。

（4）CRM（顧客関係管理）［Customer Relationship Management］

商品やサービスを提供する企業が顧客の詳細な情報（問い合わせやクレームなども含む）をデータベース化し，長期的・継続的な信頼関係を構築し，顧客の満足度と企業の利益を向上させるための手法。

顧客の購買行動や年齢，性別，趣味などの個人の情報を取得し，その活用により，顧客の欲しい物（商品やサービス）をいかに提供するかという，顧客を中心に据えた販売戦略であり，ICTの進歩によって，高度な顧客情報の収集・管理・分析が可能となった。

第4章

（5）BPR（業務プロセス再設計）［Business Process Re-engineering］

　　企業活動に関して売上などの目標を設定し，その目標を達成するために業務の内容，流れ，組織を見直し，再設計し，最適化すること。

　　業務の一部だけではなく，既存の業務全体の流れ，組織，ルールなどを抜本的に見直す，企業活動全体を対象とした総括的な改革である。

（6）コアコンピタンス

　　自社の競争力の中核（コア）となる，他社に模倣されにくい独自の技術やノウハウのこと。

（7）アウトソーシング

　　企業が基幹業務に専念し，他の業務を外部の専門業者に委託すること。経費の削減と人材の有効活用を図るため，積極的に進める企業もある。

（8）アライアンス

　　もともとは「同盟」や「協力」という意味であり，企業同士の連携を意味する。たとえば，自社の弱点を短期的に解決できない場合，その克服のため他社と連携する。共同開発，ノウハウの連携，コスト削減，生産連携（OEM生産等），物流の共同配送など，様々な形での連携が広がっている。

2. 管理

（1）サーバの運用

① ハウジングサービス

　　ネットワーク環境を整備した施設に，顧客の通信機器や情報発信用のサーバなどを設置するサービス。ハードウェアなど機器の調達や，サーバやネットワークなどの運用・管理は，すべて顧客が行う。最近では，機器の保守や監視などを付加サービスとして請け負う事業者もいる。

② ホスティングサービス

　　インターネットに接続しているサーバの一部を，利用者に貸し出すサービス。事業者が導入・運用・管理まで引き受けてくれるので，サーバ利用者は特別な知識や手間を必要とせずに，サーバを利用することが可能。レンタルサーバサービスはホスティングサービスの1つである。

（2）ASP ［Application Service Provider］

インターネット経由でアプリケーションの機能などを利用するサービスを提供する事業者。

（3）SaaS ［Software as a Service］

ソフトウェアの機能をインターネット経由で提供するサービス。ブラウザなどでASPのサーバにログインしてソフトウェアの機能を利用する。利用者は，インターネットに接続できる環境があれば，どのコンピュータからでもソフトウェアを利用できる。また，個々のコンピュータに対してソフトウェアをインストールしたり，管理したりする手間を省ける。

（4）PaaS ［Platform as a Service］

ソフトウェアの開発環境や実行環境をインターネット経由で提供するサービス。利用者は，ソフトウェア開発に必要な期間・必要なライセンス数だけ利用し，柔軟にライセンス数を調整できるため，独自に開発環境を用意する場合と比べて，調達コストや時間を短縮できる。

（5）IaaS ［Infrastructure as a Service］

インターネット経由で仮想的なハードウェアや通信回線などの基盤（インフラ）を提供するサービス。サーバや通信回線を用意したり，管理する手間やコストをかけたりすることなく，利用者が必要とするハードウェアの性能を設定し，利用することができる。

第4章

【1】次の説明文に最も適した答えを解答群から選び，記号で答えなさい。

1．経営活動を行う上で不足している資本や技術を補完するため，他社と提携関係を結んだり協調行動を取ったりすること。

2．商品やサービスを提供する企業が顧客の詳細情報をデータベース化し，長期的・継続的な信頼関係を構築し，顧客の満足度と企業の利益を向上させるための手法。

3．企業が基幹業務に専念し，他の業務を外部の専門業者に委託すること。

4．企業や組織における，情報セキュリティ対策の方針や行動指針のこと。

5．基幹業務を統合的に管理して，生産・販売・経理・人事などの企業の経営資源を有効活用し，経営の効率化を図るための手法。

6．ネットワーク環境を整備した施設に，顧客の通信機器や情報発信用のサーバなどを設置するサービス。

7．企業活動に関して売上などの目標を設定し，その目標を達成するために業務の内容，流れ，組織を再設計し，最適化すること。

8．企業倫理に基づき，法令や社会規範を遵守した企業活動をおこなうこと。

9．サーバの機能をインターネットを経由して顧客に提供するサービスのこと。

10．ソフトウェアの機能をインターネット経由で提供するサービスのこと。

11．ソフトウェアを実行するための仮想サーバや記憶装置，ネットワークなどといった基盤を提供するサービスのこと。

12．ソフトウェアを開発するための開発環境や実行環境をインターネット経由で提供するサービスのこと。

13．インターネット経由でアプリケーションサービスを提供する事業者のこと。

解答群

ア．ハウジングサービス	イ．アウトソーシング	ウ．SaaS
エ．ホスティングサービス	オ．アライアンス	カ．IaaS
キ．コンプライアンス	ク．ERP	ケ．PaaS
コ．セキュリティポリシー	サ．BPR	シ．CRM
ス．ASP		

1	2	3	4	5
6	7	8	9	10
11	12	13		

第4章

章末総合問題

【1】次の文に最も関係の深い語を解答群から選び，記号で答えなさい。

1．データ分布を知るために，一定範囲ごとのデータ数を棒グラフにしたもの。

2．項目をデータの多い順に並べて棒グラフにし，項目のデータ累計比率を折れ線グラフで示すグラフ。

3．データの流れと処理の関係を図示したもの。

4．作業の順序を矢印で結び，それに所要日数などが書かれたもので，作業順序がわかりやすく，各作業の持つ余裕日数が簡単に計算できる図。

5．国語の点数を縦軸に，数学の点数を横軸にとり，データを打点したグラフのことで，両者の相関関係を見ることができる。

```
┌─ 解答群 ─────────────────────────────────┐
│ ア．PERT          イ．決定表          ウ．特性要因図   │
│ エ．パレート図     オ．クリティカルパス  カ．Zグラフ     │
│ キ．散布図        ク．ABC分析         ケ．ヒストグラム  │
│ コ．KJ法         サ．DFD            シ．ブレーンストーミング │
└────────────────────────────────────────┘
```

1		2		3		4		5	

【2】次のA群の語句に最も関係の深い説明文をB群から選び，記号で答えなさい。

＜A群＞　1．回帰分析　　　2．PPM分析　　　3．ERP
　　　　　4．アウトソーシング　　5．アローダイアグラム

＜B群＞

ア．何らかの関係があると思われる2つの変数から，将来的な予測値をグラフによって求めるための手法。

イ．企業が基幹業務に専念し，他の業務を外部の専門業者に委託すること。

ウ．企業活動に関して目標を設定し，その目標を達成するために業務の内容，流れ，組織を見直し，再設計し，最適化すること。

エ．自社の製品や事業領域の戦略的な位置づけを明確にすることによって，最適な経営資源の配分を考えようとする手法。

オ．商品やサービスを提供する企業が顧客の詳細情報をデータベース化し，長期的・継続的な信頼関係を構築し，顧客と企業の利益を向上させるための手法。

カ．もともとは「同盟」や「協力」という意味であり，企業同士の連携を意味する。

キ．ネットワーク環境を整備した施設に，顧客の通信機器や情報発信用のサーバなどを設置するサービス。

ク．基幹業務を統合的に管理して，生産・販売，経理，人事などの企業の経営資源を有効活用し，経営の効率化を図るための手法。

ケ．1つの問題に対し，多くの情報が集められ，それを整理・分析する方法。

コ．スケジュール管理のための技法で，作業手順を矢印で結び，それに所要日数などが書かれたもの。

1		2		3		4		5	

第4章

【3】 次の説明文に最も適した答えをア，イ，ウの中から選び，記号で答えなさい。

1．関係する条件とその行動を表にまとめたもの。

    ア．デシジョンテーブル   **イ**．PERT   **ウ**．クリティカルパス

2．1月〜12月の各売上高，1月〜各月までの売上高の累計，過去12か月の合計（移動合計）を折れ線グラフにしたもの。

    ア．管理図   **イ**．Ｚグラフ   **ウ**．ファンチャート

3．2つの異なる意味を持つ値をグラフ化し，互いの関連性を把握するのに用いるチャート。

    ア．ヒストグラム   **イ**．パレート図   **ウ**．散布図

4．企業は基幹業務に専念し，他の業務を外部の専門業者に委託すること。

    ア．アウトソーシング   **イ**．アライアンス   **ウ**．ハウジングサービス

5．1つの問題に対し，多くの情報が集められ，それを整理・分析する方法の1つで，多くの情報をグループ化しながら相互に関連づけていくもの。

    ア．ブレーンストーミング   **イ**．デシジョンテーブル   **ウ**．KJ法

1		2		3		4		5	

【4】 次のＡ群の語句に最も関係の深い説明文をＢ群から選び，記号で答えなさい。

＜Ａ群＞   1．CRM   2．KJ法   3．BPR
             4．アライアンス   5．ホスティングサービス

＜Ｂ群＞

  ア．企業間の連携や共同行動のこと。

  イ．商品やサービスを提供する企業が顧客の詳細情報をデータベース化し，長期的・継続的な信頼関係を構築し，顧客の利益と企業の利益を向上させるための手法。

  ウ．ネットワーク環境を整備した施設に，顧客の通信機器やサーバなどを設置するサービス。

  エ．活発な話し合いにより良いアイデアを出すための議論方法で，参加者は「自由奔放」「質より量」「便乗歓迎」「批判禁止」の4つのルールを守ることが求められる。

  オ．企業全体の情報セキュリティに関する基本的な方針。

  カ．企業活動に関して売上などの目標を設定し，その目標を達成するために業務の内容，流れ，組織を見直し，再設計し，最適化すること。

  キ．システム開発などのスケジュール管理に使われている技法。

  ク．情報収集，カード化，グループ化，図解化，文章化の一連のステップを行うことによりデータを整理し，問題解決を行う手法。

  ケ．インターネットに接続しているサーバの一部を利用者に貸し出すサービス。

  コ．関係する条件とその行動を表にまとめたもの。

1		2		3		4		5	

章末検定問題

【1】 次の説明文に最も適した答えをア，イ，ウの中から選び，記号で答えなさい。

［第60・63・64回より抜粋］

1．次の図は，DFD の例である。図中の ―――― の記号の名称。

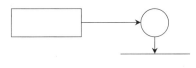

　　ア．データストア　　　　　　　イ．プロセス　　　　　　　ウ．データの源泉と吸収

2．実現の可能性などにしばられず，自由な意見を集めることにより，新しいアイディアの創出を期待する会議の手法。「批判禁止」，「自由奔放」，「質より量」，「便乗歓迎」という四つのルールがある。

　　ア．KJ法　　　　　　　　　　　イ．ブレーンストーミング　　ウ．PPM分析

3．次の図は，KJ法の手順を示している。空欄(a)〜(c)にあてはまる適切なものを選び，記号で答えなさい。

　　情報収集　→　(a)　→　(b)　→　(c)　→　文章化

　　ア．カード化　　　　　　　　　イ．グループ化　　　　　　　ウ．図解化

4．PPM分析をするうえで必要となるデータとして適切なものを選び，記号で答えなさい。

　　ア．各商品の売上高，売上累計比率

　　イ．製品の市場成長率，市場占有率

　　ウ．顧客の名前，性別，年齢，購入回数，購入金額

5．次のような相関係数と近似曲線の式の散布図として適切なものを選び，記号で答えなさい。

　　相関係数：0.825478

　　近似曲線の式：y = 45.073x + 5.7812

ア．
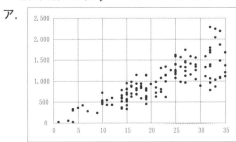

イ．
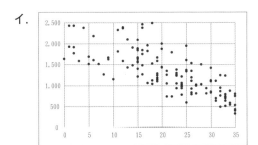

ウ．
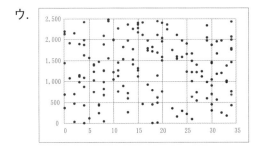

1		2		3 (a)		(b)		(c)		4		5	

【2】セキュリティポリシーを説明している次の文章のうち適切なものを選び，記号で答えなさい。 [第60回]

　ア．企業や組織などにおける個人情報や商品情報などの情報資産を守るため，具体的な対策の方針や行動指針をまとめたもの。

　イ．企業経営に欠かせない，人的資源，物的資源，財務的資源，情報的資源などの経営資源を有効に活用するため，コンピュータを利用して一元的に管理する手法。

　ウ．企業が顧客のさまざまな情報を活用し，顧客との適切な関係を構築しながら，企業の営業戦略に生かしていく経営手法。

【3】次の図は，あるプロジェクトのアローダイアグラムである。このプロジェクトが完了するまでの最短の所要日数として適切なものを選び，記号で答えなさい。 [第63回]

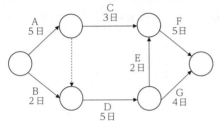

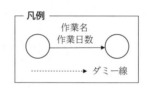

凡例

作業名
作業日数

─────▶ ダミー線

　ア．11 日　　　　　　　　　イ．14 日　　　　　　　　　ウ．17 日

【4】BPRを説明している次の文章のうち適切なものを選び，記号で答えなさい。 [第63回]

　ア．企業が顧客との良好な関係を築くため，顧客情報を組織全体で一元的に管理するしくみ。企業の持つ膨大な顧客データを基に分析することで，さまざまな顧客のニーズを的確に捉え，商品やサービスを提供し顧客満足度の向上を目指す。

　イ．企業が既存の業務や組織，ルールなどを抜本的に見直し，商品開発から販売，人事に関する業務など組織全体を再構築すること。業務の効率や生産性の向上，コスト削減などを目指す。

　ウ．企業が経営資源を有効に活用するため，組織全体で一元的に管理するしくみ。製造から販売，会計処理に至るまで，企業内で情報が共有されることにより経営資源の無駄をなくし，効率的な経営活動を目指す。

【5】ある自動車メーカでは，事業戦略の見直しのため，SWOT分析によって，四つの要因について分析を行った。(a)にあてはまる適切なものを二つ選び，記号で答えなさい。 [第58回]

	内的要因	外的要因
好影響	(a)	※
悪影響	※	※

(注) ※印は，表記を省略している。

　ア．自社の財務体質が強い。
　イ．国内外の企業から，魅力的な自動車が発表されている。
　ウ．自社の生産部門と販売部門の連携に課題がある。
　エ．効率的な生産ラインを自社で保持している。

第4章

第5章

データベースソフトウェアの活用

 DBMS

 データベースの設計

 SQL

章末総合問題

章末検定問題

DBMS (Data Base Management System)

1. DBMS の機能

（1）トランザクション［transaction］

データベースにおいて，新規に発生したデータによって追加・変更，削除を行うひとまとまりの単位を**トランザクション**という。データベースの更新などは，トランザクション単位で管理されており，障害などが発生した場合，トランザクション処理の開始前の状態に戻すことになる。

（2）コミット［commit］

データベースにおいて，トランザクションによる更新をすべて確定することを**コミット**という。複数の表で同時に更新を行う必要がある場合，それらの処理がすべて完了してから更新を確定させることで，データベースの整合性を保つことになる。トランザクション処理の結果は「すべて成功」か「すべて失敗」のどちらかに限られるため，一連の処理がすべて終了するまで成功か失敗かを判断することができない。

（3）排他制御

利用者Aがあるデータを利用しているときに，利用者Bがそのデータを更新してしまうと，データの整合性に問題が生じる。このような問題を避けるため更新中のデータに対して読み取りや書き込みができないようにロックをかけ，制御することを**排他制御**という。

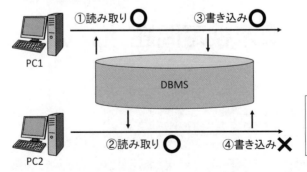

PC1が先にファイルにアクセスしているため，排他制御により書き込み権限が与えられていない。

ロックには，**共有ロック**と**専有ロック**がある。共有ロックは，読み取り（参照）はできるが，更新や削除はできない。専有ロックは，読み取り（参照），更新，削除のすべてができない。

（4）デッドロック ［deadlock］

　排他制御を行ったデータX，Yがあり，利用者AがXを専有し，Yの解放を待っている。一方，利用者BがYを専有し，Xの解放を待っている。このような場合どちらも新たなデータを専有することができず，結果的に動きが取れなくなり，アクセスできなくなる。このような状態を**デッドロック**という。

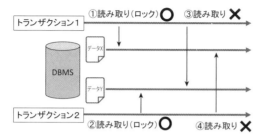

トランザクション1は，データX→データYの順にデータを読み取る。
　トランザクション2は，データY→データXの順にデータを読み取る。
　お互いに2つ目のデータを読み取るために相手のロック解除を待つことになり，身動きが取れなくなる。

2. 障害回復

（1）障害対策

① バックアップ ［back up］

　故障や障害の発生に備えて，データベースの内容を定期的に別の記憶メディアにコピーして保存することをバックアップという。バックアップには，フルバックアップや差分バックアップなどがある。

② ジャーナルファイル ［journal file］

　ログファイルや更新履歴ファイルともいい，データベースを復元するために，更新前のデータと更新後のデータを時系列で記録しておくファイルである。このファイルをもとに，バックアップファイルを使い，データを復元していく。

③ チェックポイント ［check point］

　チェックポイントは，一定の間隔で設定されたデータベースを更新するタイミングのことである。障害発生のときは，チェックポイント時の状態にデータベースを戻し，復元作業を行う。

（2）障害発生時の対応方法

① ロールバック［rollback］

　トランザクション処理の途中で異常（論理的な障害）が発生したときに，更新前ジャーナルファイルを用いてトランザクション処理開始時点の状態に戻してデータの整合性を保つことである。

ａ．トランザクション処理を開始する。

ｂ．トランザクション処理の途中で異常が発生する。

ｃ．ジャーナルファイルの更新前データを用いてトランザクション処理開始前の状態に戻す。

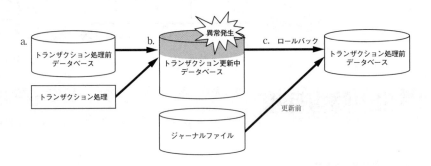

② ロールフォワード［roll forward］

　データが記録されているハードディスクに障害（物理的な障害）が発生したときに，バックアップファイルと更新後ジャーナルファイルを用いて，ハードディスクの障害発生直前の状態まで戻すことである。

ａ．障害が発生したハードディスクを新しいハードディスクと交換する。

ｂ．新しいハードディスクにバックアップしたデータを書き込む。

ｃ．バックアップファイルの後に更新されたデータをジャーナルファイルの更新後データで復元。

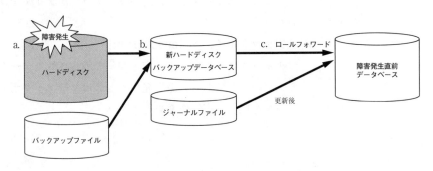

練習問題 5-1　　　　　　　　　　　　解答 ➡ P.23

【1】次の文に最も関係の深い語を解答群から選び，記号で答えなさい。

1．データベースにおいて，トランザクションによる更新をすべて確定すること。

2．データベースを復元するために，更新前のデータと更新後のデータを時系列で記録しておくファイル。

3．データベースを格納していたハードディスクに障害が発生したとき，フルバックアップと更新後ジャーナルファイルを使って，できる限り障害発生前の状態にデータを復元すること。

4．データベースの更新中に障害が発生したとき，更新前ジャーナルファイルを使ってデータベース更新前の状態に戻し，データの整合性を保つこと。

5．データベースにおいて，新規に発生したデータを追加・更新・削除を行うひとまとまりの単位。

```
解答群
ア．バックアップ        イ．ジャーナルファイル      ウ．ロールフォワード
エ．デッドロック        オ．トランザクション        カ．ロールバック
キ．チェックポイント    ク．コミット
```

1		2		3		4		5	

【2】次の文の（　1　）から（　5　）に最も適した答えを解答群から選び，記号で答えなさい。

　　どのようなシステムでも障害が発生する。そのときにどのようにして速やかにデータを復元するかが重要である。データベースにおいては，バックアップファイルと（　1　）ファイルをもとにデータを復元する。（　1　）ファイルは，データベースを復元するために，更新前のデータと更新後のデータを時系列で記録しておくファイルである。（　2　）は，一定の間隔で設定され，このタイミングでデータベースを更新する。障害発生のときは，（　2　）時の状態にデータベースを戻し，復元作業を行う。データベースにおいて，トランザクションによる更新をすべて確定することを（　3　）という。

　　障害発生時の対応方法としては（　4　）と（　5　）がある。（　4　）は，データベースに障害が発生したときに，障害発生前の（　2　）までバックアップファイルでデータを復元し，改めて処理を開始することである。また，（　5　）は，記録してある（　2　）のデータを復元した上で，（　1　）ファイルに残っている（　2　）後の処理を再現し，障害発生直前の状態にまで戻すことである。これにより，障害発生直前のデータが再現される。

```
解答群
ア．チェックポイント    イ．ロールフォワード    ウ．トランザクション
エ．コミット            オ．ロールバック        カ．ジャーナル
```

1		2		3		4		5	

第5章

２ データベースの設計

データベースを作成するときは，どんな事柄を管理するか，どういうテーブルを作るかといった，データベースの特徴を考えながら進めることが大切である。**データベース設計の手順**は，次のとおりである。

概念設計…実際の業務や帳票などから情報を選び，仕様書などの設計を行う。

論理設計…データベースの構築を前提として進められ，データベース製品の仕様，プログラム開発のしやすさ，管理運用上の都合などを優先し，設計する。

物理設計…データ構造をデータベースが構築される環境などを考慮して，物理媒体や装置上に最適な割り付けを行う。

1. 概念設計

データベースを構築するためには，データベース化する対象や範囲などを分析する必要がある。現実世界の事象とそれらの関係性，事象が持つ情報などをモデル化する手法の１つとしてE−Rモデルがある。また，E−Rモデルを表した図をE−R図という。

（1）E−R図の構成

E−R図では，世の中の事象を**エンティティ**（**実体**），**リレーションシップ**（**関係**），**アトリビュート**（**属性**）で表現する。

・**エンティティ**（**実体**）

実世界を構成する物や事柄のこと。たとえば，企業，部署，従業員などがある。

・**リレーションシップ**（**関係**）

エンティティ間の関係を表したもの。たとえば，部署には複数の従業員が所属し，従業員は１つの部署にしか所属しない場合，部署と従業員には１対多の関係があるという。

・**アトリビュート**（**属性**）

エンティティの特性（項目）を表すもので，属性と呼ばれる。たとえば，従業員の従業員番号，氏名，住所などがある。

エンティティ「従業員」「部署」という例をあげて考えてみる。

「1人の従業員は1つの部署に所属し，1つの部署には複数の従業員が所属する」という場合には，「部署」からみると「従業員」は複数なので〈多〉，「従業員」からみると「部署」は1つなので〈1〉となり，部署と従業員は〈1対多〉の関係で表現される。このエンティティ間のリレーションシップを線で結んで表現すると次の図のようになる。

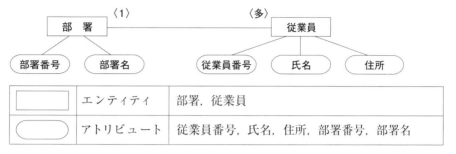

□	エンティティ	部署，従業員
⬭	アトリビュート	従業員番号，氏名，住所，部署番号，部署名

（2）エンティティの対応関係

E−R図では，リレーションシップを〈1対1〉，〈1対多〉（〈多対1〉），〈多対多〉の3パターンで扱うことができる。

① 〈1 対 1〉の例

1つの企業には1人の社長しかいない。

② 〈1 対 多〉の例

1つの企業には複数の従業員がいる。

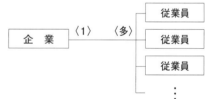

③ 〈多 対 多〉の例

従業員は複数のサークルに所属でき，サークルには複数の従業員が所属している。

リレーショナル型データベースでは，〈多対多〉の関係は許されない。したがって，従業員が複数のサークルに所属できる〈多対多〉の関係の場合は，新たなエンティティを作る。

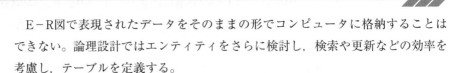

E−R図で表現されたデータをそのままの形でコンピュータに格納することはできない。論理設計ではエンティティをさらに検討し，検索や更新などの効率を考慮し，テーブルを定義する。

（1）正規化とは

データベースを作成するには，単に項目を並べ替えただけでは効率のよいデータベースにはならない。そこでデータを効率よく管理するために表を分割する作業を行う。この作業を**正規化**といい，正規化によって作成した表を**正規形**という。

次のような正規化が行われていない表を**非正規形**という。この表では，1つの従業員番号に複数のサークルデータがあるために，データの大きさがまちまちであるので，データベースとして扱うことができない。

従業員番号	氏　名	住所	サークル番号	サークル名	場所番号	場所名	加入年
101	安藤　浩志	中央区	1	野球	1	グラウンド	2000
			2	サッカー	1	グラウンド	2002
102	香川　光輝	美浜区	1	野球	1	グラウンド	2004
103	齋藤　初音	緑　区	3	茶道	2	会議室	2003
			4	書道	3	研修室	2003

（2）第1正規化

レコードの中に繰り返しのある項目（サークル番号，サークル名，場所番号，場所名，加入年）を独立させ，それぞれを1行とする作業を**第1正規化**という。第1正規化によって作成された表を**第1正規形**という。

この表の中からある1行を特定するためには，「従業員番号」と「サークル番号」を指定する必要がある。この項目を**主キー**といい，複数の項目からなるキーを**複合キー**という。

従業員番号	氏　名	住所	サークル番号	サークル名	場所番号	場所名	加入年
101	安藤　浩志	中央区	1	野球	1	グラウンド	2000
101	安藤　浩志	中央区	2	サッカー	1	グラウンド	2002
102	香川　光輝	美浜区	1	野球	1	グラウンド	2004
103	齋藤　初音	緑　区	3	茶道	2	会議室	2003
103	齋藤　初音	緑　区	4	書道	3	研修室	2003

第1正規形は，同一データが複数の行に格納されるため，たとえば従業員が引っ越しをして住所が変わった場合など，複数の行を修正しなければならない。これでは効率が悪く，修正もれが生じるおそれがある。

第5章

（3）第2正規化

　　主キーとなる項目が決まれば他の項目が決まるような表に分割する作業を**第2正規化**という。第2正規化によって作成された表を**第2正規形**という。

　　従業員番号が決まれば氏名と住所が決まる「従業員表」，サークル番号が決まればサークル名，場所番号，場所名が決まる「サークル表」，従業員番号とサークル番号が決まれば加入年が決まる「サークル加入表」に分割することで，第1正規化での不具合が解消される。

＜従業員表＞

従業員番号	氏　　名	住所
101	安藤　浩志	中央区
102	香川　光輝	美浜区
103	齋藤　初音	緑　区

＜サークル表＞

サークル番号	サークル名	場所番号	場所名
1	野球	1	グラウンド
2	サッカー	1	グラウンド
3	茶道	2	会議室
4	書道	3	研修室

＜サークル加入表＞

従業員番号	サークル番号	加入年
101	1	2000
101	2	2002
102	1	2004
103	3	2003
103	4	2003

　　しかし，「サークル表」のサークル名と場所名を見ると，野球とサッカーはグラウンドで活動しているので項目が重複している。この不具合を解消するため，さらに正規化を行う。

第5章

（4）第3正規化

主キー以外の項目で他の項目が決まるような表に分割する作業を**第3正規化**という。第3正規化によって作成された表を**第3正規形**という。

場所番号が決まれば場所名が決まる「活動場所表」に分割する。

<従業員表>

従業員番号	氏　名	住所
101	安藤　浩志	中央区
102	香川　光輝	美浜区
103	齋藤　初音	緑　区

<サークル表>

サークル番号	サークル名	場所番号
1	野球	1
2	サッカー	1
3	茶道	2
4	書道	3

<サークル加入表>

従業員番号	サークル番号	加入年
101	1	2000
101	2	2002
102	1	2004
103	3	2003
103	4	2003

<活動場所表>

場所番号	場所名
1	グラウンド
2	会議室
3	研修室

「サークル表」のように**外部キー**を含む表を参照表といい，参照される主キーを含む「活動場所表」のような表を被参照表という。この参照関係にある表間の主キーと外部キーの値のデータの整合性を保つしくみが，**整合性制約（参照整合性）**である。この制約により表間の関係をこわす可能性のある次の操作ができなくなる。

・被参照表にない項目の値を参照表の同じ項目に入力できない。

・被参照表の行を削除する際も，参照表にそれと一致した値を持つ行があれば削除できない。

・被参照表の主キーの項目の値を変更しようとしても，参照表にそれと一致した値を持つ行があれば変更できない。

3. 物理設計

　　物理設計の主な検討内容には，インデックス設計，物理容量設計，ログ設計，CPU設計，メモリ設計などがある。データ検索速度の高速化，容量の算定，トランザクション数の見積もり，CPUの使用率の算定，メモリの割り当て目的や用途などを検討するデータベース設計の最終段階である。

練習問題 5-2　　解答 ➡ P.23

【1】 次の文に対する用語として最も適切なものを解答群から選び，記号で答えなさい。

1．データベース設計において最初に行われるもので，データベース化する情報などを選定する。

2．E−R図を構成する要素のうち，属性と呼ばれるもの。

3．正規化で主キーをもとに表を分割する作業。

4．表の中からある1行を特定するために指定する項目。

5．参照関係にある表間の主キーと外部キーの値のデータの整合性を保つしくみ。

```
―解答群―
ア．外部キー      イ．物理設計      ウ．整合性制約     エ．第2正規化
オ．概念設計      カ．複合キー      キ．第3正規化     ク．主キー
ケ．エンティティ   コ．アトリビュート
```

1		2		3		4		5	

【2】 次の表はどこまで正規化したものか。解答群から選び，記号で答えなさい。

社員番号	氏名	入社年	役職	役職手当
1020	佐藤　洋子	1980	部長	10000
1104	山本　太郎	1982	課長	8000
1200	石井　誠	1988	課長	8000

```
―解答群―
ア．非正規形      イ．第1正規化      ウ．第2正規化      エ．第3正規化
```

第5章

【1】 次の説明文に最も適した答えをア，イ，ウの中から選び，記号で答えなさい。

[第53・55・62回より抜粋]

1．データベースシステムにおいて，ある資源Zに対し，トランザクションAが専有ロックを掛けている状態のとき，トランザクションBが同じ資源Zに対していえるものを選び，記号で答えなさい。

　　ア．共有ロック，専有ロックのいずれも掛けられる。

　　イ．共有ロック，専有ロックのいずれも掛けられない。

　　ウ．共有ロックは掛けられるが，専有ロックは掛けられない。

　　エ．共有ロックは掛けられないが，専有ロックは掛けられる。

2．DBMSの機能について説明している次の文章の空欄にあてはまる適切なものを選び，記号で答えなさい。

　　コンサートや交通機関の座席予約システムなど，DBMSでは完全なデータ保持と応答の即時性が求められる。ハードディスクに保存されているデータを直接更新していては，応答の即時性が損なわれるため，データをハードディスクからメモリに読み込み，通常はメモリ上のデータを更新している。ハードディスクのデータは，メモリ上のデータ更新が一定量たまるか，または一定時間経過するごとにメモリ上のデータと同期される。この更新されたメモリ上のデータをハードディスクに同期させる時点を　　　　　という。

　　ア．コミット　　　　　　　　**イ**．チェックポイント　　　　　　**ウ**．エンティティ

3．次の図は，あるデータベースシステムの時間の経過を示したものである。トランザクション1から4は，その幅が処理時間を表す。(a)の処理は，トランザクションによる更新が正常に終了および確定したという宣言である。(a)にあてはまる名称として適切なものを選び，記号で答えなさい。

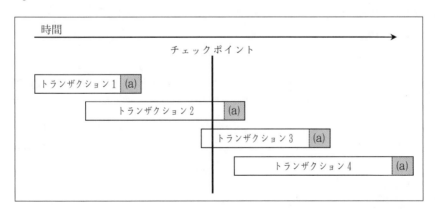

　　ア．ジャーナルファイル　　　　**イ**．コミット　　　　　　　**ウ**．デッドロック

1		2		3	

SQLとは，関係データベースの定義操作言語である。現在では，世界共通の標準言語として広く利用されている。SQLのポイントは，データベース操作言語を用いて，データベースシステムを操作する方法を理解することである。ここではSQLについてさらに深く理解するため，データベースソフト（Microsoft Access）を利用し，実習をしながら説明をしていく。

データベースの基本表となる第1図のような「生徒表」テーブルを作成する。「生徒表」が完成したら，同様に「部活動表」も作成する。

<生徒表>

生徒番号	氏名	性別	部活動コード	国語	数学	英語
1101	安藤　秀美	女	4	78	60	84
1102	河野　義隆	男	2	79	65	64
1201	秋山　高志	男	1	88	80	90
1202	上田　由美	女	3	71	89	72
1301	石井　隆太	男	2	65	74	81
1302	内藤　彩香	女	3	75	84	69

<部活動表>

部活動コード	部活動名
1	野球部
2	サッカー部
3	吹奏楽部
4	書道部
5	茶道部

（第1図）

第5章

①Microsoft Accessを起動する

②[空のデータベース]をクリックし，[ファイル名]を「生徒データ管理システム」とし，**作成**ボタンをクリックする

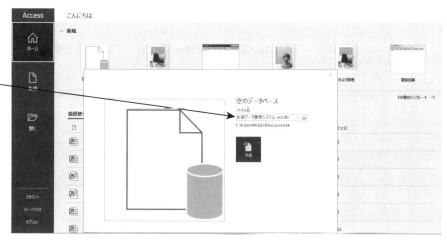

③[ホーム]リボンの[表示]から[デザインビュー]をクリックする

④ [テーブル名] に
「生徒表」と入力
し, [OK] ボタンを
クリックする

⑤ [生徒表] テー
ブルが開くので,
次のように [フィ
ールド名] [デー
タ型] を入力する

⑥主キーを設定す
る。[生徒番号]
をクリックし,
[主キー] をクリ
ックする

※先頭のフィールド
を自動的に主キー
として設定する場
合もあるので, マ
ークが付いている
かどうかを確認す
るとよい

⑦ [デザイン] リボ
ンの [表示] から
[データシートビ
ュー] をクリック
する

⑧テーブルの保存に
ついてのメッセー
ジが表示されるの
で, [はい] ボタン
をクリックする

⑨p.185の第1図
のようにデータを
入力し, 上書き保
存する

生徒番号	氏名	性別	部活動コード	国語	数学	英語
1101	安藤 秀美	女	4	78	60	84
1102	河野 義隆	男	2	79	65	64
1201	秋山 高志	男	1	88	80	90
1202	上田 由美	女	3	71	89	72
1301	石井 隆太	男	2	65	74	81
1302	内藤 彩香	女	3	75	84	69

第5章

2. データの抽出

基本表である生徒表テーブルから，抽出条件を指定して仮想表を作成する。

（1）データの抽出

例題 3-1

生徒表から「国語」の値を抽出する。

SELECT フィールド名 **FROM** テーブル名

① ［作成］リボンの **クエリデザイン** ボタンをクリックする

② ［生徒表］をクリックし，**追加** ボタンをクリックする

③ **閉じる** ボタンをクリックする

④テーブル「生徒表」のフィールドが表示される

⑤ ［デザイン］リボンの［表示］から［SQLビュー］を選択する

⑥SQL文「SELECT 国語 FROM 生徒表」を入力し，**閉じる** ボタンをクリックする

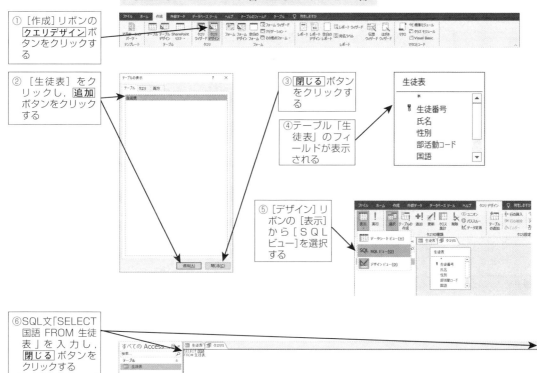

「スペース」，「,」などは必ず半角で入力する。また，Microsoft AccessのSQLでは，自動的に文の最後に「;」が表示されたり改行されたりするが，通常のSQL文ではなくてよい。

⑦クエリの変更の保存は **はい** ボタンをクリックする

⑧ ［クエリ名］は，「例題3-1」と入力し，**OK** ボタンをクリックする

⑨「例題3-1」をダブルクリックして開く

⑩SQL文の結果が表示される

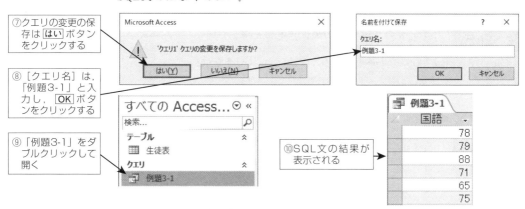

このように，①〜⑩までの操作を繰り返し，実習をすすめていく。

（2）データの集計

データを集計するには，次の集計関数を利用する。

関数名	意味
SUM（フィールド名）	指定した項目の合計を求める
AVG（フィールド名）	指定した項目の平均を求める
MAX（フィールド名）	指定した項目の最大値を求める
MIN（フィールド名）	指定した項目の最小値を求める
COUNT（＊）	条件に合った行数を求める

例題 3-2

生徒表の「国語」の合計点を求める。

```
SELECT SUM(国語) FROM 生徒表;
```

SELECT **SUM**（フィールド名）FROM テーブル名

例題 3-2-2

関数や計算式を使って集計されたフィールドには，「Expr○○」などの名前が付けられる。ASで指定すると，抽出したフィールドに「合計」などの名前をつけることができる。

```
SELECT SUM(国語) AS 合計 FROM 生徒表;
```

SELECT フィールド名 **AS** 名前 FROM テーブル名

例題 3-3

生徒表の「国語」の平均点を求める。

```
SELECT AVG(国語) AS 平均 FROM 生徒表;
```

SELECT **AVG**（フィールド名）AS 名前 FROM テーブル名

例題 3-4

生徒表の「国語」の最高点を求める。

```
SELECT MAX(国語) AS 最高得点 FROM 生徒表;
```

SELECT **MAX**（フィールド名）AS 名前 FROM テーブル名

例題 3-5

生徒表の「国語」の最低点を求める。

```
SELECT MIN(国語) AS 最低得点 FROM 生徒表;
```

SELECT **MIN**（フィールド名）AS 名前 FROM テーブル名

例題 3-6

生徒表のデータ件数（受験者数）を求める。

```
SELECT COUNT(*) AS 受験者数 FROM 生徒表;
```

SELECT **COUNT**（＊）AS 名前 FROM テーブル名

第5章

（3）条件をつけたデータの抽出

SELECT　フィールド名　FROM　テーブル名　**WHERE**　条件

例題　3-7

生徒表の「数学」が70以上80以下の「氏名」を抽出する。

```
SELECT 氏名 FROM 生徒表
  WHERE 数学 BETWEEN 70 AND 80;
```

SELECT　フィールド名　FROM　テーブル名
　　　　　WHERE　フィールド名　**BETWEEN**　値1 **AND**　値2

次のように記述することもできる。

```
SELECT 氏名 FROM 生徒表
  WHERE 数学>=70 AND 数学<=80;
```

例題　3-8

生徒表の「生徒番号」の先頭2文字が「11」の「生徒番号」,「氏名」を抽出する。

```
SELECT 生徒番号,氏名 FROM 生徒表
  WHERE 生徒番号 LIKE '11*';
```

SELECT　フィールド名　FROM　テーブル名
　　　　　WHERE　フィールド名　**LIKE** ' 文字列パターン '

文字列パターンには，次の2つがある。

%（Microsoft Accessでは＊）…………0文字以上の任意の文字

_（Microsoft Accessでは？）…………任意の1文字

　通常のSQL文には，「%」「_」を使用すること。

例：Aで始まる……'A%'　　　Bを含む……'%B%'　　　Cで始まる3文字……'C_ _'

（4）抽出結果の重複の除去

例題　3-9

生徒表から「部活動コード」の値が重複しないように抽出する。

```
SELECT DISTINCT 部活動コード FROM 生徒表;
```

SELECT　**DISTINCT**　フィールド名　FROM　テーブル名

　SELECT文では，値が重複しているか否かにかかわらず，指定したフィールドが抽出される。DISTINCTを追加すると値を重複せずに抽出することができる。

　また，複数のフィールド名を指定した場合には，そのフィールドの組み合わせで重複するものを除く。

```
SELECT DISTINCT 性別,部活動コード FROM 生徒表;
```

第5章

(5) 抽出したデータを並べ替える

例題 3-10　生徒表から，すべてのフィールドを抽出し，「国語」の値の降順で並べ替える。

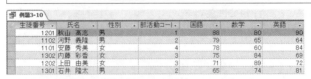

```
SELECT * FROM 生徒表 ORDER BY 国語 DESC;
```

生徒番号	氏名	性別	部活動コー	国語	数学	英語
1201	秋山 高志	男	1	88	80	90
1102	河野 義隆	男	2	79	65	64
1101	安藤 秀美	女	4	78	60	84
1302	内藤 彩香	女	3	75	84	69
1202	上田 由美	女	3	71	89	72
1301	石井 隆太	男	2	65	74	81

> SELECT ＊ FROM テーブル名
> 　　　**ORDER BY** 並べ替えの基準　並び順
> ＊…すべてのフィールド　ASC…昇順　DESC…降順　省略した場合…昇順

　SELECTの後に＊を指定すると，テーブルの中のすべてのフィールドが抽出される。

　並び順は，昇順の場合はASC，降順の場合はDESCと指定する。なお，並び順は省略することができる。省略した場合は，昇順に並び替えられる。また，並べ替えの基準が複数ある場合は，「,」で区切って入力する。

(6) データのグループ化

例題 3-11　生徒表の「性別」が同じ値をグループ化してから，「性別」，「数学の平均点」の値を抽出する。

```
SELECT 性別, AVG(数学) AS 平均 FROM 生徒表
　　GROUP BY 性別;
```

性別	平均
女	77.6666666666667
男	73

> SELECT フィールド名 AS 名前 FROM テーブル名
> 　　　**GROUP BY** フィールド名

第5章

（7）集計結果に対して条件に合ったグループだけを抽出する

例題 3-12 生徒表から，性別ごとの数学の平均点を求めたあと，その結果が75点以上の「性別」と「平均点」を抽出する。

```
SELECT 性別, AVG(数学) AS 平均 FROM 生徒表
  GROUP BY 性別 HAVING AVG(数学) >=75;
```

性別	平均
女	77.6666666666667

```
SELECT  フィールド名  AS  名前  FROM  テーブル名
  GROUP  BY  フィールド名  HAVING  条件
```

（8）テーブル名を別名で指定する

例題 3-13 生徒表と部活動表を部活動コードで結合し，「部活動名」を抽出する。なお，生徒表をa，部活動表をbとして別名で指定する。

```
SELECT DISTINCT 部活動名
  FROM 生徒表 AS a, 部活動表 AS b
    WHERE a.部活動コード = b.部活動コード;
```

部活動名
サッカー部
書道部
吹奏楽部
野球部

テーブルに別名を指定すると，SELECT文が読みやすくなる。なお，「AS」は省略可能である。

```
SELECT 別名.フィールド名, 別名.フィールド名
  FROM テーブル名 AS 別名1, テーブル名 AS 別名2
    WHERE 別名1.フィールド名 = 別名2.フィールド名
```

別名を指定しないと上記のSELECT文は次のようになる。

```
SELECT DISTINCT 部活動名
  FROM 生徒表, 部活動表
    WHERE 生徒表.部活動コード = 部活動表.部活動コード;
```

第5章

（9）副問合せ

例題 3-14　生徒表の「国語」の最高点を抽出し，その最高点と同じ国語の点数をもつ氏名を抽出する。

```
SELECT 氏名 FROM 生徒表
  WHERE 国語 IN (SELECT MAX(国語) FROM 生徒表);
```

SELECT　フィールド名　FROM　テーブル名
WHERE　　フィールド名　**IN**（SELECT MAX（フィールド名）FROM テーブル名）

このようにINを利用したSELECT文を使って抽出した値を抽出条件にすることを**副問合せ**という。

例題 3-15　生徒表と部活動表を照合し，生徒表にある部活動コードから部活動表にある「部活動コード」と「部活動名」を抽出する。

```
SELECT 部活動コード, 部活動名
FROM 部活動表
WHERE EXISTS
(SELECT * FROM 生徒表 WHERE 生徒表.部活動コード = 部活動表.部活動コード);
```

EXISTSは，外側のSQL文にあるテーブルと内側のSQL文にあるテーブルが結合されている場合，内側のSQLで抽出されたビュー表に対して，さらに外側のSQL文を実行する。

なお，外側のSQL文にあるテーブルと内側のSQL文にあるテーブルが結合されていない場合，内側のSQL文で抽出されるレコードがある場合は真（TRUE），ない場合は偽（FALSE）を返す。真のときのみ外側のSQL文が実行される。

SELECT フィールド名　FROM テーブル名
　　WHERE **EXISTS**（副問合せ）

例題 3-15-2　NOT EXISTSを用いた場合は，部活動表において，生徒表にない部活動コード，部活動名が抽出される。

```
SELECT 部活動コード, 部活動名
FROM 部活動表
WHERE NOT EXISTS
(SELECT * FROM 生徒表 WHERE 生徒表.部活動コード = 部活動表.部活動コード);
```

3. データの追加，削除，更新

（1）レコードを追加する

例題 3-16　「生徒番号」が1401，「氏名」が山本　公平，「性別」が男，「部活動コード」が2，「国語」が84，「数学」が65，「英語」が75の値をもつ行を生徒表に追加する。

```
INSERT INTO 生徒表 (生徒番号, 氏名, 性別, 部活動コード, 国語, 数学, 英語)
  VALUES (1401, '山本　公平', '男', 2, 84, 65, 75)
```

上のように入力し，実行すると次のように表示されるので，はいボタンをクリックする。

生徒表テーブルを開くとレコードが追加されている。

生徒番号	氏名	性別	部活動コー	国語	数学	英語
1101	安藤　秀美	女	4	78	60	84
1102	河野　義隆	男	2	79	65	64
1201	秋山　髙志	男	1	88	80	90
1202	上田　由美	女	3	71	89	72
1301	石井　隆太	男	2	65	74	81
1302	内藤　彩香	女	3	75	84	69
1401	山本　公平	男	2	84	65	75

INSERT INTO テーブル名（フィールド名）**VALUES**（値）

すべてのレコードを追加する場合は，（フィールド名）を省略することができる。一部の列に対して値の挿入を行う場合は，フィールド名を指定しなければならない。VALUESの後の値は，文字項目の場合は「' '」で囲んで入力する。

（2）レコードを削除する

例題 3-17　「生徒番号」が1401の行を，生徒表から削除する。

```
DELETE * FROM 生徒表 WHERE 生徒番号 = 1401;
```

上のように入力し，実行すると次のように表示されるので，はいボタンをクリックする。

生徒表テーブルを開くと，「生徒番号」が1401の行が削除されている。

生徒番号	氏名	性別	部活動コー	国語	数学	英語
1101	安藤　秀美	女	4	78	60	84
1102	河野　義隆	男	2	79	65	64
1201	秋山　髙志	男	1	88	80	90
1202	上田　由美	女	3	71	89	72
1301	石井　隆太	男	2	65	74	81
1302	内藤　彩香	女	3	75	84	69

DELETE FROM テーブル名 **WHERE** 条件

通常のSQL文には，DELETEの後の「*」は不要である。

第5章

（3）値を変更する

生徒表の「生徒番号」が1101の行の「国語」を80に変更する。

UPDATE 生徒表 SET 国語 = 80 WHERE 生徒番号 = 1101;

　上のように入力し，実行すると次のように表示されるので，はいボタンをクリックする。

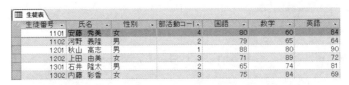

　生徒表テーブルを開くと，「生徒番号」が1101の「国語」の値が変更されている。

生徒番号	氏名	性別	部活動コー	国語	数学	英語
1101	安藤 秀美	女	4	80	60	84
1102	河野 義隆	男	2	79	65	64
1201	秋山 高志	男	1	88	80	90
1202	上田 由美	女	3	71	89	72
1301	石井 隆太	男	2	65	74	81
1302	内藤 彩香	女	3	75	84	69

UPDATE テーブル名 SET 変更内容 WHERE 条件

練習問題 5-3

解答 ➡ P.23

【1】 次の各問いに答えなさい。

1. テーブル名「会員名簿」から「年齢」が30歳以上かつ50歳以下の「会員名」を抽出する。次の
SQL文の空欄を埋めなさい。

SELECT 会員名 FROM 会員名簿 WHERE 年齢 ＿＿＿＿＿＿＿＿＿＿＿＿＿＿＿

2. テーブル名「会員名簿」から「住所」に「東」の文字が含まれる「会員名」と「住所」を抽出
する。次のSQL文の空欄を埋めなさい。

SELECT 会員名, 住所 FROM 会員名簿 WHERE 住所 ＿＿＿＿＿＿＿＿＿＿＿＿

3. テーブル名「生徒名簿」から「出身中学」でグループ化し「出身中学」と「成績」の平均点を,
「平均」という項目名をつけて抽出する。次のSQL文の空欄を埋めなさい。

SELECT 出身中学, ＿＿＿＿＿＿＿＿＿＿＿ FROM 生徒名簿 ＿＿＿＿＿＿＿＿

4. テーブル名「生徒名簿」からすべてのフィールドを抽出し,「平均」の降順に並べ替える。次
のSQL文の空欄を埋めなさい。

SELECT ＊ FROM 生徒名簿 ＿＿＿＿＿＿＿＿＿＿＿＿＿＿＿＿＿＿＿

5. 「顧客番号」が「0006」（文字項目）,「顧客名」が「山梨電気」の値を持つレコードをテーブル
名「顧客表」に追加する。次のSQL文の空欄を埋めなさい。

＿＿＿＿＿＿＿＿＿＿ 顧客表 (顧客番号, 顧客名) ＿＿＿＿＿＿＿ ('0006','山梨電気')

6. 「顧客番号」が「0002」（文字項目）の行を, テーブル名「顧客表」から削除する。次のSQL文
の空欄を埋めなさい。

＿＿＿＿＿＿＿＿＿＿ 顧客表 WHERE 顧客番号 ＝ '0002'

7. テーブル名「顧客表」の「顧客番号」が「0004」（文字項目）の行の「顧客名」を「Ys電器」
に変更する。次のSQL文の空欄を埋めなさい。

＿＿＿＿＿＿ 顧客表 ＿＿＿＿＿＿ 顧客名 ＝ 'Ys電器' WHERE 顧客番号 ＝ '0004'

8. テーブル名「顧客表」から「地区」の値が重複しないように「地区」を抽出する。次のSQL文
の空欄を埋めなさい。

SELECT ＿＿＿＿＿＿ 地区 FROM 顧客表

第5章

章末総合問題

【1】ある町では，住民台帳に関する次のようなデータベースを利用している。次の各問いの答えをア，イ，ウの中から選び，記号で答えなさい。

住民台帳

住民コード	住所	氏名	ふりがな
121	○×△1−1	×□○▽	△×◎☆
201	△○2−2	◇○×△	☆◇▽○
	[以下省略]		

住民票発行データ

住民コード	発行枚数	処理日
125	1	2010/1/24
201	3	2010/2/21
	[以下省略]	

問1．「住民台帳」から「氏名」と「ふりがな」を抽出し，「ふりがな」の昇順に並べ替える場合，空欄にあてはまる適切な組み合わせを答えなさい。

SELECT　氏名,ふりがな　FROM　住民台帳　　　(a)　　　ふりがな　　　(b)　

 ア．(a) DISTINCT　　　(b) ASC

 イ．(a) ORDER BY　　　(b) ASC

 ウ．(a) ORDER BY　　　(b) DESC

問2．「住民台帳」から「住所」が「○×△」で始まるもののすべてのフィールドを抽出する場合，空欄にあてはまる適切な組み合わせを答えなさい。

SELECT　　(a)　　FROM　住民台帳　WHERE　住所　LIKE　'○×△　(b)　'

 ア．(a) *　(b) %　　　　　　イ．(a) %　(b) %　　　　　　ウ．(a) %　(b) *

問3．「住民票発行データ」から住民別の発行枚数合計を求める場合，空欄にあてはまる適切なものを答えなさい。

SELECT　住民コード,SUM(発行枚数)　FROM　住民票発行データ　　　　　　　　住民コード

 ア．HAVING　　　　　　　イ．ORDER BY　　　　　　　ウ．GROUP BY

問4．新たな住民が転居してきた。「住民コード」が「333」，「住所」が「△○×1−3」，「氏名」が「安田　太郎」，「ふりがな」が「やすだ　たろう」というデータを「住民台帳」に追加する場合，空欄にあてはまる適切なものを答えなさい。

　　　　　　　　　　住民台帳 (住民コード,住所,氏名,ふりがな)

　　　　　VALUES (333,'△○×1−3','安田　太郎','やすだ　たろう')

 ア．DELETE FROM　　　　　イ．INSERT INTO　　　　　ウ．UPDATE

問5．地名変更にともない，「住民台帳」の「住民コード」が「333」の行の「住所」を「○○○1−3」に変更する場合，空欄にあてはまる適切な組み合わせを答えなさい。

　　　(a)　　　住民台帳　　　(b)　　　住所＝'○○○1−3'　WHERE　住民コード = 333

 ア．(a) INSERT　　　(b) SET

 イ．(a) DELETE　　　(b) FROM

 ウ．(a) UPDATE　　　(b) SET

問1		問2		問3	
問4		問5			

【2】あるマンションでは，居住者の管理に次のようなデータベースを利用している。次の各問いの答えをア，イ，ウの中から選び，記号で答えなさい。

管理表

部屋番号	世帯主名	電話番号	居住者数
101	○○ ○○	XXXXXXXXXX	5
102	□□ □□	XXXXXXXXXX	3
103	△△ △△	XXXXXXXXXX	6
	<以下省略>		

駐車場表

駐車場番号	部屋番号	車名
01	101	バリアー
02	102	キュウブ
03	103	パジェロン
	<以下省略>	

問1．「管理表」と「駐車場表」をリレーションシップで結び，1つの表にする場合，キーとなるものとして適切なものを答えなさい。

ア．部屋番号　　　　　　イ．駐車場番号　　　　　　ウ．世帯主名

問2．「管理表」からすべてのフィールドを抽出し，「居住者数」の降順に並べ替える場合，空欄にあてはまる適切な組み合わせを答えなさい。

SELECT (a) FROM 管理表 ORDER BY 居住者数 (b)

ア．(a) %　(b) ASC　　　イ．(a) *　(b) DESC　　　ウ．(a) *　(b) ASC

問3．「駐車場表」から「車名」の値が重複しないように「車名」を抽出する場合，空欄にあてはまる適切なものを答えなさい。

SELECT [　　　　　] 車名 FROM 駐車場表

ア．BETWEEN　　　　　　イ．LIKE　　　　　　ウ．DISTINCT

問4．駐車場を借りている居住者の「部屋番号」を「駐車場表」から抽出し，「管理表」から駐車場を借りている「部屋番号」と一致する「部屋番号」と「世帯主名」を抽出する場合，空欄にあてはまる適切な組み合わせを答えなさい。

SELECT 部屋番号,世帯主名 FROM 管理表
　　　　WHERE 部屋番号 (a) (SELECT 部屋番号 FROM (b))

ア．(a) AS　(b) 駐車場表　　イ．(a) IN　(b) 管理表　　ウ．(a) IN　(b) 駐車場表

問5．「駐車場表」の「駐車場番号」が「02」（文字項目）の行の「車名」を「プリンス」に変更する場合，空欄にあてはまる適切な組み合わせを答えなさい。

(a) 駐車場表 SET 車名 = 'プリンス' WHERE 駐車場番号 = (b)

ア．(a) UPDATE　(b) '02'

イ．(a) INSERT　(b) "02"

ウ．(a) UPDATE　(b) 02

問1		問2		問3		問4		問5	

第5章

【3】あるゴルフ場では，会員管理やプレー管理について次のようなデータベースを利用している。次の各問いの答えをア，イ，ウの中から選び，記号で答えなさい。

会員表

会員ID	氏名	住所	会員権の種類	取得年
1001	浅野 敦夫	東京都江東区	正会員	1989
1002	草刈 正樹	神奈川県横浜市	平日会員	1996
1005	高橋 尚美	千葉県佐倉市	正会員	1998
1007	黒木 一美	東京都港区	正会員	2000
1010	織田 優子	千葉県浦安市	平日会員	2002

プレー表

会員ID	プレー日	スコア
1001	10/2	75
1007	10/2	72
1005	10/6	78
1001	10/9	79
1002	10/11	80
1007	10/15	68
1005	10/18	74
1010	10/21	69
1002	10/21	74
1010	10/30	67

年会費表

会員権の種類	年会費
正会員	30000
平日会員	15000

問1．このデータベースの表は，何正規化まで行われているかを答えなさい。

　　　ア．第1正規化　　　　　　　　イ．第2正規化　　　　　　　　ウ．第3正規化

問2．「会員表」から住所が東京都で始まる会員を抽出する場合，空欄にあてはまる適切なものを答えなさい。

　　　SELECT　＊　FROM　会員表　WHERE　住所　LIKE　'　　　　　　'

　　　ア．東京都%　　　　　　　　　イ．東京都_　　　　　　　　　ウ．_東京都%

問3．「会員表」から取得年が1990から2000未満の氏名を抽出する場合，空欄にあてはまる適切なものを答えなさい。

　　　SELECT　氏名　FROM　会員表　WHERE　取得年　BETWEEN　　　　　　　

　　　ア．1989 AND 1999　　　　　　イ．1990 AND 1999　　　　　　ウ．1990 AND 2000

問4．「プレー表」からプレーした会員の会員IDと会員IDごとの平均スコアを求めるとき，空欄にあてはまる適切なものを答えなさい。

　　　SELECT 会員ID, AVG(スコア) AS 平均スコア FROM プレー表　　　　　　　

　　　ア．ORDER BY 会員ID　　　　イ．HAVING 会員ID　　　　ウ．GROUP BY 会員ID

問5．「会員表」に会員IDが1012のデータを追加する場合，空欄にあてはまる適切なものを答えなさい。

　　　　　　　　　　会員表 (会員ID, 氏名, 住所, 会員権の種類, 取得年)

　　　　　VALUES (1012,'木村 真吾', '神奈川県川崎市', '正会員',2004)

　　　ア．INSERT INTO　　　　　イ．INSERT SET　　　　　ウ．INSERT FROM

問1		問2		問3		問4		問5	

【4】ある大学では，学生登録について次のようなデータベースを利用している。次の各問いの答え
をア，イ，ウの中から選び，記号で答えなさい。

学生登録

学籍番号	氏名	性別	年齢	学部	現住所	出身地
11126	石坂　まみ	女	22	国際	市川市市川×××	千葉県
13126	嶋田　桃代	女	20	国際	渋谷区上原×××	東京都
12101	山田　浩一	男	21	文	厚木市厚木×××	神奈川県
14041	田村　直美	女	19	文	渋谷区宇田川×××	東京都
14053	宮内　勇気	男	19	文	杉並区戸倉×××	山梨県
12358	嶋田　宏	男	21	経済	市川市新井×××	千葉県
13240	平山　愛	女	20	経営	杉並区久我山×××	東京都

問1．学生登録から，「年齢」が20歳以上22歳以下の学生を抽出する場合，空欄にあてはまる適切な
ものを答えなさい。

SELECT　＊　FROM　学生登録　WHERE　[＿＿＿＿＿＿＿＿]

　　ア．年齢 ＞ 20　AND　年齢 ＜ 22

　　イ．年齢　BETWEEN　20　AND　22

　　ウ．20 ＜＝ 年齢 ＜＝ 22

問2．学生登録から「現住所」が「渋谷」で始まる学生の「氏名」を抽出する場合，空欄にあてはま
る適切なものを答えなさい。

SELECT　氏名　FROM　学生登録　WHERE　[＿＿＿＿＿＿＿＿]

　　ア．現住所　LIKE　'渋谷%'　　　イ．現住所 ＝ '渋谷%'　　　　　ウ．現住所 ＝ '渋谷_'

問3．学生登録の「性別」ごとの「年齢」の平均を算出する場合，空欄にあてはまる適切なものを答
えなさい。

SELECT　性別, AVG(年齢)　FROM　学生登録　[＿＿＿＿＿＿＿＿]

　　ア．HAVING　性別　　　　　イ．GROUP BY　'男','女'　　　ウ．GROUP BY　性別

問4．学生登録から，すべてのフィールドを抽出し，「学籍番号」の値の昇順で並べ替える場合，空
欄にあてはまる適切なものを答えなさい。

SELECT　＊　FROM　学生登録　[＿(a)＿]　学籍番号　[＿(b)＿]

　　ア．(a) ORDER BY　　　　イ．(a) WHERE　　　　　　ウ．(a) ORDER BY
　　　　(b) DESC　　　　　　　　(b) ASC　　　　　　　　　(b) ASC

問5．「学籍番号」が14041のレコードを学生登録から削除する場合，空欄に入る適切なものを答えな
さい。

[＿(a)＿] FROM　学生登録　WHERE　[＿(b)＿]

　　ア．(a) DELETE　学籍番号　　イ．(a) DELETE　　　　　　　ウ．(a) UPDATE　学籍番号
　　　　(b) 学籍番号 ＝ 14041　　　　(b) 学籍番号 ＝ 14041　　　　　(b) 学生登録 ＝ 14041

第5章

問1		問2		問3		問4		問5	

【5】ある病院では受診者の受付を，次のようなリレーショナル型データベースを利用して管理している。次の各問いの答えをア，イ，ウの中から選び，記号で答えなさい。

受 付 票

受 付 日	10月1日
受診者名	太田○○
診 療 科	外科

処理の流れ
① 受診者は，診察券を受付機に挿入する。
② 受診者は，受診する診療科名をタッチパネルから選択する。
③ 受付情報がデータベースに入力され，受付票が受診者に出力される。

受診者表

受診者コード	受診者名	生年月日
0001	近藤○○	19600726
0002	鈴木○○	19321022
0003	太田○○	19350203
～	～	～
8025	武田○○	20041115
8026	野村○○	19281014

診療科表

診療科コード	診療科名	担当医
A01	消化器科	新井
B01	整形外科	中野
C01	呼吸器科	山本
D01	循環器科	佐々木
E01	外科	青山
F01	小児科	今井
G01	放射線科	江澤

受付表

受付月日	受診者コード	診療科コード
1001	0003	E01
1001	6599	C01
1001	1113	E01
～	～	～
1015	4123	C01
1015	0003	G01
1015	1984	F01
～	～	～
1031	0003	E01
～	～	～

(注) 受診者表の「生年月日」，受付表の「受付月日」は，数値を用いる。
例：19600726は1960年7月26日を表す。

問1．受診者表から1960年生まれのすべての受診者コードを抽出する場合，空欄にあてはまる適切なものを答えなさい。

　SELECT 受診者コード FROM 受診者表 WHERE 生年月日 LIKE [　　　　]
　　ア．%1960　　　　　　　　イ．1960%　　　　　　　ウ．1960_

問2．下の表のように，受診者コード0003の受診者が受診した診療科を受付月日が新しい順になるようにすべて抽出する場合，空欄にあてはまる適切なものを選びなさい。

受診者名	診療科名	受付月日
太田○○	外科	1031
太田○○	放射線科	1015
太田○○	外科	1001

```
SELECT    受診者名,診療科名,受付月日
   FROM    受診者表,診療科表,受付表
   WHERE  受診者表.受診者コード  =  受付表.受診者コード
      AND  受付表.診療科コード  =  診療科表.診療科コード
      AND  受診者表.受診者コード  =  '0003'  [                    ]
```
   ア．ORDER BY 受付月日 DESC
   イ．ORDER BY 受付月日 ASC
   ウ．GROUP BY 受付月日 ASC

問3．下の表のように，受診者コード0003の受診者が受診した診療科を値が重複しないように抽出す
   る場合，空欄にあてはまる適切なものを選びなさい。

受診者名	診療科名
太田○○	外科
太田○○	放射線科

```
SELECT    [                    ] 受診者名,診療科名
   FROM    受診者表,診療科表,受付表
   WHERE  受付表.診療科コード  =  診療科表.診療科コード
      AND  受付表.受診者コード  =  受診者表.受診者コード
      AND  受診者表.受診者コード  =  '0003'
```
   ア．LIKE   イ．BETWEEN   ウ．DISTINCT

問4．受診者表の受診者コード，受診者名，生年月日などの項目の名称として，最も適切なものを選
   びなさい。
      ア．アトリビュート   イ．エンティティ   ウ．リレーションシップ

第5章

問5．次の SQL 文を実行する場面の説明として適切なものを答えなさい。
   UPDATE 診療科表 SET 担当医 = '小高' WHERE 診療科コード = 'D01'
      ア．担当医の小高が退職した際の処理。
      イ．担当医の小高に受診してもらった際の処理。
      ウ．循環器科の担当医に小高がなった際の処理。

問1		問2		問3		問4		問5	

【6】ある文房具卸会社では，複数の文房具店などと取引をしており，受注から発送，請求までの一
連の作業を次のようなリレーショナル型データベースを利用して管理している。次の各問いの答
えをア，イ，ウの中から選び，記号で答えなさい。

処理の流れ　　① 各得意先から送られてきた注文書のデータを，コンピュータに入力する。

　　　　　　　② データ入力後，月末に得意先ごとの「請求書」を発行する。

```
                          請求書
                                       20XX年9月30日
○○商店　御中
                                         □□商会
20XX年9月分の請求明細は次のとおりです
```

NO	商品番号	商品名	数量	単価	金額
1	101	○○鉛筆	10	400	4,000
2	112	△△ノート	10	1,000	10,000
〜	〜	〜	〜		
				合　計	32,500

得意先表

得意先番号	得意先名	担当者	住所	電話番号
1002	○○商店	宮島	東京都中央区×××	03-3××2-6××9
1003	○○文具店	今西	東京都渋谷区×××	03-4××1-8××4
1005	○○センター	阿部	東京都八王子市×××	042-5×1-6××5
1007	○○文具	金井	千葉県市川市××××	047-5×5-8××0
〜	〜	〜	〜	〜

商品表

商品番号	商品名	単価
101	○○鉛筆	400
102	△△鉛筆	500
111	○○ノート	900
112	△△ノート	1000
121	○○定規	1200
122	△△定規	1400
131	○○ルーズリーフ	1000
132	△△ルーズリーフ	1200
〜	〜	〜

注文表

受付番号	注文日	得意先番号	商品番号	数量
1	0901	1002	101	10
1	0901	1002	112	10
2	0902	1003	131	20
3	0902	1007	102	10
4	0903	1002	111	30
5	0904	1005	101	15
5	0904	1005	111	15
5	0904	1005	131	15
〜	〜	〜	〜	〜

(注)　注文表の注文日は，4けたの文字を用いる。例:'0901'は9月1日を表す。

問1．注文表は，1つのレコードを特定するために，2つ以上の項目による複合キーを用いる必要が
ある。注文表における複合キーとして，最も適切なものを答えなさい。ただし，同一の得意先か
ら1回の注文で複数種類の商品の注文を受けることがある。

　　ア．受付番号　と　注文日

　　イ．受付番号　と　得意先番号

　　ウ．受付番号　と　商品番号

問2. 9月1日から9月30日の1か月間の商品ごとの注文数量一覧表を作成する場合，空欄にあてはまる適切なものを答えなさい。ただし，注文数量の降順に並べ替える。

SELECT　商品名,SUM(数量)　AS　注文数量

　　FROM　商品表,注文表

　　WHERE　商品表.商品番号　=　注文表.商品番号

　　　　AND　注文日　BETWEEN　'0901'　AND　'0930'

　　GROUP BY　商品名

　　　[　　　　　　　　　]

商品名	注文数量
○○ノート	550
△△鉛筆	520
○○ルーズリーフ	410
△△ノート	390
○○鉛筆	385
〜	〜

　ア．ORDER　BY　数量

　イ．ORDER　BY　SUM(数量)　DESC

　ウ．ORDER　BY　SUM(数量)　ASC

問3. 9月分の得意先ごとの請求金額を求める場合，空欄にあてはまる適切なものを答えなさい。

SELECT　得意先名,[　　　　　　　　　]AS　請求金額

　　FROM　得意先表,商品表,注文表

　　WHERE　得意先表.得意先番号　=　注文表.得意先番号

　　　　AND　商品表.商品番号　=　注文表.商品番号

　　　　AND　注文日　BETWEEN　'0901'　AND　'0930'

　　GROUP BY　得意先名

得意先名	請求金額
○○商店	152300
○○文具店	78340
○○センター	276510
○○文具	34780
〜	〜

　ア．SUM(単価＊数量)　　　　イ．SUM(請求金額)　　　　ウ．COUNT(単価＊数量)

問4. 商品名が，鉛筆で終わる商品の注文数量を求める場合，空欄にあてはまる適切なものを答えなさい。

SELECT　商品名,SUM(数量)　AS　注文数量

　　FROM　商品表,注文表

　　WHERE　商品表.商品番号　=　注文表.商品番号

　　　　AND　商品名　[　　　　　　　　　]

　　GROUP BY　商品名

商品名	注文数量
○○鉛筆	2810
△△鉛筆	1630
〜	〜

　ア．=　'%鉛筆'　　　　イ．IN ('%鉛筆')　　　　ウ．LIKE　'%鉛筆'

問5. 次のSQL文を実行する場面の説明として適切なものを答えなさい。

UPDATE　商品表　SET　単価　=　1050　WHERE　商品番号　=　112

　ア．△△ノートの在庫がなくなった際の処理。

　イ．△△ノートの単価が改定になった際の処理。

　ウ．△△ノートを新製品として登録した際の処理。

問1		問2		問3		問4		問5	

【7】 ある学校では，部活動に関する情報を次のようなリレーショナル型データベースを利用して管理している。次の各問いに答えなさい。

処理の流れ

① 生徒が入学すると生徒表にデータを追加する。

② 生徒は，全員部活動に所属しており，データに空白などはないものとする。

③ 顧問は，複数の部活動を掛け持ちして担当することがある。

④ 複数の部活動で1つの場所を共有して活動することがある

生徒表

学年	クラス	番号	性別	氏名	部活動コード
1	A	1	男	小堀　竜	U01
1	A	2	女	戸塚　千紗	U07
1	A	3	女	大野　愛梨	B10
1	B	1	男	寺田　守男	U07
1	B	2	女	長谷部　可憐	U09
〜	〜	〜	〜	〜	〜
3	C	2	男	石山　剣一	U10
3	C	3	女	古河　麻友	B08
3	D	1	男	角田　幸仁	U07
3	D	2	女	笹川　久子	B03
3	D	3	女	小出　静子	B05

顧問表

顧問コード	教員氏名
T01	柳瀬　康正
T02	松浦　眞子
T03	葛西　昌也
T04	玉田　澄斗
T05	三橋　祐昭
〜	〜
T11	福山　薫理
T12	大城　椿
T13	伴　萌衣
T14	大下　竜也
T15	岩下　奈緒美

部活動表

部活動コード	部活動名	顧問コード	場所コード
U01	野球部	T01	G01
U02	サッカー部	T03	G02
U03	バスケットボール部	T04	T01
U04	ハンドボール部	T05	T02
U06	卓球部	T10	T03
〜	〜	〜	〜
B04	美術部	T13	M02
B05	書道部	T02	M03
B06	ワープロ部	T14	P01
B07	パソコン部	T14	P02
B08	珠算部	T15	P03

活動場所表

場所コード	活動場所名
G01	グラウンド（北側）
G02	グラウンド（南側）
T01	第1体育館前方
T02	第1体育館後方
T03	第2体育館前方
〜	〜
P01	第1パソコン室
P02	第2パソコン室
P03	第3パソコン室
S01	視聴覚室
S02	作法室

問1．生徒表の主キーとして適切なものを選び，記号で答えなさい。ただし，主キーは，必要最低限かつ十分な条件を満たしていること。

　　ア．学年

　　イ．学年とクラス

　　ウ．学年とクラスと番号

問２．パソコン部に所属している生徒名を一覧で表示する。次のSQL文の空欄にあてはまる適切なものを選び，記号で答えなさい。

SELECT　氏名　FROM　生徒表　WHERE　部活動コード　［　　　　　］

氏名
土谷　莉穂
深井　光夫

　　ア．EXISTS　'B07'
　　イ．IN　'B07'
　　ウ．IN　'パソコン部'

問３．複数の部活動の顧問を務めている教員を顧問コードごとに表示する。次のSQL文の空欄にあてはまる適切なものを選び記号で答えなさい。

顧問コード	教員氏名
T02	松浦　眞子
T10	坂　千裕
T12	大城　椿
T14	大下　竜也
T15	岩下　奈緒美

SELECT　　A.顧問コード，教員氏名
　FROM　　部活動表　A，顧問表　B
　WHERE　A.顧問コード　=　B.顧問コード
　　　　　［(a)］　［(b)］　A.顧問コード，B.教員氏名　［(c)］　COUNT(*) > 1

　　ア．(a)　ORDER　　　(b)　BY　　　(c)　WHERE
　　イ．(a)　GROUP　　　(b)　BY　　　(c)　WHERE
　　ウ．(a)　GROUP　　　(b)　BY　　　(c)　HAVING

問４．パソコン部の名前を情報処理部に変更する。次のSQL文の空欄にあてはまる適切なものを記述しなさい。

　　　［(a)］　部活動表　［(b)］　部活動名　=　'情報処理部'　WHERE　部活動コード　=　'B07'

問５．新しい部活動を創設してデータベースに登録するとき，参照整合性に反することなく実行できる順序のものを選び，記号で答えなさい。

　　ア．生徒表　→　部活動表　→　顧問表
　　イ．顧問表　→　部活動表　→　生徒表
　　ウ．部活動表　→　生徒表　→　顧問表

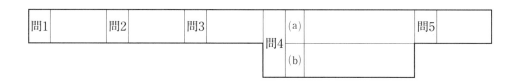

問1		問2		問3		問4	(a)		問5	
							(b)			

【8】ある企業では，商品売買に関する業務を次のようなリレーショナル型データベースを利用して管理している。次の各問いに答えなさい。

処理の流れ

① 仕入表は，仕入伝票をもとにレコードを追加する。仕入コードは，レコードごとの連番となる。

② 売上表は，売上伝票をもとにレコードを追加する。売上コードは，レコードごとの連番となる。

③ 商品ごとの売上数量は仕入数量を超えず，在庫切れは生じないものとする。

仕入表

仕入コード	商品コード	企業コード	仕入数量	仕入単価	仕入日
S0001	A008	C1001	576	700	2022/06/17
S0002	A001	C1010	1350	300	2022/06/19
S0003	A004	C1020	640	900	2022/06/22
S0004	A008	C1011	1156	800	2022/07/01
S0005	A009	C1015	1448	200	2022/07/05
S0006	A005	C1017	845	500	2022/07/22
S0007	A007	C1013	1285	800	2022/07/31
S0008	A014	C1002	1169	700	2022/08/09
S0009	A002	C1003	817	400	2022/08/12
S0010	A013	C1020	1241	1000	2022/08/13
〜	〜	〜	〜	〜	〜

売上表

売上コード	商品コード	企業コード	売上数量	販売日
U0001	A012	C1008	558	2022/06/24
U0002	A002	C1004	551	2022/06/27
U0003	A008	C1013	581	2022/06/28
U0004	A009	C1004	527	2022/07/15
U0005	A005	C1004	458	2022/08/04
U0006	A003	C1013	458	2022/08/04
U0007	A014	C1014	732	2022/08/08
U0008	A003	C1011	419	2022/08/11
U0009	A006	C1007	385	2022/08/19
U0010	A011	C1008	530	2022/08/23
〜	〜	〜	〜	〜

商品表

商品コード	商品名	単価
A001	商品A	2,500
A002	商品B	2,100
A003	商品C	2,300
A004	商品D	2,700
A005	商品E	1,000
A006	商品F	2,500
A007	商品G	2,800
A008	商品H	2,400
A009	商品I	2,100
A010	商品J	1,800
A011	商品K	1,300
A012	商品L	2,600
A013	商品M	2,200
A014	商品N	1,800
〜	〜	〜

取引先企業表

企業コード	企業名	住所	TEL
C1001	株式会社滝沢産業	三重県亀山市木下町4-2-15	0596-70-9176
C1002	株式会社相沢物産	広島県呉市川尻町岩戸1-1-10	082-46-9841
C1003	株式会社大浦販売	神奈川県相模原市中央区千代田3-10	044-614-6451
C1004	株式会社泉商店	兵庫県佐用郡佐用町桑野3-20-20	079-65-9367
C1005	株式会社津村商事	神奈川県茅ヶ崎市浜之郷3-17-12	044-515-7781
C1006	株式会社榊原産業	栃木県大田原市市野沢4-10	028-054-5198
C1007	株式会社秋田物産	大分県臼杵市風成1-6	097-271-6857
C1008	株式会社望月販売	群馬県邑楽郡大泉町古海3-9	0274-42-6166
C1009	株式会社岡崎商店	千葉県八千代市神久保4-13	047-244-9805
C1010	株式会社伴商事	佐賀県伊万里市松浦町山形1-3-6	0942-84-7997
C1011	株式会社北原産業	石川県七尾市藤野町2-7-9	076-98-7115
C1012	株式会社鮫島物産	岐阜県高山市国府町今2-20-11	0573-1-0785
C1013	株式会社堀内販売	徳島県徳島市東出来島町4-7-14	088-346-2021
C1014	株式会社安部商店	秋田県にかほ市象潟町３丁目塩越3-9-5	018-161-8548
〜	〜	〜	〜

問1．新たに仕入データを追加するためのSQL文の空欄にあてはまる適切な組み合わせを選び，記号で答えなさい。

| (a) | | (b) | 仕入表 | (c) | ('S0100', 'A010', 'C1010', 500, 700, '2022/06/01') |

- **ア．** (a) UPDATE　(b) SET　(c) WHERE
- **イ．** (a) DELETE　(b) FROM　(c) WHERE
- **ウ．** (a) INSERT　(b) INTO　(c) VALUES

問2．仕入先として取引のない企業コードと企業名を表示するためのSQL文の空欄にあてはまる適切なものを選び，記号で答えなさい。

企業コード	企業名
C1005	株式会社津村商事

SELECT　企業コード，企業名

　FROM　取引先企業表

　WHERE　企業コード　☐　(SELECT　企業コード　FROM　仕入表)

　　ア．IN

　　イ．NOT IN

　　ウ．NOT EXISTS

問3．売上数量が800以上の企業コードと企業名を重複なく表示するためのSQL文の空欄をうめなさい。

企業コード	企業名
C1001	株式会社滝沢産業
C1003	株式会社大浦販売
C1004	株式会社泉商店
C1007	株式会社秋田物産
〜	〜

SELECT　☐　A.企業コード，企業名

　FROM　売上表　A，取引先企業表　B

　WHERE　A.企業コード　=　B.企業コード

　GROUP　BY　A.企業コード，企業名　HAVING　SUM(売上数量)　>=　800

問4．2022年4月1日から2023年3月31日までの1年間の商品ごとの仕入数量を仕入数量の降順に表示するためのSQL文として適切なものを選び，記号で答えなさい。

商品コード	商品名	年間売上数量
A001	商品A	6268
A011	商品K	5152
A002	商品B	5123
A008	商品H	5095
〜	〜	〜

SELECT　B.商品コード，商品名，SUM(仕入数量)　AS　年間売上数量

　FROM　仕入表　A，商品表　B

　WHERE　A.商品コード　=　B.商品コード

　　AND　仕入日　BETWEEN　'2022/04/01'　AND　'2023/03/31'

　　☐

　　ア．GROUP　BY　B.商品コード，商品名　ORDER　BY　SUM(仕入数量)　ASC

　　イ．GROUP　BY　B商品コード，商品名　ORDER　BY　SUM(仕入数量)　DESC

　　ウ．ORDER　BY　SUM(仕入数量)　DESC　GROUP　BY　B.商品コード，商品名

問5．次のSQL文のうち，参照整合性に反することなく実行できるものを選び，記号で答えなさい。

　　ア．DELETE　FROM　商品表　WHERE　商品コード　=　'A001'

　　イ．DELETE　FROM　売上表　WIIERE　売上コード　–　'U001'

　　ウ．DELETE　FROM　取引先企業表　WHERE　企業コード　=　'C1001'

問1		問2		問3		問4		問5	

第5章

【9】ある社会人向けビジネススクールでは，講習会の参加申し込みについて次のようなリレーショナル型データベースを使って管理している。次の各問いに答えなさい。

処理の流れ

① 新規受講者は登録手続きを行い，受講者表にデータを入力する。

② 受講者情報の変更申請があった場合，直ちにデータを更新する。

③ 受講申し込みがあった場合，受講申込表にレコードを追加する。

④ 同じ受講者が同じ日に同じ講座を受講することはない。

受講者表

受講者コード	受講者名	TEL	住所
S01	矢野　孝通	080-1650-5092	和歌山県和歌山市砂山南2-1
S02	西川　昭治	090-5815-5719	茨城県水戸市赤塚4-20-10赤塚スイート102
S03	新井　萌花	090-6415-6161	岩手県盛岡市みたけ3-5-16
S04	相馬　重治	090-6767-9957	鳥取県西伯郡大山町国信2-4-17
S05	長井　彩音	090-2714-8689	栃木県宇都宮市鶴田町1-8-6
〜	〜	〜	
S36	関口　克巳	080-3783-8055	高知県高知市鴨部上町3-18
S37	上野　照雄	090-1459-5830	千葉県千葉市中央区春日2-1-5
S38	都築　香凛	080-7268-2721	広島県世羅郡世羅町中原1-9
S39	神戸　日和	090-2875-0104	岡山県赤磐市石蓮寺1-1-10石蓮寺スイート304
S40	米山　絵里	080-9349-6589	熊本県山鹿市藤井1-17-6キャッスル藤井306
〜	〜	〜	

講師表

講師コード	講師名
T01	奥　香津穂
T02	桜井　清助
T03	西川　恵子
T04	天野　美津子
T05	東野　凛
〜	〜
T16	玉置　健三
T17	碓井　真琴
T18	下田　淳三
T19	細谷　豪
T20	奈良　隆志

受講申込表

申込コード	受講者コード	講座コード	受講日
A0032	S13	M09	2022/04/17
A0099	S01	B07	2022/04/19
A0013	S31	J09	2022/04/27
〜	〜	〜	〜
A0040	S35	J09	2022/11/25
A0075	S38	B10	2022/12/02
A0063	S16	B02	2022/12/03
〜	〜	〜	〜
A0016	S30	B03	2023/06/23
A0020	S11	J04	2023/06/28
A0068	S38	J08	2023/06/30
〜	〜	〜	〜

講座表

講座コード	講座名	講師コード	講座料金
J01	表計算関数講座初級	T04	5000
J02	表計算関数講座中級	T17	7000
J03	表計算関数講座上級	T14	9000
〜	〜	〜	〜
B01	簿記初級	T04	5000
B02	簿記中級	T02	7000
B03	簿記上級	T18	9000
〜	〜	〜	〜
M01	マーケティング初級	T19	5000
M02	マーケティング中級	T15	7000
M03	マーケティング上級	T20	9000
〜	〜	〜	〜

問1．次の図は，4つの表のE−R図である。空欄(a)〜(d)にあてはまる適切なものを選び，記号で答えなさい

ア．(a) 受講者表　　(b) 講座表　　(c) 受講申込表　　(d) 講師表

イ．(a) 受講者表　　(b) 受講申込表　　(c) 講座表　　(d) 講師表

ウ．(a) 講師表　　(b) 受講申込表　　(c) 講座表　　(d) 受講者表

エ．(a) 講師表　　(b) 講座表　　(c) 受講申込表　　(d) 受講者表

問2．受講者コードがS05の生徒から住所変更の申し出があった。実行するSQL文として適切なもの
を選び，記号で答えなさい。

ア．UPDATE 受講者表 SET 住所 = '栃木県日光市東照宮1-1' WHERE 受講者コード = 'S05'

イ．UPDATE 住所 = '栃木県日光市東照宮1-1' SET 受講者表 WHERE 受講者コード = 'S05'

ウ．UPDATE 受講者表 SET 受講者コード = 'S05' WHERE 住所 = '栃木県日光市東照宮1-1'

問3．2022年6月中に講座を実施した講師一覧を表示するためのSQL文の空欄にあてはまる適切なも
のを選び，記号で答えなさい。

講師コード	講師名	講座名
T03	西川　恵子	プログラミングマクロ言語初級
T18	下田　淳三	簿記上級
T15	亀井　綾華	原価計算上級
T01	奥　香津穂	広告講座

SELECT 　 B.講師コード，講師名，講座名

　　FROM 　 講師表　A，講座表　B　WHERE　A.講師コード　=　B.講師コード

　　　AND　講座コード　IN (SELECT　講座コード　FROM　受講申込表

　　WHERE [＿＿＿＿＿＿＿＿＿＿＿＿＿＿＿＿＿＿＿＿＿＿＿])

ア．受講日　>　'2022/06/01'　AND　受講日　<　'2022/06/30'

イ．受講日　<　'2022/06/01'　AND　受講日　>　'2022/06/30'

ウ．受講日　BETWEEN　'2022/06/01'　AND　'2022/06/30'

問4．千葉県に住む受講者リストを作成する。次のSQL文の空欄をうめなさい。

受講者コード	受講者名
S31	谷口　長次郎
S37	上野　照雄

SELECT 　　 受講者コード，受講者名　FROM　受講者表

　　WHERE 　住所 [＿＿＿＿＿] '千葉県%'

問5．2023年4月以降に講座に申し込みをしていない人に案内ハガキを送ることになった。SQL文の
空欄にあてはまる適切なものを選び，記号で答えなさい。

受講者コード	受講者名
S03	新井　萌花
S05	長井　彩音
S06	吉村　健太郎
〜	〜

SELECT 　　A.受講者コード，受講者名　FROM　受講者表　A

　　WHERE [＿＿＿＿＿] (SELECT　＊　FROM　受講申込表　B

　　WHERE　A.受講者コード　=　B.受講者コード

　　　AND　受講日　>=　#2023/04/01#)

ア．NOT　IN

イ．NOT　EXISTS

ウ．EXISTS

第5章

問1		問2		問3		問4		問5	

【10】あるワープロ競技大会では各学校5名の選手を登録し、うち3名の選手が順番に出場し、ワープロの入力スピードを競っている。そこでは、得点データの入力から競技結果の出力を次のようなリレーショナル型データベースを利用して管理している。次の各問いの答えをア、イ、ウの中から選び、記号で答えなさい。

処理の流れ　　　① 競技は第1競技から第3競技まであり、各競技終了後、審査室から送られてくる得点データを、コンピュータに入力する。

　　　　　　　　② データ入力後、成績順一覧表を出力する。

（審査室から送られてくる得点データ）

第1競技者得点表

選手コード	得点
S001	1680
S006	956
S011	1750
S016	1256
S022	1286
S027	1874
〜	〜

（出力する成績一覧表）

ワープロ競技大会成績順一覧表

学校名	選手名	学年	得点
平成高校	谷敷 ○○	3	2145
第一高校	久保 ○○	3	2003
第一高校	西田 ○○	1	1990
南高校	藤原 ○○	2	1942
南高校	野村 ○○	2	1926
南高校	大木 ○○	3	1874
〜	〜	〜	〜

学校表

学校コード	学校名	顧問	電話番号
1154G	平成高校	大石 ○○	042-455-X X X X
1214F	北高校	前田 ○○	042-234-X X X X
1223F	中央高校	井上 ○○	046-623-X X X X
1276G	東高校	川口 ○○	043-259-X X X X
1342F	第三高校	佐藤 ○○	043-887-X X X X
1388F	南高校	岡本 ○○	042-039-X X X X
1422G	西高校	荒井 ○○	046-237-X X X X
1453G	第一高校	高橋 ○○	043-322-X X X X
1456F	朝日高校	森山 ○○	045-123-X X X X
1467G	桜高校	長谷 ○○	042-223-X X X X
〜	〜	〜	〜

登録表

選手コード	学校コード	選手名	学年
S001	1154G	村田 ○○	2
S002	1154G	酒井 ○○	3
S003	1154G	谷敷 ○○	3
S004	1154G	宮内 ○○	1
S005	1154G	片岡 ○○	1
S006	1214F	新井 ○○	1
S007	1214F	佐藤 ○○	2
S008	1214F	城市 ○○	3
S009	1214F	伊橋 ○○	1
S010	1214F	金子 ○○	1
〜	〜	〜	〜

競技表

選手コード	競技順	得点
S001	1	1680
S002	2	1854
S003	3	2145
S006	1	956
S007	2	890
S008	3	1098
S011	1	1750
S012	2	1658
S013	3	1720
S016	1	1256
〜	〜	〜

問1. 次のSQL文を実行する場面の説明として適切なものを答えなさい。

　　UPDATE 競技表 SET 得点 = 962 WHERE 選手コード = 'S006'

　　ア．選手コードS006の選手が棄権した際の処理。

　　イ．選手コードS006の選手の得点を新規登録する際の処理。

　　ウ．選手コードS006の選手の得点が間違っていた際の処理。

問2. 得点が1000以上で，学校コードが G で終わる学校数を求める場合，空欄にあてはまる適切な
ものを答えなさい。
SELECT　　COUNT(＊)
　　FROM　　登録表,競技表
　　WHERE　登録表.選手コード　＝　競技表.選手コード
　　　　AND　得点　＞＝　1000
　　　　AND　学校コード　[　　　　]
　　ア．IN('%G')　　　　　　　　イ．LIKE '%G'　　　　　　　ウ．＝ '%G'

問3. 学年が1または2を登録した学校名を抽出する場合，空欄(a), (b)にあてはまる適切なものを答
えなさい。
SELECT　　DISTINCT　学校名
　　FROM　　学校表,登録表
　　WHERE　学校表.学校コード　＝　登録表.学校コード
　　　　AND　学年[　(a)　](　(b)　)
　　ア．(a)　BETWEEN　　　　　(b)　'1' AND '2'
　　イ．(a)　IN　　　　　　　　(b)　1,2
　　ウ．(a)　BETWEEN　　　　　(b)　1 AND 2

学校名
平成高校
北高校
中央高校
東高校
第三高校
〰

問4. 学校ごとの総得点一覧表を総得点の降順になるように作成する場合，空欄にあてはまる適切な
ものを選びなさい。
SELECT　　学校名,SUM(得点)　AS　総得点
　　FROM　　学校表,登録表,競技表
　　WHERE　学校表.学校コード　＝　登録表.学校コード
　　　　AND　登録表.選手コード　＝　競技表.選手コード
　　GROUP BY　学校名
　　[　　　　　　　　　　　　]
　　ア．ORDER BY　SUM(得点)
　　イ．ORDER BY　SUM(得点)　ASC
　　ウ．ORDER BY　SUM(得点)　DESC

学校名	総得点
第一高校	5782
南高校	5742
平成高校	5679
中央高校	5128
朝日高校	4821
〰	〰

第5章

問5. リレーショナル型データベースを設計する際，E－R図を用いてデータの関連性をモデル化す
る。次の図は，3つの表のリレーションシップを表したE－R図である。空欄(a)〜(c)にあてはま
る適切な組み合わせを答えなさい。

　　ア．(a)　学校表　　　　　　(b)　登録表　　　　　　(c)　競技表
　　イ．(a)　競技表　　　　　　(b)　学校表　　　　　　(c)　登録表
　　ウ．(a)　登録表　　　　　　(b)　競技表　　　　　　(c)　学校表

問1		問2		問3		問4		問5	

【11】ある不動産会社では，物件管理を次のようなリレーショナル型データベースで行っている。次の各問いの答えをア，イ，ウの中から選び，記号で答えなさい。

駅表

駅コード	駅名	線名
C01	中野	中央線
C02	三鷹	中央線
S01	千葉	総武線
S02	津田沼	総武線
Y01	渋谷	山手線
Y02	池袋	山手線

物件表

物件コード	駅コード	徒歩	賃料	間取りコード
1001	S01	14	83000	22
1002	Y02	7	56000	11
1003	Y01	11	120000	13
1004	C01	10	62000	12
1005	S02	5	100000	22
1006	C01	5	81000	13
1007	Y01	18	108000	12
1008	C02	12	80000	13
1009	C01	6	138000	22
1010	Y02	8	143000	23
1011	S01	9	41000	11
1012	Y02	10	130000	22

間取り表

間取りコード	間取り
11	1K
12	1DK
13	1LDK
21	2K
22	2DK
23	2LDK

問1．下の表のように，間取り表から，間取りに「L」がつくレコードをすべて抽出する場合，空欄にあてはまる適切なものを答えなさい。

間取りコード	間取り
13	1LDK
23	2LDK

SELECT ＊ FROM 間取り表 WHERE 間取り LIKE '[_____]'

　ア．%L%　　　　　　　　イ．%L_　　　　　　　　ウ．_L_

問2．下の表のように，賃料が80,000円以上100,000円未満の物件をすべて抽出する場合，空欄にあてはまる適切なものを答えなさい。

物件コード	駅名	賃料	間取りコード
1001	千葉	83000	22
1006	中野	81000	13
1008	三鷹	80000	13

SELECT　物件コード，駅名，賃料，間取りコード

　FROM　物件表，駅表

　WHERE 物件表.駅コード ＝ 駅表.駅コード

　　　AND 賃料 BETWEEN [_____]

　ア．80000 AND 99999

　イ．80000 AND 100000

　ウ．>= 80000 AND < 100000

問3．下の表のように，賃料が最も安い物件を抽出する場合，空欄にあてはまる適切なものを答えなさい。

物件コード	駅名	徒歩	賃料
1011	千葉	9	41000

SELECT　物件コード, 駅名, 徒歩, 賃料

　　FROM　物件表, 駅表

　　　WHERE　物件表.駅コード ＝ 駅表.駅コード

　　　　　AND [　　　　　　　　　　　　]

　ア．賃料 ＝ MIN(賃料)

　イ．賃料　IN (MIN(賃料))

　ウ．賃料　IN (SELECT　MIN(賃料)　FROM　物件表)

問4．下のSELECT文を実行した場合に作成される表として，適切なものを答えなさい。

SELECT　駅名, 賃料, 間取り

FROM　駅表, 物件表, 間取り表

WHERE　駅表.駅コード ＝ 物件表.駅コード

　　AND　間取り表.間取りコード ＝ 物件表.間取りコード

　　AND　線名 ＝ '総武線'

ORDER BY 賃料　DESC

ア．

駅名	賃料	間取り
千葉	41000	1K
千葉	83000	2DK
津田沼	100000	2DK

イ．

駅名	賃料	間取り
津田沼	100000	2DK
千葉	83000	2DK
千葉	41000	1K

ウ．

駅名	賃料	間取り
千葉	41000	1K
津田沼	100000	2DK
千葉	83000	2DK

問5．下の表のように，駅名ごとの賃料の平均を求め，賃料の平均が100,000円以上の駅名と賃料の平均を抽出し，賃料の平均の降順に並べ替える場合，空欄にあてはまる適切な組み合わせを答えなさい。

駅名	平均賃料
渋谷	114000
池袋	109667
津田沼	100000

SELECT　駅名, AVG(賃料) AS 平均賃料

FROM　駅表, 物件表

WHERE　駅表.駅コード＝物件表.駅コード

[　　　　　(a)　　　　　]

[　　　　　(b)　　　　　]

[　　　　　(c)　　　　　]

　ア．(a)　HAVING　AVG(賃料)＞＝100000

　　　(b)　ORDER　BY　AVG(賃料) DESC

　　　(c)　GROUP　BY　駅名

　イ．(a)　ORDER　BY　AVG(賃料) DESC

　　　(b)　GROUP　BY　駅名

　　　(c)　HAVING　AVG(賃料)＞＝100000

　ウ．(a)　GROUP　BY　駅名

　　　(b)　HAVING　AVG(賃料)＞＝100000

　　　(c)　ORDER　BY　AVG(賃料) DESC

第5章

問1		問2		問3		問4		問5	

章末検定問題

【1】 ある飲料水の定期配達店では,顧客および販売データを次のようなリレーショナル型データベースを利用し管理している。次の各問いに答えなさい。 [第64回]

処理の流れ

① 新規の顧客は登録手続きを行い,顧客表に顧客データおよび契約日,本数を入力し,状態を1とする。また,定期配達の停止の申し出があった場合,状態を0に更新し,配達を再開した場合,1に更新する。

② 定期配達は本数の契約で,1か月に10本までとし,1か月に1度配達される。また,同一顧客で複数契約をすることはできない。

③ 定期配達代金の計算は,1本あたり1,600円を基準として,本数が1本増えるごとに,50円減じた金額に本数を掛けて求める。ただし,最初に契約した月から2か月間は無料となる。

　　　1本あたり例　1本の場合,1,600円,　2本の場合,1,550円,　3本の場合,1,500円

④ 契約本数を変更する場合,本数を更新する。

⑤ 配達表は,配達のつどレコードが作成される。なお,伝票番号は定期配達の場合,999999 が,追加注文の場合,追加注文表の伝票番号が入力される。

⑥ 定期配達が行われている顧客は,1本1,700円で追加注文することができ,追加注文表に注文のつど伝票番号が連番で発行され,レコードが作成される。また,追加注文はそのつど請求書が発行される。

顧客表

顧客コード	種別	顧客名	住所	契約日	本数	状態
K00001	法人	○○商事（株）	C市東町1-14-229	2017/04/01	6	1
K00002	個人	上田　○○	C市西町1-14-119	2017/04/02	4	1
K00003	法人	○○産業（株）	C市西町2-3-284	2017/04/02	1	0
〜	〜	〜	〜	〜	〜	〜
K00846	個人	宮本　○○	C市西町2-20-37	2019/11/29	3	1
〜	〜	〜	〜	〜	〜	〜
K01197	個人	武田　○○	C市南町2-9-89	2021/01/29	1	1

配達表

配達番号	顧客コード	配達日	配達本数	伝票番号
17000001	K00001	2017/04/06	6	999999
17000002	K00002	2017/04/06	4	999999
〜	〜	〜	〜	〜
17000050	K00001	2017/05/08	6	999999
〜	〜	〜	〜	〜
21000843	K00882	2021/01/30	3	210021

追加注文表

伝票番号	顧客コード	注文日	追加本数
170001	K00033	2017/05/01	1
170002	K00024	2017/05/02	2
〜	〜	〜	〜
210020	K00908	2021/01/24	2
210021	K00882	2021/01/25	3
210022	K01049	2021/01/30	1

問1. 追加注文表の外部キーと,それにより関係づけられる表名の組み合わせとして適切なものを選び,記号で答えなさい。

　　　　（外部キー）　　（表名）
　　ア. 顧客コード　　　顧客表
　　イ. 顧客コード　　　配達表
　　ウ. 伝票番号　　　　配達表

問2．顧客コード K00846 の顧客より定期配達の停止の申し出があったので，状態を 1 から 0 へ更新する。次のSQL文の空欄(a)，(b)をうめなさい。

  | (a) | 顧客表 | (b) | 状態 = 0   WHERE   顧客コード = 'K00846'

問3．契約日から200本以上の配達があった顧客を調べるため，状態が 1 の顧客コード，顧客名ごとに，配達本数の総数を抽出する。次のSQL文の空欄(a)，(b)にあてはまる組み合わせとして適切なものを選び，記号で答えなさい。

 SELECT A.顧客コード，顧客名，SUM(配達本数) AS 総数

  FROM 顧客表　A，配達表　B

  WHERE A.顧客コード　=　B.顧客コード

   AND 状態 = 1

  | (a) | A.顧客コード，顧客名

  | (b) | SUM(配達本数)　>=　200

顧客コード	顧客名	総数
K00001	○○商事（株）	236
K00009	（株）○○物産	202
K00013	海藤　○○	498
～	～	～

 ア． (a) GROUP BY   (b) ORDER BY

 イ． (a) HAVING   (b) GROUP BY

 ウ． (a) GROUP BY   (b) HAVING

問4．2020年12月の定期配達代金の請求を行うため，顧客コード，顧客名，定期配達代金を抽出する。次のSQL文の空欄をうめなさい。

 SELECT 顧客コード，顧客名，(1600 － (   ) ＊ 50) ＊ 本数 AS 定期配達代金

  FROM 顧客表

  WHERE　契約日 < '2020/11/01'

   AND 状態 = 1

顧客コード	顧客名	定期配達代金
K00001	○○商事（株）	8100
K00002	上田　○○	5800
K00006	横山　○○	3100
～	～	～

問5．状態が 0 で，住所が C市西町 から始まり，種別が 法人 の顧客コード，顧客名，住所を抽出する。次のSQL文の空欄にあてはまる適切なものを選び，記号で答えなさい。

 SELECT 顧客コード，顧客名，住所

  FROM 顧客表

  WHERE 状態 = 0

   AND 住所

   AND 種別 = '法人'

顧客コード	顧客名	住所
K00003	○○産業（株）	C市西町2-3-284
K00004	（株）○○電気	C市西町2-2-61
K00026	○○工業（株）	C市西町1-10-45
～	～	～
K01062	○○水産（株）	C市西町1-3-187

 ア． = 'C市西町%'   **イ．** LIKE 'C市西町%'   **ウ．** LIKE 'C市西町_'

第5章

問1		問2	(a)		問3		問4		問5	
			(b)							

【2】あるハウスクリーニングサービス店では，受付業務を次のようなリレーショナル型データベースを利用し管理している。次の各問いに答えなさい。 　　　　　　　　　　　　　[第63回]

処理の流れ

① 新規の顧客は登録手続きを行い，顧客表にデータを入力する。

② 顧客からの注文に応じて，受付表に注文内容を入力する。ただし，割引コードは，注文された商品が割引対象である場合，該当の割引コードを入力し，それ以外の場合，D999 を入力する。なお，一件の注文に対し，複数の割引は適用しない。

③ 受付表は１つの商品につき，１レコードずつ作成される。例えば，一度に２台のエアコン清掃を注文した場合，２レコード作成される。

顧客表

顧客番号	顧客名	住所	電話番号
〜	〜	〜	〜
5063	国見　寛	足立区△△	03-XXXX-XXXX
5064	山谷　奏大	文京区△△	090-XXXX-XXXX
〜	〜	〜	〜
5107	梅原　博子	葛飾区△△	03-XXXX-XXXX
5108	石上　海	品川区△△	070-XXXX-XXXX
〜	〜	〜	〜
5132	金田　稜	北区△△	03-XXXX-XXXX
5133	宇都　錬	墨田区△△	03-XXXX-XXXX
〜	〜	〜	〜

商品表

商品番号	商品名	料金
11	エアコン清掃	16000
12	浴室清掃	20000
13	キッチン清掃	23000
14	換気扇清掃	18000
15	トイレ清掃	12000
16	エアコン・浴室セット	32000
17	キッチン・換気扇セット	38000
18	キッチン・トイレセット	32000

割引表

割引コード	名称	割引率
D101	エアコン夏割引	0.15
D102	エアコン冬割引	0.10
D103	浴室割引	0.07
D104	キッチン割引	0.12
D105	換気扇年末割引	0.14
D999	割引なし	0.00

受付表

受付番号	受付日	顧客番号	商品番号	予約日	割引コード
〜	〜	〜	〜	〜	〜
920	2019/12/17	5089	14	2019/12/23	D105
921	2019/12/18	5064	18	2020/01/17	D104
〜	〜	〜	〜	〜	〜
1830	2020/09/10	5101	17	2020/09/27	D999
1831	2020/09/11	5195	14	2020/10/02	D999
1832	2020/09/11	5108	12	2020/09/27	D103
〜	〜	〜	〜	〜	〜
1845	2020/09/14	5132	12	2020/10/01	D999
1846	2020/09/14	5129	13	2020/10/12	D999
〜	〜	〜	〜	〜	〜

問１．10月の予約状況を確認するため，2020年10月１日から2020年10月31日に予約されている顧客番号と顧客名，予約日を，予約日の昇順に抽出する。次のSQL文の空欄にあてはまる適切なものを選び，記号で答えなさい。

SELECT 　A.顧客番号，顧客名，予約日

　　FROM 　顧客表　A，受付表　B

　　WHERE 　A.顧客番号 ＝ B.顧客番号

　　　　AND 　予約日 　BETWEEN 　'2020/10/01' 　AND 　'2020/10/31'

[　　　　　　　　　　　　　　　　　　　　　]

顧客番号	顧客名	予約日
5111	内堀　仁	2020/10/01
5163	中畑　和彦	2020/10/01
5132	金田　稜	2020/10/01
〜	〜	〜

　ア．ORDER BY 　予約日 　ASC

　イ．ORDER BY 　予約日 　DESC

　ウ．ORDER BY 　A.顧客番号 　ASC，顧客名 　ASC，予約日 　ASC

問2. 過去にキッチンの清掃を注文した顧客にダイレクトメールを送るため，顧客番号と顧客名，住所を重複なく抽出する。次のSQL文の空欄をうめなさい。

SELECT 　　　　　　 A.顧客番号, 顧客名, 住所
　　FROM 　顧客表　A, 受付表　B
　　WHERE A.顧客番号　=　B.顧客番号
　　　AND 商品番号　IN　(13, 17, 18)

顧客番号	顧客名	住所
〜	〜	〜
5064	山谷　奏大	文京区△△
5065	柳本　和宏	板橋区△△
〜	〜	〜

問3. 予約日が2020年9月27日の注文に対する，顧客番号と顧客名，顧客ごとの請求金額を抽出する。次のSQL文の空欄をうめなさい。ただし，顧客ごとの請求金額は，料金に1から割引率を引いた値を掛けたものを集計して求める。

SELECT 　A.顧客番号, 顧客名, SUM(料金 ＊ (　　　　　　　))　AS　請求金額
　　FROM 　顧客表　A, 商品表　B, 割引表　C, 受付表　D
　　WHERE A.顧客番号　=　D.顧客番号
　　　AND B.商品番号　=　D.商品番号
　　　AND C.割引コード　=　D.割引コード
　　　AND 予約日　=　'2020/09/27'
　　GROUP BY A.顧客番号, 顧客名

顧客番号	顧客名	請求金額
5101	梶　華	38000
5108	石上　海	18600
5210	山野　愛華	12000
〜	〜	〜

問4. 次のSQL文を実行した内容として適切なものを選び，記号で答えなさい。

SELECT 　顧客名
　　FROM 　顧客表　A
　　WHERE NOT　EXISTS　(SELECT 　＊　FROM 　受付表
　　　　　　　　　　　　　WHERE 顧客番号　=　A.顧客番号
　　　　　　　　　　　　　　AND 割引コード　LIKE　'D10_'
　　　　　　　　　　　　　　AND 予約日　>=　'2020/01/01')

顧客名
国見　寛
中尾　静
篠田　拓也
〜

ア．予約日が2020年1月1日以降で，割引の対象である商品を注文したことのある顧客名を抽出する。

イ．予約日が2020年1月1日以前で，割引の対象である商品を注文したことのある顧客名を抽出する。

ウ．予約日が2020年1月1日以降で，割引の対象である商品を注文したことのない顧客名を抽出する。

問5. 次の図は，四つの表のE−R図である。このことから参照整合性に反するため実行できないものを選び，記号で答えなさい。

ア．INSERT INTO 　商品表　VALUES　(19, 'エアコン・浴室・キッチンセット', 50000)

イ．DELETE FROM 　顧客表　WHERE 　顧客番号　=　5064

ウ．DELETE FROM 　受付表　WHERE 　受付番号　=　1845

問1		問2		問3		問4		問5	

【3】 ある会員向け商品販売店では，会員・販売データを次のようなリレーショナル型データベースを利用し管理している。次の各問いに答えなさい。 ［第62回］

処理の流れ

① 新規の会員は登録手続きを行い，会員表にデータを入力する。

② 商品の単価は相場により不定期に変更される。その際，単価表に従来のレコードを残したまま，単価適用開始日を日付とし，商品コードと単価をその日の始業前にのみ新しいレコードとして追加している。

③ 商品を販売するごとに，販売表にレコードを追加する。

④ 売上金額を計算する際の単価は，単価表の日付が，販売日以前の中で，最も販売日に近い単価を適用し計算する。

⑤ 同じ会員が，一日のうちに同じ商品を2回以上購入することはない。

会員表

会員コード	名前	住所	入会日
K00001	加藤　大輝	朝日市東町6-164	2019/04/05
K00002	鈴木　美穂	美浜市睦町1-50-3	2019/04/05
〜	〜	〜	〜
K00045	齊藤　篤史	朝日市栄町5-181	2019/04/26
〜	〜	〜	〜
K00089	上村　彩花	美浜市西町3-197	2019/05/17
〜	〜	〜	〜
K00364	小林　京子	朝日市北町5-75-6	2019/10/01
K00365	佐々木　翔太	広川市操町3-65-5	2019/10/02
〜	〜	〜	〜

商品表

商品コード	商品名
S01	A品
S02	B品
S03	C品
S04	D品
S05	E品
S06	F品

単価表

日付	商品コード	単価
〜	〜	〜
2019/12/23	S04	291
2019/12/23	S05	171
2019/12/23	S06	253
2020/01/06	S02	432
2020/01/06	S04	288
2020/01/13	S01	447
〜	〜	〜
2020/01/13	S06	255
2020/01/20	S01	453
〜	〜	〜

販売表

販売日	会員コード	商品コード	数量
〜	〜	〜	〜
2019/04/06	K00001	S03	60
〜	〜	〜	〜
2019/04/29	K00045	S03	40
〜	〜	〜	〜
2019/12/13	K00089	S04	110
〜	〜	〜	〜
2020/01/12	K00346	S02	30
2020/01/12	K00046	S05	50
2020/01/12	K00189	S02	70
2020/01/12	K00045	S04	80
2020/01/13	K00089	S01	120
〜	〜	〜	〜

問1．次の図は，四つの表のE－R図である。空欄(a)にあてはまる適切なものを選び，記号で答えなさい。

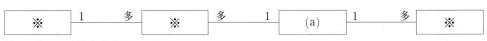

(注) ※印は，表記を省略している。

　ア．会員表　　　イ．商品表　　　ウ．単価表　　　エ．販売表

問2．新規の会員登録があり，会員表に追加することになった。実行するSQL文の空欄にあてはまる適切なものを選び，記号で答えなさい。

［新規会員］　会員コード：K00570　名前：小池　恭一　住所：広川市東町1-46　入会日：2020/01/18

　　　　　　　会員表　VALUES ('K00570', '小池　恭一', '広川市東町1-46', '2020/01/18')

　　ア．INSERT INTO　　　　　　イ．UPDATE SET　　　　　　ウ．DELETE FROM

問3．住所が 朝日市 から始まり，商品コード S03 の商品を購入した会員の会員コードと名前，販売日を抽出する。次のSQL文の空欄にあてはまる適切なものを選び，記号で答えなさい。

SELECT　A.会員コード，名前，販売日
　　FROM　会員表　A，販売表　B
　　WHERE A.会員コード　=　B.会員コード
　　　　AND 商品コード　=　'S03'
　　　　AND 住所　　　　　　　　'朝日市%'

会員コード	名前	販売日
K00001	加藤　大輝	2019/04/06
K00045	齊藤　篤史	2019/04/29
K00021	松田　敦	2019/05/06
〜	〜	〜

　　ア．IN　　　　　　　　　　イ．LIKE　　　　　　　　　ウ．=

問4．2019年12月中に商品コード S04 の商品を購入した会員の会員コードと名前を重複なく抽出する。次のSQL文の空欄にあてはまる適切なものを選び，記号で答えなさい。

SELECT　DISTINCT　A.会員コード，名前
　　FROM　会員表　A，販売表　B
　　WHERE A.会員コード　= B.会員コード
　　　　AND 商品コード　=　'S04'
　　　　AND 販売日　　　　　　　'2019/12/01'　AND　'2019/12/31'

会員コード	名前
K00089	上村　彩花
K00170	宮田　陽太
〜	〜

　　ア．ORDER BY　　　　　　イ．HAVING　　　　　　ウ．BETWEEN

問5．2020年1月12日に販売した，商品コードごとの単価と売上金額の合計を抽出する。次のSQL文の空欄をうめなさい。

SELECT　A.商品コード，単価，SUM（単価＊数量）　AS　売上金額
　　FROM　単価表　A，販売表　B
　　WHERE A.商品コード　=　B.商品コード
　　　　AND 販売日　=　'2020/01/12'
　　　　AND 日付　=　（SELECT　　　　　　　（日付）
　　　　　　　　　　　FROM　単価表　C
　　　　　　　　　　　WHERE　A.商品コード　=　C.商品コード
　　　　　　　　　　　　AND　日付　<=　販売日）
　　GROUP BY　A.商品コード，単価

商品コード	単価	売上金額
S02	432	43200
S04	288	23040
S05	171	8550

問1		問2		問3		問4		問5	

第5章

【4】 ある体操大会を運営する団体では，得点の記録を次のようなリレーショナル型データベースを利用し管理している。次の各問いに答えなさい。　　　　　　　　　　　　　　　　　　　［第61回］

処理の流れ

① 学校ごとに出場選手の手続きを行い，選手表にデータを入力する。

② 選手表の団体が 1 の場合，得点は個人競技と団体競技で利用される。選手表の団体が 0 の場合，得点は個人競技にのみ利用される。なお，各学校で団体が 1 の人数は，3 選手である。

③ 団体競技は，学校ごとに 3 選手の合計得点を競う。

④ 個人競技は，種目ごとに得点を競う種目別競技と，選手ごとに合計得点を競う個人総合競技の 2 種類がある。

⑤ 成績表の得点は，演技した点数が入力され，選手が出場する種目ごとに 1 レコードが作成される。例えば，一人の選手が 6 種目のすべてに出場した場合，成績表には 6 レコードが作成される。

選手表

選手番号	団体	選手名	学年	学校コード
1001	1	前原　大悟	1	S001
1002	1	大友　雄飛	2	S001
1003	1	藤江　晃大	3	S001
1004	0	若松　清	2	S001
〜	〜		〜	〜
1009	0	福本　浩司	2	S002
1010	0	秋山　淳平	2	S002
〜	〜		〜	〜
1095	0	小松崎　英樹	3	S019
1096	1	戸村　晃一	2	S020
〜	〜		〜	〜

学校表

学校コード	学校名
S001	○○高校
S002	△△高校
S003	□□高校
〜	〜
S007	◎◎高校
S008	▽▽高校
S009	◇◇高校
〜	〜

種目表

種目コード	種目名
E1	ゆか
E2	あん馬
E3	つり輪
E4	跳馬
E5	平行棒
E6	鉄棒

成績表

種目コード	選手番号	得点
〜	〜	〜
E1	1007	12.800
E1	1008	13.300
E1	1009	13.000
E1	1010	14.550
〜	〜	〜
E4	1001	13.925
E4	1002	14.550
E4	1003	13.925
E4	1004	14.150
〜	〜	〜

問1．表名と主キー，外部キーの組み合わせとして適切なものを選び，記号で答えなさい。ただし，主キーは，必要最低限かつ十分な条件を満たしていること。

	（表名）	（主キー）	（外部キー）
ア．	選手表	選手番号，学年	学校コード
イ．	種目表	種目コード	なし
ウ．	成績表	種目コード	選手番号

問2．学校コード S002 の選手番号と選手名，ゆかの得点を，得点の降順に抽出する。次のSQL文の
空欄をうめなさい。

SELECT　A.選手番号，選手名，得点

　　FROM　選手表　A，成績表　B

　　WHERE A.選手番号 ＝ B.選手番号

　　　　AND 学校コード ＝ 'S002'

　　　　AND 種目コード ＝ 'E1'

　　┌─────────┐ 得点　DESC

選手番号	選手名	得点
1010	秋山　淳平	14.550
1008	浦山　剛	13.300
～	～	～

問3．学校ごとに，学校コード，学校名および団体競技の選手の得点を集計し抽出する。次のSQL文
の空欄をうめなさい。

SELECT　B.学校コード，学校名，SUM(得点)　AS　団体得点

　　FROM　選手表　A，学校表　B，成績表　C

　　WHERE A.学校コード ＝ B.学校コード

　　　　AND A.選手番号 ＝ C.選手番号

　　　　AND ┌──────┐

　　GROUP BY　B.学校コード，学校名

学校コード	学校名	団体得点
S001	○○高校	252.850
S002	△△高校	228.300
～	～	～

問4．学校コード S001 の種目コードと種目名，種目ごとの最も高い得点を抽出する。次のSQL文の空
欄(a)にあてはまる適切なものを選び，記号で答えなさい。

SELECT　B.種目コード，種目名，MAX(得点)　AS　最高得点

　　FROM　┌──────────(a)──────────┐

　　WHERE ┌──────────※──────────┐

　　　　AND ┌──────────※──────────┐

　　　　AND 学校コード ＝ 'S001'

　　GROUP BY　B.種目コード，種目名

(注)　※印は，表記を省略している。

種目コード	種目名	最高得点
E1	ゆか	14.400
E2	あん馬	14.850
E3	つり輪	14.600
E4	跳馬	14.550
E5	平行棒	14.900
E6	鉄棒	14.550

ア．選手表　A，成績表　B，学校表　C

イ．種目表　A，成績表　B

ウ．選手表　A，種目表　B，成績表　C

問5．次のSQL文を実行した内容として適切なものを選び，記号で答えなさい。

UPDATE　選手表　SET　選手名 ＝ '若松　清志' WHERE　選手番号 ＝ 1004

ア．選手番号 1004 の選手名を 若松　清志 に更新する。

イ．選手名 若松　清志 の選手番号を 1004 に更新する。

ウ．選手番号 1004，選手名 若松　清志 のレコードを削除する。

問1		問2		問3		問4		問5	

第5章

【5】あるコンピュータ販売店では，商品の販売管理を次のようなリレーショナル型データベースを利用し管理している。次の各問いに答えなさい。　　　　　　　　　　　　　　　　　　　　　　　　　[第60回]

処理の流れ

① 新規の顧客は登録の手続きを行い，顧客表にデータを入力する。なお，「種別」は，個人の場合，個，法人の場合，法 となる。

② 商品表の商品は，コンピュータとアプリケーションソフトウェアのセットで販売されており，セットの内容は各機器の性能や，付属のアプリケーションソフトウェアの内容などによって異なる。また，サービス表よりアプリケーションソフトウェアの設定（アプリ設定）やネットワークの設定（ネット設定），延長保証と，それらを組み合わせたさまざまなサービスを受けることができる。

③ 受付表は，一回の予約につき商品コードとサービスコードごとに1レコードずつ作成される。なお，すでに受け付けた注文に対し，顧客から，同じ商品を，同じサービスで数量の変更の申し出があった場合，該当レコードの数量を更新する。

④ 見積金額は，「価格」に「料金」を加え「数量」を掛けて求める。

顧客表

顧客番号	種別	名前	電話番号
10001	個	荒井 ○○	XXX-XXXX-XXXX
10002	個	伊藤 ○○	XXX-XXXX-XXXX
10003	法	(株)○○電気	XX-XXXX-XXXX
10004	法	○○物産(株)	XXX-XXXX-XXXX
～	～	～	～
10320	個	前田 ○○	XXX-XXXX-XXXX
10321	個	小島 ○○	XXX-XXXX-XXXX
10322	法	(株)○○商事	XXXX-XX-XXXX
10323	個	青木 ○○	XX-XXXX-XXXX
～	～	～	～
10768	個	山田 ○○	XXX-XXXX-XXXX

サービス表

サービスコード	サービス名	料金
F01	なし	0
F02	アプリ設定	3500
F03	ネット設定	3000
F04	延長保証	5000
F05	アプリ設定・ネット設定	6000
F06	アプリ設定・延長保証	8000
F07	ネット設定・延長保証	7500
F08	フルサービス	10000

（注）　フルサービスは，アプリ設定，ネット設定，延長保証のセットである。

商品表

商品コード	商品名	価格
S001	Aセット	35000
S002	Bセット	45000
S003	Cセット	70000
S004	Dセット	90000
～	～	～
S021	Uセット	72000
S022	Vセット	172000
S023	Wセット	112000
S024	Xセット	192000
S025	Yセット	137000
S026	Zセット	129000

受付表

受付日	顧客番号	商品コード	サービスコード	数量
～	～	～	～	～
2018/01/11	10412	S015	F06	15
2018/01/12	10712	S022	F04	1
2018/01/13	10004	S026	F03	20
2018/01/13	10004	S026	F07	20
～	～	～	～	～
2018/12/08	10322	S004	F08	18
～	～	～	～	～
2019/01/16	10320	S002	F08	1
2019/01/16	10320	S021	F06	1
～	～	～	～	～
2019/01/17	10337	S025	F08	1
2019/01/17	10759	S025	F08	1
～	～	～	～	～

問1．受付表の主キーとして適切なものを選び，記号で答えなさい。ただし，主キーは，必要最低限かつ十分な条件を満たしていること。

　　ア．受付日と顧客番号

　　イ．受付日と商品コードとサービスコード

　　ウ．受付日と顧客番号と商品コードとサービスコード

問2．新規の顧客登録があり，顧客表に追加することになった。実行するSQL文の空欄(a)，(b)にあてはまる適切なものを選び，記号で答えなさい。

［新規顧客］　顧客番号：10769　　種別：個　　名前：内田　○○　　電話番号：XX-XXXX-XXXX

　　(a)　　INTO　顧客表　　(b)　　(10769, '個', '内田　○○', 'XX-XXXX-XXXX')

　　ア．(a) UPDATE　　(b) SET
　　イ．(a) INSERT　　(b) VALUES
　　ウ．(a) DELETE　　(b) FROM

問3．2018年7月1日から2018年12月31日に，フルサービス の注文を受け付けた法人顧客の顧客番号を重複なく抽出する。次のSQL文の空欄をうめなさい。

SELECT　　　　　　　　　A.顧客番号，名前，電話番号
　FROM　顧客表　A，受付表　B
　WHERE　A.顧客番号 ＝ B.顧客番号
　　AND　サービスコード ＝ 'F08'
　　AND　受付日　BETWEEN　'2018/07/01'　AND　'2018/12/31'
　　AND　種別 ＝ '法'

顧客番号	名前	電話番号
〜	〜	〜
10322	(株)○○商事	XXXX-XX-XXXX
〜	〜	〜

問4．2018年12月1日から2018年12月31日に，ネット設定 を含むサービスの注文を受け付けた件数を抽出する。次のSQL文の空欄にあてはまる適切なものを選び，記号で答えなさい。

SELECT　COUNT(＊)　AS　件数
　FROM　受付表
　WHERE　受付日　BETWEEN　'2018/12/01'　AND　'2018/12/31'
　　AND　サービスコード　　　　　　　　　('F03', 'F05', 'F07', 'F08')

件数
34

　　ア．IN　　　　　　　　イ．EXISTS　　　　　　　　ウ．NOT IN

問5．2019年1月16日に受け付けをした顧客ごとの，見積金額の合計を抽出する。次のSQL文の空欄をうめなさい。

顧客番号	名前	見積金額
〜	〜	〜
10320	前田　○○	135000
〜	〜	〜

SELECT　A.顧客番号，名前，SUM((　　　　　　　　　)　＊　数量)　AS　見積全額
　FROM　顧客表　A，サービス表　B，商品表　C，受付表　D
　WHERE　A.顧客番号 ＝ D.顧客番号
　　AND　B.サービスコード ＝ D.サービスコード
　　AND　C.商品コード ＝ D.商品コード
　　AND　受付日 ＝ '2019/01/16'
　GROUP BY　A.顧客番号，名前

問1		問2		問3		問4		問5	

Back UP! SQL一覧

説明	式	ページ
データの抽出	SELECT フィールド名 FROM テーブル名	187
抽出されたフィールドに名前を付ける	SELECT フィールド名 AS 名前 FROM テーブル名	188
指定した項目の合計を求める	SELECT SUM(フィールド名) FROM テーブル名	188
指定した項目の平均を求める	SELECT AVG(フィールド名) FROM テーブル名	188
指定した項目の最大値を求める	SELECT MAX(フィールド名) FROM テーブル名	188
指定した項目の最小値を求める	SELECT MIN(フィールド名) FROM テーブル名	188
条件に合った行の数を求める	SELECT COUNT(*) FROM テーブル名 WHERE 条件	188
値が重複しないように抽出	SELECT DISTINCT フィールド名 FROM テーブル名	189
条件をつけたデータの抽出	SELECT フィールド名 FROM テーブル名 WHERE 条件	189
	SELECT フィールド名 FROM テーブル名 WHERE フィールド名 BETWEEN 値1 AND 値2	189
	SELECT フィールド名 FROM テーブル名 WHERE フィールド名 LIKE '文字列パターン'	189
抽出したデータの並べ替え	SELECT * FROM テーブル名 ORDER BY 並べ替えの基準 並び順	190
データのグループ化	SELECT フィールド名 FROM テーブル名 GROUP BY フィールド名	190
集計結果に対して条件に合ったグループだけを抽出	SELECT フィールド名 AS 名前 FROM テーブル名 GROUP BY フィールド名 HAVING 条件	191
テーブル名を別名で指定	SELECT 別名.フィールド名, 別名.フィールド名 FROM テーブル名 AS 別名1, テーブル名 AS 別名2 WHERE 別名1.フィールド名 = 別名2.フィールド名	191
副問合せ	SELECT フィールド名 FROM テーブル名 WHERE フィールド名 IN(値1, 値2…)	192
	SELECT フィールド名 FROM テーブル名 WHERE フィールド名 NOT IN(値1, 値2…)	
	SELECT フィールド名 FROM テーブル名 WHERE EXISTS(副問合せ)	192
	SELECT フィールド名 FROM テーブル名 WHERE NOT EXISTS(副問合せ)	192
レコードの追加	INSERT INTO テーブル名(フィールド名) VALUES(値)	193
レコードの削除	DELETE FROM テーブル名 WHERE 条件	193
値の変更	UPDATE テーブル名 SET 変更内容 WHERE 条件	194

2024

全国商業高等学校協会主催

情報処理検定試験
PASSPORT
パスポート

Excel 2016 2019 対応

解 答

1級
ビジネス情報編

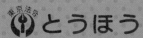
とうほう

第1章　表計算ソフトウェアの活用

💡ヒント では，セルの計算式の例やソルバーのパラメーター等の設定例を示しています。

練習問題 1-1　(P.14)

	A	B	C	D	E	F	G	H	I	J	K
1											
2			野球勝敗表					地区別集計表			
3											
4	チーム名	地区	勝ち数	負け数	勝率	順位			地区	地区	地区
5	ヤンキース	East	103	58	0.640	1			East	Central	West
6	アスレチックス	West	103	59	0.636	2		勝ち数合計	396	366	367
7	エンゼルス	West	99	63	0.611	3		負け数合計	412	442	281
8	ツインズ	Central	94	67	0.584	4		勝率平均	0.490	0.453	0.566
9	マリナーズ	West	93	69	0.574	5		最大勝率	0.640	0.584	0.636
10	レッドソックス	East	93	69	0.574	5		最小勝率	0.342	0.342	0.444
11	ホワイトソックス	Central	81	81	0.500	7		チーム数	5	5	4
12	ブルージェイズ	East	78	84	0.481	8					
13	ガーディアンズ	Central	74	88	0.457	9					
14	レンジャーズ	West	72	90	0.444	10					
15	オリオールズ	East	67	95	0.414	11					
16	ロイヤルズ	Central	62	100	0.383	12					
17	タイガース	Central	55	106	0.342	13					
18	レイズ	East	55	106	0.342	13					

💡ヒント

[E5]　=C5/(C5+D5)

[F5]　=RANK(E5,$E$5:$E$18,0)

[I6]　=DSUM($A$4:$F$18,3,I4:I5)

[I7]　=DSUM($A$4:$F$18,4,I4:I5)

[I8]　=DAVERAGE($A$4:$F$18,5,I4:I5)

[I9]　=DMAX($A$4:$F$18,5,I4:I5)

[I10]　=DMIN($A$4:$F$18,5,I4:I5)

[I11]　=DCOUNTA($A$4:$F$18,1,I4:I5)　または　=DCOUNT($A$4:$F$18,5,I4:I5)

練習問題 2-1　(P.18)

	A	B	C	D	E	F	G	H	I	J	K	L	M	N
1														
2		プロ野球選手の年齢表												
3													統計表	
4		19	33	21	28	21	29	22	23	26	31		平均値	26.3
5		30	29	19	23	24	20	27	28	21	19		中央値	26
6		24	19	34	22	24	33	25	29	26	30		最頻値	28
7		25	22	20	25	22	22	22	27	28	28			
8		34	37	19	27	25	28	18	29	28	20			
9		33	25	21	24	21	21	26	34	30	25			
10		33	24	31	23	38	31	31	28	29	32			
11		24	28	27	30	25	31	27	26	23	36			
12		28	25	39	23	22	20	28	27					

💡ヒント

[N4]　=AVERAGE(B4:K12)

[N5]　=MEDIAN(B4:K12)

[N6]　=MODE(B4:K12)

練習問題 2-2 (P.23)

▲	A	B	C	D	E	F	G	H	I	J	K	L	M	N
1														
2		プロ野球選手の年齢表												
3													統計表	
4		19	33	21	28	21	29	22	23	26	31		平均値	26.3
5		30	29	19	23	24	20	27	28	21	19		中央値	26
6		24	19	34	22	24	33	25	29	26	30		最頻値	28
7		25	22	20	25	22	22	22	27	28	28		最大値	39
8		34	37	19	27	25	28	18	29	28	20		最小値	18
9		33	25	21	24	21	21	26	34	30	25		範囲	21
10		33	24	31	23	38	31	31	28	29	32		分散	23.0
11		24	28	27	30	25	31	27	26	23	36		標準偏差	4.8
12		28	25	39	23	22	20	28	27					

💡ヒント

[N4]　=AVERAGE(B4:K12)

[N5]　=MEDIAN(B4:K12)

[N6]　=MODE(B4:K12)

[N7]　=MAX(B4:K12)

[N8]　=MIN(B4:K12)

[N9]　=N7－N8

[N10]　=VARP(B4:K12)

[N11]　=STDEVP(B4:K12)

練習問題 2-3 (P.23)

▲	A	B	C	D	E	F	G	H	I	J	K	L	M
1													
2		中学生の身長表											
3													予測
4	中学1年	146.8	155.3	157.3	154.9	152.7	150.4	151.1	157.9	152.1	154.9		151.7
5	中学2年	157.6	165.9	160.7	161.3	163.7	162.4	153.7	168.8	154.1	160.1		159.5
6	中学3年	163.8	168.9	169.9	172.0	165.9	165.8	156.8	174.2	157.0	168.2		164.4

💡ヒント

[M5]　=FORECAST(M4,B5:K5,B4:K4)

[M6]　=FORECAST(M4,B6:K6,B4:K4)

練習問題 3-1 （P.27）

	A	B	C
1			
2	販売価格計算表		
3	仕入原価	一般価格	会員価格
4	98	120	115
5	154	185	180
6	82	100	95
7	100	120	120
8	127	155	150

💡ヒント　　［B4］＝CEILING(A4＊1.2,5)

　　　　　　［C4］＝FLOOR(A4＊1.2,5)

練習問題 3-2 （P.27）

	A	B
1		
2	ツアー名変更表	
3	ツアー名	新ツアー名
4	ソウルスタンダードツアー	ソウル激安ツアー
5	ソウルデラックスツアー	ソウルデラックスツアー
6	北京スタンダードツアー	北京激安ツアー
7	北京デラックスツアー	北京デラックスツアー

💡ヒント　　［B4］＝SUBSTITUTE(A4,"スタンダード","激安")

練習問題 3-3 （P.27）

	A	B	C	D	E	F
1						
2			ジャンボかぼちゃ重量当てクイズ結果表			
3					単位：kg	
4	正解		応募者	回答	差	賞
5	98.4		秋田　加奈	98.7	0.3	ニアピン賞
6			岡山　達也	101.2	2.8	
7			千葉　有香	97.4	1.0	ニアピン賞
8			宮崎　美男	98.4	0.0	ピッタリ賞
9			香川　輝也	97.0	1.4	

💡ヒント　　［E5］＝ABS($A$5-D5)

　　　　　　［F5］＝IF(E5=0,"ピッタリ賞",IF(E5<=1,"ニアピン賞",""))

練習問題 3-4 （P.30）

▲	A	B	C	D	E	F	G	H	I	J	K
1											
2		おみくじ									
3		末吉		判定表							
4				乱数	1	2	3	4	5	6	7
5				判定	大吉	中吉	小吉	吉	末吉	凶	大凶

（表示例）

💡ヒント　［B3］=HLOOKUP(RANDBETWEEN(1,7),$E$4:$K$5,2,FALSE)

練習問題 3-5 （P.30）

💡ヒント　［C5］=RANDBETWEEN(10000,99999)

　　　　　［D5］=RANK(C5,$C$5:$C$9,0)

　　　　　［F5］=VLOOKUP(RANDBETWEEN(1,5),$A$5:$B$9,2,FALSE)

練習問題 3-6 （P.30）

💡ヒント　［C4］=RANDBETWEEN(1,5)

　　　　　［C8］=ROUNDUP(AVERAGE(C4:C7),0)

　　　　　［D4］=IF($C4>=COLUMN()−3,"★","")

練習問題 3-7 （P.34）

▲	A	B	C	D	E
1					
2		仕入単価計算表			
3					
4	NO	商品名・型番	仕入個数	金額	仕入単価
5	1	シャープペンシル・ＳＰ２	120	16,800	140
6	2	消しゴム・ＫＳＧ４	240	9,600	40
7	3	筆箱・ＦＤＢⅢ	調査中	16,800	
8	4	ノート・ＮＴ−Ｂ５	240	調査中	
9	5	Ａ４ファイル・ＦＬＡ４	80	6,000	75
10	6				
11	7				
12	8				

💡ヒント　［E5］=IFERROR(D5/C5,"")

練習問題 3-8 （P.34）

▲	A	B	C	D
1				
2		身体測定の結果		
3				
4	氏名	身長(cm)	体重(kg)	ＢＭＩ
5	浅原　健太	167.0	53.7	19.3
6	糸川　力也	173.6	98.2	32.6
7	井上　奈美	159.2	未測定	
8	上田　一成	178.8	72.2	22.6
9	加藤　風花	未測定	43.3	
10	木口　順平	175.4	68	22.1
11	熊野　まなみ	再計測	54.6	
12	小西　翼	未測定	未測定	

💡ヒント　［D5］=IFERROR(C5/(B5/100)^2,"")

練習問題 4-1　(P.37)

	A	B	C	D	E	F	G	H	I	J	K	L	M	N
1														
2					月別売上金額集計表									
3														
4		＜分析結果＞	第2期の売上は前期に比べて、					停滞	傾向にある。					
5			第3期の売上は前期に比べて、					増加	傾向にある。					
6													(単位：億円)	
7			1月	2月	3月	4月	5月	6月	7月	8月	9月	10月	11月	12月	合計
8	第1期売上	16	18	16	17	19	18	20	15	16	19	17	14	205
9	年間累計	16	34	50	67	86	104	124	139	155	174	191	205	
10	第2期売上	19	15	14	17	20	19	16	18	20	20	15	14	207
11	年間累計	19	34	48	65	85	104	120	138	158	178	193	207	
12	前年比	3	-3	-2	0	1	1	-4	3	4	1	-2	0	
13	移動合計	208	205	203	203	204	205	201	204	208	209	207	207	
14	第3期売上	18	20	21	22	21	24	27	23	22	25	22	23	268
15	年間累計	18	38	59	81	102	126	153	176	198	223	245	268	
16	前年比	-1	5	7	5	1	5	11	5	2	5	7	9	
17	移動合計	206	211	218	223	224	229	240	245	247	252	259	268	

💡 ヒント　[H4]　移動合計の線が平坦なので，停滞傾向を示す。よって「停滞」と入力する。

　　[H5]　移動合計の線が右上がりなので，増加傾向を示す。よって「増加」と入力する。

　　[N8]　＝SUM(B8:M8)

　　[B9]　＝B8　　　　〔別解〕＝SUM($B$8:B8)

　　[C9]　＝B9＋C8　　〔別解〕[B9] の＝SUM($B$8:B8)をコピー

　　[B12]＝B10－B8

　　[B13]＝N8＋B12　　〔別解〕＝SUM(C8:$M$8,$B$10:B10)

　　[C13]＝B13＋C12　　〔別解〕[B13] の＝SUM(C8:$M$8,$B$10:B10)をコピー

　　[M13]＝L13＋M12　　〔別解〕＝SUM($B$10:M10)

練習問題 4-2　(P.43)

	A	B	C	D	E	F	G
1							
2			愛犬ショップ売上分析表				
3							
4	＜分析結果＞	Aランクには、	3	種類の犬がいる。			
5		この犬の在庫管理を重点的に行うべきである。					
6							
7	犬名	単価	数量	売上金額	構成%	累計%	ランク
8	チワワ	98,000	68	6,664,000	28.4%	28.4%	A
9	ダックスフンド	89,000	52	4,628,000	19.7%	48.1%	A
10	ポメラニアン	58,000	62	3,596,000	15.3%	63.4%	A
11	ビーグル	56,000	50	2,800,000	11.9%	75.3%	B
12	柴犬	58,000	38	2,204,000	9.4%	84.6%	B
13	チャウチャウ	78,000	14	1,092,000	4.6%	89.3%	B
14	マルチーズ	58,000	18	1,044,000	4.4%	93.7%	C
15	プードル	128,000	6	768,000	3.3%	97.0%	C
16	サルーキ	24,000	9	216,000	0.9%	97.9%	C
17	シェパード	38,000	5	190,000	0.8%	98.7%	C
18	土佐犬	58,000	2	116,000	0.5%	99.2%	C
19	シー・ズー	53,000	2	106,000	0.5%	99.7%	C
20	ワイマラナー	38,000	2	76,000	0.3%	100.0%	C
21	合計		328	23,500,000	100.0%		

💡 ヒント　[C4]　＝COUNTIFS(G8:G20,"A")

　　[D8]　＝C8＊B8

　　[E8]　＝D8/$D$21

　　[F8]　＝E8　　　　〔別解〕＝SUM($E$8:E8)

　　[G8]　＝IF(F8<＝0.7,"A",IF(F8<＝0.9,"B","C"))

　　[F9]　＝F8＋E9　　〔別解〕[F8] の＝SUM($E$8:E8)をコピー

　　[C21]＝SUM(C8:C20)

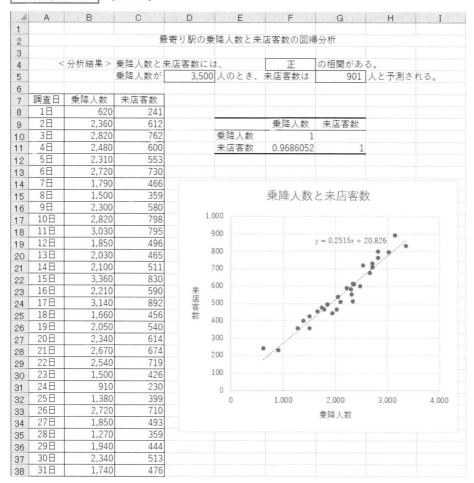

💡ヒント   〔F4〕回帰直線が右上がりで，相関係数が0.9686なので正の相関があるといえる。よって，「正」と
入力する。

〔G5〕＝0.2515＊D5＋20.826

練習問題 4-4 （P.51）

	A	B	C	D	E	F	G	H	I	J	K	L	M	N	O	P
1																
2		プロ野球選手の身長表														
3																
4		180	193	185	184	183	180	185	182	180	172		最大値	193		階級
5		191	188	184	179	179	179	188	183	182	182		最小値	168		170
6		181	181	172	187	185	178	175	173	185	183		範囲	25		172
7		183	179	178	176	183	182	182	180	179	178					174
8		176	174	186	182	179	175	184	181	180	176					176
9		175	168	191	184	181	181	180	180	177	176					178
10		174	168	188	185	183	180	177	186	182	178					180
11		176	186	178	177	177	175	177	193	183	180					182
12		178	183	180	178	174	180	178	173	190	172					184
13																186
14																188
15																190
16																192

💡ヒント

[N4] ＝ MAX(B4:K12)

[N5] ＝ MIN(B4:K12)

[N6] ＝ N4−N5

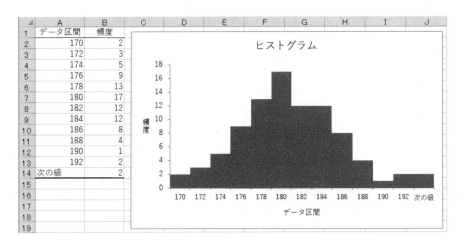

ナチュラルチーズを9個にする。

	A	B	C	D	E	F
1						
2		発送商品の重量計算表				
3						
4	商品名	単価	重量	数量	重量計	金額計
5	ナチュラルチーズ	560	300	9	2,700	5,040
6	プロセスチーズ	890	500	4	2,000	3,560
7	箱	50	80	1	80	50
8				合計	4,780	8,650

💡ヒント　　［E5］＝C5＊D5

　　　　　　［F5］＝B5＊D5

　　　　　　［E8］＝SUM(E5:E7)

製品Aを72kg，製品Bを42kg製造すれば，最大利益528万円が得られる。

	A	B	C	D	E
1					
2		製造計画表			
3					
4		製品A	製品B	合計	最大値
5	電力	4	5	498	500
6	原料	3	2	300	300
7	利益額	5	4	528	
8	製造量	72	42		

💡ヒント　　［D5］＝B5＊$B$8＋C5＊$C$8

セットAを12セット，セットBを8セット購入すれば，最も安い6,160円になる。

	A	B	C	D	E
1					
2			文房具購入表		
3					
4		セットA	セットB	合計	最小値
5	鉛筆	2	10	104	100
6	消しゴム	1	1	20	20
7	単価	180	500	6,160	
8	購入セット数	12	8		

💡ヒント　[D5] ＝B5＊$B$8＋C5＊$C$8

Aを2回，Bを1回，Cを2回，Dを1回，Eを2回，Fを2回録音すると録音媒体の残り時間が最小になる。

	A	B	C	D	E	F
1						
2		曲データ表			録音時間計算表	
3	曲名	演奏時間	録音回数		可能時間	0:45:00
4	A	0:03:50	2		録音時間	0:44:57
5	B	0:04:25	1		残り時間	0:00:03
6	C	0:04:15	2			
7	D	0:03:20	1			
8	E	0:06:03	2			
9	F	0:04:28	2			

💡ヒント　[F4] ＝B4＊C4＋B5＊C5＋B6＊C6＋
　　　　　　　　B7＊C7＋B8＊C8＋B9＊C9

　　　　　　[F5] ＝F3－F4

オプション ボタンをクリックし，[整数制約条件を無視する] のチェックをはずし，[整数の最適性] を0％にする。

練習問題 5-5 （P.59）

　ステッカーを2,200個，限定バッジを1,250個，携帯ストラップを1,992個，Tシャツを1,005個製造すると赤字を出さずに，最大の利益を得られる。

	A	B	C	D	E	F	G
1							
2			キャラクターグッズ製造計画表				
3							
4	商品コード	商品名	販売単価	製造単価	製造個数	売上金額	製造金額
5	1001	ステッカー	300	105	2,200	660,000	231,000
6	1002	限定バッジ	200	98	1,250	250,000	122,500
7	1003	携帯ストラップ	400	190	1,992	796,800	378,480
8	1004	Tシャツ	2,500	1,200	1,005	2,512,500	1,206,000
9					合計	4,219,300	1,937,980
10					売上総利益		2,281,320
11							
12			優勝時の販売予測表				
13							
14	商品コード	商品名	販売単価	製造単価	販売予測数	売上金額	製造金額
15	1001	ステッカー	300	105	2,200	660,000	231,000
16	1002	限定バッジ	200	98	2,500	500,000	245,000
17	1003	携帯ストラップ	400	190	2,000	800,000	380,000
18	1004	Tシャツ	2,500	1,200	1,800	4,500,000	2,160,000
19					合計	6,460,000	3,016,000
20					売上総利益		3,444,000
21							
22			敗退時の販売予測表				
23							
24	商品コード	商品名	販売単価	製造単価	販売予測数	売上金額	製造金額
25	1001	ステッカー	300	105	660	198,000	69,300
26	1002	限定バッジ	200	98	750	150,000	73,500
27	1003	携帯ストラップ	400	190	600	240,000	114,000
28	1004	Tシャツ	2,500	1,200	540	1,350,000	648,000
29					合計	1,938,000	904,800
30					売上総利益		1,033,200

💡ヒント　　[A15] ＝A5

　　　　　　[F5] ＝C5＊E5

　　　　　　[G5] ＝D5＊E5

　　　　　　[G10] ＝F9－G9

　　　　　　[E25] ＝E15＊0.3

練習問題 6-1 (P.63)

「マクロの記録」で作成したコードの例

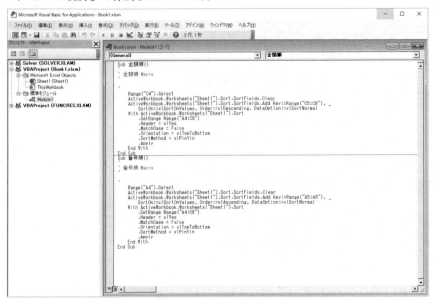

```vba
Sub 金額順()
'
' 金額順 Macro
'

'
    Range("O4").Select
    ActiveWorkbook.Worksheets("Sheet1").Sort.SortFields.Clear
    ActiveWorkbook.Worksheets("Sheet1").Sort.SortFields.Add Key:=Range("C5:C9"), _
        SortOn:=xlSortOnValues, Order:=xlDescending, DataOption:=xlSortNormal
    With ActiveWorkbook.Worksheets("Sheet1").Sort
        .SetRange Range("A4:C9")
        .Header = xlYes
        .MatchCase = False
        .Orientation = xlTopToBottom
        .SortMethod = xlPinYin
        .Apply
    End With
End Sub
Sub 番号順()
'
' 番号順 Macro
'

'
    Range("A4").Select
    ActiveWorkbook.Worksheets("Sheet1").Sort.SortFields.Clear
    ActiveWorkbook.Worksheets("Sheet1").Sort.SortFields.Add Key:=Range("A5:A9"), _
        SortOn:=xlSortOnValues, Order:=xlAscending, DataOption:=xlSortNormal
    With ActiveWorkbook.Worksheets("Sheet1").Sort
        .SetRange Range("A4:C9")
        .Header = xlYes
        .MatchCase = False
        .Orientation = xlTopToBottom
        .SortMethod = xlPinYin
        .Apply
    End With
End Sub
```

【1】(P.64・65)

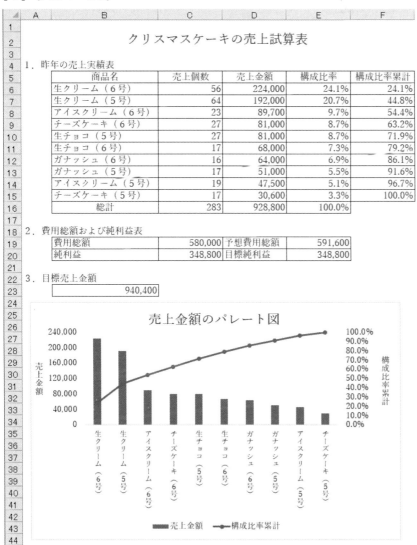

クリスマスケーキの売上試算表

1．昨年の売上実績表

商品名	売上個数	売上金額	構成比率	構成比率累計
生クリーム（6号）	56	224,000	24.1%	24.1%
生クリーム（5号）	64	192,000	20.7%	44.8%
アイスクリーム（6号）	23	89,700	9.7%	54.4%
チーズケーキ（6号）	27	81,000	8.7%	63.2%
生チョコ（5号）	27	81,000	8.7%	71.9%
生チョコ（6号）	17	68,000	7.3%	79.2%
ガナッシュ（6号）	16	64,000	6.9%	86.1%
ガナッシュ（5号）	17	51,000	5.5%	91.6%
アイスクリーム（5号）	19	47,500	5.1%	96.7%
チーズケーキ（5号）	17	30,600	3.3%	100.0%
総計	283	928,800	100.0%	

2．費用総額および純利益表

費用総額	580,000	予想費用総額	591,600
純利益	348,800	目標純利益	348,800

3．目標売上金額

940,400

ヒント

[D6] =VLOOKUP(B6,シート1!$B$9:$C$18,2,FALSE)＊C6

[F6] =D6/$D$16

[F6] =SUM($E$6:E6)

[B23] ゴールシークの設定

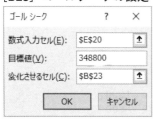

シート3　利用例

	A	B	C	D	E	F
1	売上集計表					
2						
3	合計／売上個数	営業日				
4	商品名	12/23	12/24	12/25	12/26	総計
5	アイスクリーム（5号）	2	16	1	0	19
6	アイスクリーム（6号）	2	19	2	0	23
7	ガナッシュ（5号）	2	10	2	3	17
8	ガナッシュ（6号）	4	9	1	2	16
9	チーズケーキ（5号）	3	13	1	0	17
10	チーズケーキ（6号）	4	18	1	4	27
11	生クリーム（5号）	10	38	14	2	64
12	生クリーム（6号）	11	37	7	1	56
13	生チョコ（5号）	9	7	11	0	27
14	生チョコ（6号）	2	7	5	3	17
15	総計	49	174	45	15	283

【2】(P.66・67)

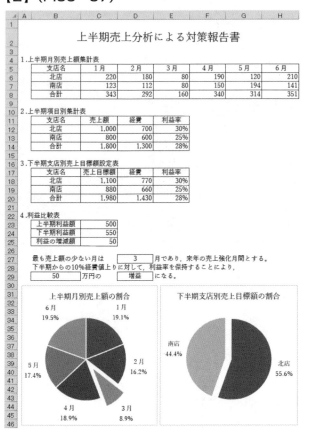

上半期売上分析による対策報告書

1.上半期月別売上額集計表

支店名	1月	2月	3月	4月	5月	6月
北店	220	180	80	190	120	210
南店	123	112	80	150	194	141
合計	343	292	160	340	314	351

2.上半期項目別集計表

支店名	売上額	経費	利益率
北店	1,000	700	30%
南店	800	600	25%
合計	1,800	1,300	28%

3.下半期支店別売上目標額設定表

支店名	売上目標額	経費	利益率
北店	1,100	770	30%
南店	880	660	25%
合計	1,980	1,430	28%

4.利益比較表

上半期利益額	500
下半期利益額	550
利益の増減額	50

最も売上額の少ない月は [3] 月であり、来年の売上強化月間とする。
下半期からの10%経費値上りに対して、利益率を保持することにより、
[50] 万円の [増益] になる。

上半期月別売上額の割合
6月 19.5%　1月 19.1%　2月 16.2%　3月 8.9%　4月 18.9%　5月 17.4%

下半期支店別売上目標額の割合
南店 44.4%　北店 55.6%

💡ヒント

[E12] =1－D12/C12

[D18] =D12＊1.1

[C23] =C14＊E14

[C18] ゴールシークの設定

[ファイル] → [オプション] → [数式] → [計算方法の設定] で [変化の最大値] を0.00000001に設定する。値を小さくすることによって、ゴールシークの精度を上げることができる。

ゴール シーク	?	×
数式入力セル(E):	$E$18	
目標値(V):	30%	
変化させるセル(C):	$C$18	
	OK	キャンセル

ピボットテーブルの設定（シート3　上半期月別売上額集計表）

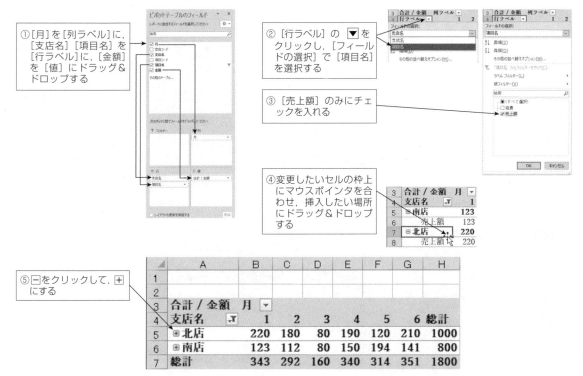

①[月]を[列ラベル]に、[支店名][項目名]を[行ラベル]に、[金額]を[値]にドラッグ＆ドロップする

②[行ラベル]の ▼ をクリックし、[フィールドの選択]で[項目名]を選択する

③[売上額]のみにチェックを入れる

④変更したいセルの枠上にマウスポインタを合わせ、挿入したい場所にドラッグ＆ドロップする

⑤ ⊟ をクリックして、⊞ にする

合計 / 金額 月 ▼							
支店名 ▼	1	2	3	4	5	6	総計
⊞北店	220	180	80	190	120	210	1000
⊞南店	123	112	80	150	194	141	800
総計	343	292	160	340	314	351	1800

【3】(P.68・69)

生産計画書

1．納品条件

販売価格	950	万円
納期	200	日

2．受注台数と販売金額

取引先名	台数計	販売金額
関西営業所	33	31,350
九州営業所	31	29,450
中国販売店	17	16,150
東京営業所	19	18,050
東日本営業所	34	32,300
米国販売店	22	20,900
総計	156	148,200

3．1台あたりの原価と日数　　（単位：万円）

工場名	原価	日数
中国工場	292	3
日本工場	485	2

4．生産計画表　　　　　　　　（単位：万円）

工場名	生産台数	原価計	粗利益計	日数計
中国工場	66	19,272	43,428	198
日本工場	90	43,650	41,850	180
合計	156	62,922	85,278	

最も利益の上がる生産台数は，

中国工場	66	台
日本工場	90	台です。

原価と粗利益

金額（万円）

中国工場　43,428　19,272
日本工場　41,850　43,650

■ 粗利益計
■ 原価計

工場名

💡ヒント

[D10] = $C$5 * C10
[D25] = C25 * C20
[E25] = $C$5 * C25 - D25
[F25] = C25 * D20

[C25, C26]

ソルバーのパラメーター

目的セルの設定(T): $E$27

目標値: ◉ 最大値(M)　○ 最小値(N)　○ 指定値(V): 0

変数セルの変更:(B)
$C$25:$C$26

制約条件の対象:(U)
$C$25:$C$26 = 整数
$C$27 = $C$16
$C$25:$C$26 >= 0
$F$26 <= $C$6
$F$25 <= $C$6

追加(A)
変更(C)
削除(D)
すべてリセット(R)
読み込み/保存(L)

□ 制約のない変数を非負数にする(K)

解決方法の選択: GRG 非線形

オプション(P)

解決方法
滑らかな非線形を示すソルバー問題には GRG 非線形エンジン、線形を示すソルバー問題には LP シンプレックス エンジン、滑らかではない非線形を示すソルバー問題にはエボリューショナリー エンジンを選択してください。

ヘルプ(H)　　解決(S)　　閉じる(O)

【4】(P.70・71)

１２月の売上集計と棚割計画書

1. レンタル料金表

	新作	旧作
料金	400	300

2. レンタル本数集計表

種類名	新作	旧作	合計
洋画	1,105	1,038	2,143
邦画	410	496	906
韓流	86	103	189
アニメ	208	230	438
合計	1,809	1,867	3,676

3. レンタル金額集計表

種類名	新作	旧作	合計
洋画	442,000	311,400	753,400
邦画	164,000	148,800	312,800
韓流	34,400	30,900	65,300
アニメ	83,200	69,000	152,200
合計	723,600	560,100	1,283,700

4. 棚数計算表

種類名	本数	棚数	平均
洋画	2,143	17	126.1
邦画	906	7	129.4
韓流	189	2	94.5
アニメ	438	4	109.5
合計	3,676	30	122.5
		最大と最小の差	34.9

新作と旧作の比較

本数 1,809 1,867
金額 723,600 560,100

0%   25%   50%   75%   100%
割合
■新作 ■旧作

💡ヒント

シート2 [D4] =VLOOKUP(LEFT(C4,1),シート1!$A$4:$B$7,2,FALSE)

[E4] =VLOOKUP(RIGHT(C4,1),シート1!$A$11:$B$12,2,FALSE)

シート3　ピボットテーブルを用いて集計

シート4 [C18] =$C$6＊C10

[E18] =SUM(C18:D18)

[C22] =SUM(C18:C21)

[C30] =SUM(C26:C29)

[E26] =C26/D26

[E31] =MAX(E26:E29) − MIN(E26:E29)

[E31]

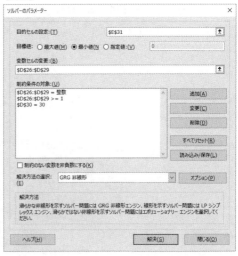

【5】(P.72・73)

入替対象商品報告書

1. 8月の売上集計表

商品名	売上数			売上金額		
	店名		合計	店名		合計
	本店	支店		本店	支店	
かしら	600	408	1,008	72,000	48,960	120,960
しろもつ	463	300	763	46,300	30,000	76,300
たん	942	633	1,575	113,040	75,960	189,000
つくね	1,544	1,109	2,653	154,400	110,900	265,300
とり皮	252	197	449	25,200	19,700	44,900
ナンコツ	1,214	840	2,054	133,540	92,400	225,940
にんにく	286	207	493	31,460	22,770	54,230
ねぎま	4,671	3,411	8,082	513,810	375,210	889,020
もも	3,181	2,140	5,321	318,100	214,000	532,100
レバー	1,220	815	2,035	132,000	81,500	203,500
合計	14,373	10,060	24,433	1,529,850	1,071,400	2,601,250

2. ABC分析表

商品名	売上金額	構成比率	累計比率	ランク
ねぎま	889,020	34.2%	34.2%	A
もも	532,100	20.5%	54.6%	A
つくね	265,300	10.2%	64.8%	A
ナンコツ	225,940	8.7%	73.5%	B
レバー	203,500	7.8%	81.3%	B
たん	189,000	7.3%	88.6%	B
かしら	120,960	4.7%	93.3%	C
しろもつ	76,300	2.9%	96.2%	C
にんにく	54,230	2.1%	98.3%	C
とり皮	44,900	1.7%	100.0%	C

入替対象商品は、 4 種類ある。

売上金額のパレート図

💡 ヒント

シート2 [D4]　=VLOOKUP(LEFT(C4,1),シート1!$A$4:$B$5,2,FALSE)

　　　　 [E4]　=VLOOKUP(MID(C4,2,2),シート1!$A$9:$B$18,2,FALSE)

　　　　 [F4]　=VALUE(RIGHT(C4,3))

シート3　ピボットテーブルを用いて集計

シート4 [E8]　=SUM(C8:D8)

　　　　 [F8]　=VLOOKUP(B8,シート1!$B$9:$C$18,2,FALSE)＊C8

　　　　 [H8]　=SUM(F8:G8)

　　　　 [D22]　=C22/SUM($C$22:$C$31)

　　　　 [E23]　=E22+D23

　　　　 [F22]　=IF(E22<=70%,"A",IF(E22<=90%,"B","C"))

　　　　 [D33]　=COUNTIFS(F22:F31,"C")

第2章　表計算ソフトウェアに関する知識

⓵ 関数の活用

練習問題 2-1-1 （P.78）

【1】 (1) (a) DSUM　(b) A3:F9　(c) 6　(d) I3:I4

(2) I3 原産国　I4 ドイツ　I5 =DMAX(A3:F9,5,I3:I4)

(3) I3 単価　I4 >=3000　I5 =DCOUNTA(A3:F9,1,I3:I4)

(4) 7

(5) 3,500

【2】 (a) DSUM　(b) A4:D16　(c) 4　(d) F5:H6　(e) SUMIFS　(f) D5:D16

(g) A5:A16　(h) F6　(i) B5:B16　(j) G6　(k) C5:C16　(l) H6

【3】 COUNTA(D4:D8)=COUNTIFS(D4:D8,"込")

検定問題 2-1-1 （P.80）

【1】 ウ

【2】 イ

【3】 ア

【4】 イ

練習問題 2-1-2 （P.83）

【1】 (a) MEDIAN　(b) MODE

【2】 (a) FORECAST　(b) M4　(c) B5:K5　(d) B4:K4

検定問題 2-1-2 （P.84）

【1】 ウ

【2】 ウ

【3】 E3 ウ　E4 ア

【4】 107

【5】 ウ

練習問題 2-1-3 （P.89）

【1】 (a) CEILING　(b) B4　(c) C4

【2】 (a) FLOOR(C4,TIME(0,15,0))　(b) CEILING(B4,TIME(0,15,0))

【3】 (a) RANDBETWEEN(10,19)　(b) RANDBETWEEN(1,9)

【4】 =ROW()-4

【5】 (a) $B5　(b) COLUMN()-2

【6】 (a) SUBSTITUTE　(b) A4　(c) "荘"　(d) "ハイツ"

【7】 (a) IFERROR

(b) VLOOKUP(D4,A4:B7,2,FALSE)

(c) "該当者なし"

【8】 (a) B3:J4　(b) 2　(c) MATCH(B6,B3:J3,0)　(d) 0　(e) MATCH(B6,B3:J3,0)

【9】 (a) LEFT(K4,1)　(b) MATCH(L4,$B$4:$I$4,0)

検定問題 2-1-3 (P.92)

【1】 イ

【2】 (a) ウ　　(b) イ　　(c) ウ

【3】 ABS

【4】 (a) 60　　(b) 179

【5】 ア

【6】 (a) $A5　　(b) B$4

【7】 ア

【8】 ウ

【9】 イ

【10】 (a) D$5：D$999　　(b) $A5

章末総合問題 (P.96)

【1】 問1．イ　　問2．ウ　　問3．イ　　問4．ア　　問5．99,120

【2】 問1．イ　　問2．ウ　　問3．ア　　問4．ウ　　問5．93,000

【3】 問1．ア　　問2．ウ　　問3．ア　　問4．イ　　問5．11,970

【4】 問1．ア　　問2．ウ　　問3．イ　　問4．ア　　問5．38,700

【5】 問1．イ　　問2．ウ　　問3．LEFT(A16,2)　　問4．ア　　問5．ア

章末検定問題 (P.106)

※ 記述問題の大文字，小文字，コンマの有無は問わない。

※ 複数解答問題は，問ごとにすべてができて正答とする。

【1】 問1．HLOOKUP　　問2．(a) MIN　　(b) MAX
　　　問3．イ　　問4．ウ　　問5．C6：SAR　　C11：2

【2】 問1．ウ　　問2．イ　　問3．(a) VLOOKUP　　(b) LEFT　　問4．ア　　問5．289,600

【3】 問1．LEFT　　問2．ア　　問3．(a) LEN　　(b) ROW　　問4．ウ　　問5．356,500

【4】 問1．イ　　問2．ウ　　問3．(a) COLUMN　　(b) $C18
　　　問4．(a) MIN　　(b) +1　　問5．ア

【5】 問1．イ　　問2．SEARCH〔別解〕FIND　　問3．INDEX　　問4．ウ　　問5．ア

第3章　コンピュータの関連知識

1 ハードウェア・ソフトウェアに関する知識

練習問題 3-1-1　(P.125)

【1】　1．イ　　2．ク　　3．エ　　4．ア　　5．カ　　6．オ　　7．キ

【2】　1．ウォータフォールモデル　　2．○　　3．結合テスト

【3】　1．オ　　2．ア　　3．イ　　4．エ　　5．ウ　　6．カ　　7．キ

【4】　1．90人月　　2．0.8人月　　3．10人

練習問題 3-1-2　(P.131)

【1】　1．キ　　2．カ　　3．ク　　4．ウ　　5．エ　　6．オ　　7．ア　　8．イ

【2】

頭文字	R	A	S	I	S
日本語での項目名	イ	ウ	エ	オ	ア
評価の内容	コ	キ	カ	ケ	ク

【3】　1．○　　2．スループット　　3．○　　4．レスポンスタイム　　5．可用性

　　　6．ストライピング　　7．フォールトアボイダンス　　8．フェールソフト　　9．NAS

【4】　1．0.9　　解説　900 ÷ (900 + 100) = 0.9

　　　2．0.85　　解説　1 − 0.97 = 0.03

　　　　　　　　　　　　(1 − 0.8) × (1 − x) = 0.03

　　　　　　　　　　　　x = 0.85

　　　3．900MB　　解説　4,000 × 3,000 × 24ビット ÷ 8 ÷ 4 = 9,000,000B

　　　　　　　　　　　　　9MB × 100 = 900MB

2 通信ネットワークに関する知識

練習問題 3-2-1　(P.140)

【1】　1．オ　　2．エ　　3．ウ　　4．イ　　5．ア　　6．カ

【2】　1．ア　　2．エ　　3．イ　　4．ウ　　5．オ

【3】　1．3.2秒　　解説　10,000,000B × 8ビット ÷ (50,000,000bps × 0.5) = 3.2

　　　2．80%　　解説　50,000,000B × 8ビット ÷ (100,000,000bps × x) = 5

　　　　　　　　　　　x = 0.8

【4】　(コンピュータ) C

【5】　1．NAT　　2．○　　3．グローバルIPアドレス　　4．DHCP

　　　5．ブロードキャストアドレス　　6．ネットワークアドレス　　7．○

【6】　A群　① カ　　② ウ　　③ ア　　④ オ　　⑤ イ　　⑥ エ

　　　B群　⑦ イ　　⑧ カ　　⑨ ウ　　⑩ オ　　⑪ エ　　⑫ ア

練習問題 3-2-2　(P.144)

【1】　1．イ　　2．ウ　　3．カ　　4．ア

【2】　1．ウ　　2．エ　　3．イ　　4．ア

練習問題 3-3　(P.148)

【1】　1．カ　　2．オ　　3．イ　　4．キ　　5．エ　　6．ウ　　7．ア

【2】　1．イ　　2．ア　　3．ウ　　4．オ　　5．エ

章末総合問題　(P.149)

【1】　1．カ　　2．ウ　　3．サ　　4．ク　　5．ケ

【2】　1．ア　　2．エ　　3．キ　　4．ク　　5．イ　　6．オ

【3】　1．ア　　2．カ　　3．キ　　4．シ　　5．イ

【4】　1．秘密鍵　　2．共通鍵暗号方式　　3．公開鍵　　4．秘密鍵　　5．公開鍵暗号方式

　　　6．電子署名　　7．秘密鍵　　8．公開鍵

【5】　1．イ　　2．エ　　3．オ　　4．コ　　5．キ

【6】　1．イ　　2．イ　　3．イ　　4．ウ　　5．ウ

章末検定問題　(P.152)

【1】　1．エ　　2．キ　　3．ア　　4．ウ　　5．シ

【2】　1．オ　　2．ウ　　3．ク　　4．ケ　　5．エ

【3】　1．イ　　2．コ　　3．カ　　4．キ　　5．サ

【4】　1．ウ　　2．コ　　3．ケ　　4．カ　　5．エ

【5】　1．ウ　　2．ウ　　3．ア

　　　4．イ

　　　　　　1面あたりの記憶容量　〔トラック番号：0〜1,499〕1,500×300セクタ×3,000B=1.35GB

　　　　　　　　　　　　　　　　〔トラック番号：1,500〜1,999〕500×200セクタ×3,000B=0.3GB

　　　　　　　　　1.35GB＋0.3GB＝1.65GB

　　　1シリンダあたりの記憶容量　1.65GB×10＝16.5GB

　　　5．90%

　　　　　　2.7GB（バイト）＝21,600Mb（ビット）

　　　　　　21,600Mb÷200Mbps＝108s

　　　　　　108s÷120s＝0.9→90%

第4章 ビジネス情報の関連知識

① 問題解決の手法
練習問題 4-1　(P.163)

【1】　1．ア　　2．エ　　3．ク　　4．キ　　5．カ

【2】　1．ウ　　2．13日

> **解説** 作業開始から作業終了までに最も長い日数を必要とする工程がクリティカルパスであり，作業完了までの日数合計の最大は，（ウ）のB→E→F→Gの13日である。それ以外のパスは次のようになる。
> （ア）A→D→G　9日　　（イ）B→E→H　12日　　（エ）A→C→E→H　11日

【3】　ウ

> **解説** 800円 × 5時間（保育費）＋ 300円（昼食費）＋ 100円（保険料）＝ 4,400円

【4】　(1)　Zグラフ　　(2)　増加傾向

【5】　(1)　4　　(2)　パレート図

【6】　(1)　散布図　　(2)　正の相関　　(3)　約2,262万円

② 経営計画と管理
練習問題 4-2　(P.168)

【1】　1．オ　　2．シ　　3．イ　　4．コ　　5．ク　　6．ア　　7．サ　　8．キ　　9．エ
　　　10．ウ　　11．カ　　12．ケ　　13．ス

章末総合問題　(P.169)

【1】　1．ケ　　2．エ　　3．サ　　4．ア　　5．キ

【2】　1．ア　　2．エ　　3．ク　　4．イ　　5．コ

【3】　1．ア　　2．イ　　3．ウ　　4．ア　　5．ウ

【4】　1．イ　　2．ク　　3．カ　　4．ア　　5．ケ

章末検定問題　(P.171)

【1】　1．ア　　2．イ　　3．(a)ア　(b)イ　(c)ウ　　4．イ　　5．ア

【2】　ア

【3】　ウ

【4】　イ

【5】　ア，エ（順不同）

第5章　データベースソフトウェアの活用

 DBMS

練習問題 5-1　(P.177)

【1】　1．ク　　2．イ　　3．ウ　　4．カ　　5．オ

【2】　1．カ　　2．ア　　3．エ　　4．オ　　5．イ

2 データベースの設計

練習問題 5-2　(P.183)

【1】　1．オ　　2．コ　　3．エ　　4．ク　　5．ウ

【2】　ウ

検定問題 5-2　(P.184)

【1】　1．イ　　2．イ　　3．イ

3 SQL

練習問題 5-3　(P.195)

【1】　1．BETWEEN　30　AND　50
　　　　　（＞＝30　AND　年齢＜＝50）

　　　2．LIKE　'%東%'

　　　3．AVG(成績)　AS　平均
　　　　　GROUP　BY　出身中学

　　　4．ORDER　BY　平均　DESC

　　　5．INSERT　INTO
　　　　　VALUES

　　　6．DELETE　FROM

　　　7．UPDATE
　　　　　SET

　　　8．DISTINCT

【1】　問1．イ　　問2．ア　　問3．ウ　　問4．イ　　問5．ウ

【2】　問1．ア　　問2．イ　　問3．ウ　　問4．ウ　　問5．ア

【3】　問1．ウ　　問2．ア　　問3．イ　　問4．ウ　　問5．ア

【4】　問1．イ　　問2．ア　　問3．ウ　　問4．ウ　　問5．イ

【5】　問1．イ　　問2．ア　　問3．ウ　　問4．ア　　問5．ウ

【6】　問1．ウ　　問2．イ　　問3．ア　　問4．ウ　　問5．イ

【7】　問1．ウ　　問2．イ　　問3．ウ　　問4．(a)UPDATE　(b)SET　　問5．イ

【8】　問1．ウ　　問2．イ　　問3．DISTINCT　　問4．イ　　問5．イ

【9】　問1．イ　　問2．ア　　問3．ウ　　問4．LIKE　　問5．イ

【10】　問1．ウ　　問2．イ　　問3．イ　　問4．ウ　　問5．ア

【11】　問1．ア　　問2．ア　　問3．ウ　　問4．イ　　問5．ウ

【1】　問1．ア　　問2．(a)UPDATE　(b)SET　　問3．ウ　　問4．本数－1　　問5．イ

【2】　問1．ア　　問2．DISTINCT　　問3．1－割引率　　問4．ウ　　問5．イ

【3】　問1．イ　　問2．ア　　問3．イ　　問4．ウ　　問5．MAX

【4】　問1．イ　　問2．ORDER BY　　問3．団体＝1　　問4．ウ　　問5．ア

【5】　問1．ウ　　問2．イ　　問3．DISTINCT　　問4．ア　　問5．価格＋料金